职业教育旅游类系列教材

旅游心理学

（第2版）

主　编　单铭磊　何　静

副主编　孙　晟　张玉欣　赵建峰

参　编　金　岩　赵　萱　李海垒

中国财富出版社有限公司

图书在版编目（CIP）数据

旅游心理学／单铭磊，何静主编．—2 版．—北京：中国财富出版社有限公司，2024.1

（职业教育旅游类系列教材）

ISBN 978－7－5047－7806－2

Ⅰ.①旅…　Ⅱ.①单… ②何…　Ⅲ.①旅游心理学—高等学校—教材　Ⅳ.①F590

中国版本图书馆 CIP 数据核字（2022）第 254080 号

策划编辑	李　丽	**责任编辑**	邢有涛　郭怡君	**版权编辑**	李　洋
责任印制	尚立业	**责任校对**	孙丽丽	**责任发行**	杨　江

出版发行	中国财富出版社有限公司		
社　　址	北京市丰台区南四环西路 188 号 5 区 20 楼	**邮政编码**	100070
电　　话	010－52227588 转 2098（发行部）		010－52227588 转 321（总编室）
	010－52227566（24 小时读者服务）		010－52227588 转 305（质检部）
网　　址	http://www.cfpress.com.cn	**排　　版**	宝蕾元
经　　销	新华书店	**印　　刷**	宝蕾元仁浩（天津）印刷有限公司
书　　号	ISBN 978－7－5047－7806－2/F·3617		
开　　本	787mm×1092mm　1/16	**版　　次**	2024 年 2 月第 2 版
印　　张	14.5	**印　　次**	2024 年 2 月第 1 次印刷
字　　数	318 千字	**定　　价**	48.00 元

前言

党的二十大报告指出，“教育、科技、人才是全面建设社会主义现代化国家的基础性、战略性支撑。必须坚持科技是第一生产力、人才是第一资源、创新是第一动力，深入实施科教兴国战略、人才强国战略、创新驱动发展战略，开辟发展新领域新赛道，不断塑造发展新动能新优势”。旅游业作为国民经济战略性支柱产业之一，与其他产业跨界融合、协同发展，产业规模持续扩大，新业态不断涌现，旅游业对经济平稳健康发展的综合带动作用更加凸显。旅游能够满足人们日益增长的物质和文化的需要，使人们在精神上得到休息。旅游是体验性非常强的活动，了解旅游活动中各参与方的心理，是旅游从业人员的必要业务能力。在此背景下，应中国财富出版社有限公司邀请，山东青年政治学院、山东师范大学、济南大学、济南市技师学院等高校骨干教师在2016年出版的《旅游心理学》基础上联合编撰《旅游心理学》（第2版），供广大旅游类专业师生使用。

2022年10月，习近平总书记在党的二十大报告中明确指出，要“重视心理健康和精神卫生”。这一论断创造性地把马克思主义基本原理同心理工作结合了起来，同时党的二十大报告中对旅游业这一愉悦群众身心的服务业提出了一系列新要求，做出了一系列重大决策部署，为心理学与旅游产业结合的创新发展指明了方向。为贯彻党的二十大精神，《旅游心理学》（第2版）在编写过程中继承发扬了初版《旅游心理学》的优秀做法，同时也吸取了初版《旅游心理学》的经验教训。针对旅游类人才培养目标的要求，结合目前高校学生的特点，本教材在初版《旅游心理学》的基础上更新了体例和内容、丰富了案例，更加强调实用性，强调旅游行业特点与心理学基础理论相结合的原则。本教材的主要特色是通过案例导入理论知识，通过丰富的案例材料、大量的习题和可操作的练习，引导读者理论联系实际，激发读者主动思考，增进认知。

本教材由山东青年政治学院单铭磊教授及济南市技师学院何静副教授担任主编，山东青年政治学院孙晟博士、赵建峰博士以及济南市技师学院张玉欣老师担任副主编，济南大学金岩老师、山东青年政治学院赵萱博士、山东师范大学李海垒博士参加了教材的编写。本书在编写过程中参考了很多专家、学者以及业内人士有关旅游心理学方面的理论成果，在此表示诚挚感谢。

编者水平有限，书中如有不足之处，恳请使用本书的师生与读者批评指正，以便修订时改进。所有意见和建议请发至编者邮箱 mingleishan@126.com，同时课后习题及课件请扫描下方二维码获取。

扫码获取
▶ 习题答案
▶ 电子课件

编　者
2023 年 8 月

目　　录

第一章　旅游心理学导论

案例导入

1. 导游小林发现他每次带团两天以后，总会有几位游客对他表示不满。这一天，他请赵先生帮他分析究竟是什么地方出了问题。到了晚上，赵先生把小林带团时所说的话的录音放给他听。要他一边听录音，一边回忆当时的情景。

早上出发之前，有几位客人要上厕所，走错了方向，小林很热情地对他们说："先生，不是在那边，是在这边。"

中午就餐的时候，有几位客人因为在附近的商店购物来迟了，差点走错就餐包厢，小林又是很热情地说："先生，不是那边，是在这边。"

在茶室品茶的时候，有一位先生把手伸向了另一位客人的茶杯，小林笑着对他说："先生，不是这一杯，是那一杯。"

傍晚自由活动的时候，有几位客人要去小吃一条街。但是他们朝相反的方向走去了，小林用手做成喇叭的样子朝他们喊："喂，先生，不是那边，小吃一条街在这边。"

"哦。我知道了，原来我总是一开口就说'不是'！"小林听了自己对客人说的话恍然大悟，一再向赵先生表示感谢，并表示一定要把这个毛病改掉！

2. 某五星级酒店销售员小王最近心情很烦躁，因为他工作的酒店要裁员，而上级安排给他的工作越来越少，这让他觉得无所事事，时间难熬。再加上女朋友对他的态度忽然变冷漠了，他不知所措。他变得脾气暴躁，并且常用睡眠来驱走内心的忧郁或烦闷，但后来此方法也失效了，他出现了失眠或嗜睡、要么食欲不振要么暴饮暴食、头痛、背痛的情况。小王时常会感到人生空虚，生活毫无意义。小王糟糕的情绪状态严重影响了他的工作，他的客户也开始投诉他。

小王很想改变这样的状况，但是似乎找不到很好的办法……

3. 导游小张在带团前的三四天开始患口腔炎，口腔溃疡疼痛难忍。临近带团日，其疼痛达到顶点，给工作带来了极大的不便。小张本是一个活泼开朗、轻松自得的人，她本人也称自己拿得起，放得下，生性逍遥自在。但是，近两年来，每每临近带团日，她的口腔都会出现同样的症状，可见她的口腔炎与因心理紧张造成的压力有很大关系。

通常情况下，对时间控制非常严格的人常有相似症状。

请根据以上信息，完成以下任务：

1. 讨论旅游心理学的研究对象有哪些。
2. 辨析旅游心理学与旅游学的研究对象有何区别。
3. 讨论旅游心理学的研究意义。

分析：旅游学以研究旅游现象的基本矛盾为核心，而旅游心理学以影响旅游者旅游活动的产生、影响旅游选择和旅游心理效果的主客观因素为研究对象。

旅游者是旅游活动的主体，旅游服务的主要对象是旅游的决策者。只有了解旅游者心理活动的规律、特点，掌握研究旅游者心理的方法，才能更好地为旅游者服务。旅游服务是旅游业的灵魂，服务质量关系到旅游业的兴衰成败。在导游服务、旅游饭店服务和旅游商品服务等方面，要想提高服务质量，除了研究旅游者心理，还要研究旅游从业人员心理及二者的关系。

另外，研究旅游从业人员心理，利用其心理活动规律和心理学中的相关原理对旅游从业人员进行管理、培训，也可以很好地开发利用人力资源，使现有的人力、物力、资源有机结合，发挥出整体效应。

学习目标

1. 了解心理学的发展历程和主要学派。
2. 了解旅游心理学的产生背景。
3. 识记旅游心理学的重点概念。
4. 掌握旅游心理学的研究方法。
5. 理解旅游心理学的研究对象及研究意义。

本章重点、难点

1. 旅游心理学的研究对象及研究意义。
2. 旅游心理学的研究方法。

本章重点概念

心理学：心理学是研究心理现象及其规律的科学。

旅游心理学：旅游心理学是研究旅游活动中人（旅游者、旅游从业人员）的心理活动和行为规律的科学。

观察法：观察法是研究者在自然条件下，直接察看、了解和分析被观察者言谈举止等外部表现以探求其心理和行为特点的方法。

自然实验法：自然实验法是在自然条件下，研究者有目的地对一些条件加以控制和改变，从而进行研究的一种方法。

心理测量法：心理测量法是运用特定量表测量人在某一方面的心理特征的方法。

调查法：调查法是通过收集被调查者的有关材料，间接了解其心理活动的研究方法。

案例分析法：案例分析法是研究者深入相关单位，对研究对象进行全面的较长时间的观察、调查和了解，研究其心理发展的全过程，分析整理、抽象概括有价值的理论命题的研究方法。

旅游心理学是一门新兴应用型学科。它是有自己独立研究内容的边缘学科。从对旅游学应用问题的研究来看，它属于旅游学科范畴，而从用普通心理学原理对旅游者行为和心理的研究来看，它属于心理学的一个分支学科。20 世纪 90 年代初期，我国心理学与旅游学实现了最初的嫁接和移植尝试，初步形成了旅游心理学的框架体系。

鉴于旅游心理学领域的各项研究建立在以往心理学理论研究之上，我们在开展旅游心理学研究之始，先来了解和认识心理学知识。

第一节　心理学概述

一、心理学的发展历程与主要学派

心理学是一门既古老又年轻的科学。心理学作为一门科学只有很短的历史，但却有一段漫长的过去。在心理学成为一门科学以前，有关“观念”“心”“心灵”“意识”“欲望”和“人性”等问题，一直是古代哲学家、教育家、文学艺术家和医生共同关心的问题。

（一）心理学的发展历程

在欧洲，心理学的历史可以追溯到古希腊柏拉图、亚里士多德的时代。亚里士多德（Aristotle，公元前 384—公元前 322）所著的《论灵魂》是历史上第一部论述各种心理现象的著作，其中的很多思想对心理学的发展及当代心理学思潮有着重要影响。

现代心理学的诞生和发展有两个重要的历史渊源：一个是近代哲学，另一个是实验生理学。前者，为西方现代心理学的诞生提供了理论基础；后者，是现代心理学实验方法的直接来源，实验生理学不仅对心理学走上独立发展的道路产生了影响，而且为研究心理现象和行为的生理机制开辟了广阔的前景。心理学在 19 世纪末成为一门独立的科学。

1879 年，德国生理学家、心理学家冯特（Wilhelm Maximilian Wundt，1832—1920）

在吸收前人成果的基础上，在德国莱比锡大学建立了世界上第一个心理学实验室，将实验方法引入心理学，开始对心理现象进行系统的实验室研究。在心理学史上，人们把这个实验室的建立看成心理学脱离哲学的怀抱、走上独立发展道路的标志。

鉴于此，美国心理学家墨菲（Gardner Murphy，1895—1979）曾说过这样一段话：在冯特创立他的实验室之前，心理学像个流浪儿，一会儿敲敲生理学的门，一会儿敲敲伦理学的门，一会儿敲敲认识论的门。1879 年，它才成为一门实验科学，有了一个安身之处和一个名字。

心理学是研究心理现象及其规律的科学。心理现象作为心理学独特的研究对象，赋予了心理学强大的生命力和无限的发展前景，同时心理学在越来越多的领域得到应用。目前，心理学已广泛应用于国防、教育、体育、医疗卫生、社会服务等领域，形成了以普通心理学为主干的、具有多个分支的学科体系。

（二）心理学的主要派别

心理学的发展虽只有 100 多年的历史，但在其发展过程中学派林立，出现了构造主义、机能主义、格式塔心理学等诸多学派，其中最主要的也是比较流行的三大学派是精神分析心理学、行为主义和人本主义。

1. 构造主义

构造主义是 19 世纪末心理学成为一门独立的实验科学以后，出现于欧美的第一个心理学派别。这一派别的代表人物为冯特（见图 1-1）和铁钦纳（Edward Bradford Titchener，1867—1927）。

图 1-1　冯特

这一派别主张研究直接经验，即意识，并将之分解为感觉、表象和情感三种元素，认为逐一找出它们的关系和规律，就可以达到了解心理实质的目的。

在研究方法上，这一派别强调内省，认为了解人们的直接经验，要靠被试验者自己对经验的观察和描述。

2. 机能主义

机能主义的创始人之一是美国著名心理学家詹姆斯（William James，1842—1910）（见图 1-2），其他代表人物还有杜威（John Dewey，1859—1952）和安吉尔（James Rowland Angell，1869—1949）等人。

图 1-2　詹姆斯

机能主义主张研究意识，但是并不把意识看成个别元素的集合，而是看成像水流一样的“意识流”，主张意识是一个连续整体，反对构造主义；机能主义认为意识的作用就是使有机体适应环境。

如果说构造主义强调意识的构成成分，那么机能主义则强调意识的作用与功能。机能主义的这一特点推动了美国心理学面向实际生活的进程。20 世纪以来，美国心理学一直比较重视心理学在教育领域和其他领域的应用，这和机能主义的思潮是分不开的。

3. **格式塔心理学**

格式塔心理学也称完形心理学。该学派的代表人物有韦特海默（Max Wertheimer，1880—1943）（见图 1-3）、苛勒（Wolfgang Köhler，1887—1967）和考夫卡（Kurt Koffka，1886—1941）等人，这一派别诞生于 20 世纪初。

图 1-3 韦特海默

格式塔是德文 gestalt 的音译，其含义是整体或完形。格式塔心理学认为，整体不能还原为各个部分、各种元素的总和；部分相加不等于整体；整体先于部分而存在，并且制约着部分的性质和意义。例如，一首乐曲包含许多音符，但它不是各个音符的简单结合，因为一些相同的音符可以组成不同的乐曲，甚至可能成为噪声。因此，分析个别音符的性质，并不能了解整首乐曲的特点。

格式塔心理学很重视心理学实验，在知觉、学习、思维等方面开展了大量的实验研究，这些研究资料至今仍是心理学的重要财富。

4. **精神分析心理学**

精神分析心理学于 19 世纪末产生于欧洲，其创始人是奥地利心理学家和精神病医生弗洛伊德（Sigmund Freud，1856—1939）（见图 1-4）。这一学派的理论主要源于弗洛伊德治疗精神病的临床实践经验。

图 1-4 弗洛伊德

精神分析心理学重视对人的异常行为的分析，强调心理学应该研究无意识现象。弗洛伊德认为，人除了有意识的活动——人所表现出来的行为活动，还有无意识的活动。这种无意识的活动因为种种原因长期被压抑着，处在被觉知的意识下层，但仍对意识有影响。也就是说，处于无意识中的个人心理冲突，正是发生心理障碍的原因，而精神分析主要是试图用各种方法发现和揭示精神病病人无意识中存在的问题。

5. **行为主义**

1913 年，美国心理学家华生（John Broadus Watson，1878—1958）（见图 1-5）发表了《行为主义者心目中的心理学》一文，宣告了行为主义的诞生。

图 1-5 华生

行为主义有两个重要的特点：一是反对研究意识，主张研究行为；二是反对内省，主张用实验的方法。在华生看来，意识是看不见、摸不着的，因而无法对意识进行客观的研究。心理学的研究对象不应该是意识，而应该是可以观察的事件，即行为。行为主义还主张“环境决定论”，认为个体的行为完全是由环境控制或决定的，并提出了“刺激—反应”（S-R）公式。

行为主义的产生，在世界各国心理学界产生了很大的反响。行为主义强调用客观方法研究可以观察的行为，这对心理学走上科学的道路有积极的作用。但是行为主义不研究心理的内部结构和心理过程，否定研究意识的重要性，因而限制了心理学的健康发展。

20世纪三四十年代，在行为主义阵营中，出现了以斯金纳（Burrhus Frederic Skinner，1904—1990）和托尔曼（Edward Chace Tolman，1886—1959）为代表的新行为主义。他们在华生行为主义的基础上，提出了“中介变量”的概念，认为在刺激和反应之间存在某些内在的心理过程。

6. 人本主义

20世纪中期，美国一些学者提出了一种新的理论——人本主义，马斯洛（Abraham Harold Maslow，1908—1970）是该理论的主要代表人物。

人本主义认为，人的本质是好的、善良的，人不是受无意识欲望的驱使并为实现这些欲望而挣扎的野兽。人有自由意志，有自我实现的需求。因此，只要有适当的环境，他们就会力争达到某些积极的社会目标。人本主义反对行为主义只相信可以观察到的刺激与反应的观点，认为正是人们的思想、欲望和情感这些内部过程和内部经验才使他们成为各不相同的个人。

人本主义认为人的意识主要受自我意识的支配，要想充分了解人的行为，就必须考虑到人具有一种指向个人成长的基本需求。1943年，马斯洛在《人类动机理论》中提出了需求层次理论（见图1-6）。马斯洛认为，所谓自我实现是通过发挥人的潜能来实现人的价值。

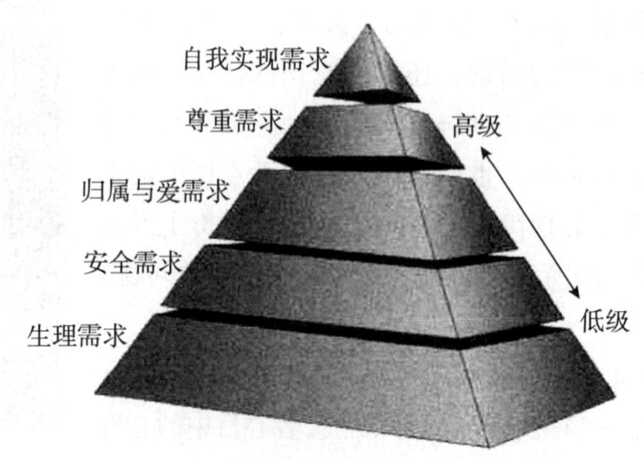

图1-6　马斯洛需求层次理论

7. **认知心理学**

认知心理学广义上指以人或动物的认知过程为研究对象，探索认知过程的内容、机制及其研究方法的心理学学派和思潮。其研究范围主要包括感觉、知觉、学习和记忆、想象、思维和言语等基本心理过程，以及利用这些过程进行的更加复杂的知识获取和知识运用的活动。

认知心理学狭义上指信息加工心理学，是用信息加工观点和计算机模拟法研究认知过程的一个心理学分支学科。该派把人视为信息加工系统，研究人如何接受、编码、操作、提取和利用信息。

图 1-7　奈瑟

认知心理学以奈瑟（Ulric Neisser，1928—2012）（见图 1-7）的《认知心理学》的出版为正式建立的标志。

认知心理学反对行为主义宣扬的心理活动的内部机制无法研究的观点，着重研究高级心理活动的机制，同时，大量吸收计算机科学、神经科学、语言学等相关学科的研究成果和方法，扩充心理学研究的内容。认知心理学现已成为心理学研究的一个主要方向。

二、心理学的基本概念和研究对象

（一）心理的实质

要科学地理解和掌握心理的实质，并不是一件容易的事情。对于心理的实质，心理学家们形成了不同的观点。

主观唯心主义者认为，心理是一种独立存在，是世界的本源。世界上的万事万物都是由人的心理决定的。离开了人的心理，世界上什么东西都不会存在。而客观唯心主义者则认为，心理是一种“绝对观念”，是看不见、摸不着的。

唯物主义者认为，心理是由物质派生的。例如，德国庸俗唯物主义者毕希纳（Ludwig Büchner，1824—1899）和福格特（Karl Vogt，1817—1895）认为，脑髓分泌思想正如肝脏分泌胆汁一样；法国机械唯物主义者拉美特利（Julien Offroy de La Mettrie，1709—1751）和狄德罗（Denis Diderot，1713—1784）认为，人的心理活动是人脑对客观现实的机械反映；而费尔巴哈（Ludwig Andreas Feuerbach，1804—1872）认为，心理是自然的本能活动。这些观点忽视了心理的社会本质，对心理实质的理解也是错误的。

辩证唯物主义者认为，心理是人脑的机能，客观现实是心理活动的源泉，人的心理具有主观能动性。

1. 心理是人脑的机能

心理现象离不开人脑，它依附于人脑，并通过人脑的活动得以实现和反映。这是人们随着科学的发展和实践经验的积累逐渐认识到的。正是在这样一种意义上，辩证唯物主义者认为，心理是人脑的机能，没有人脑就不可能产生心理。

2. 客观现实是心理活动的源泉

如果没有客观现实的作用，人脑本身是无法独立产生心理的。同样，一个人即使有了大脑，但没有经过社会生活这一客观现实的熏陶，也是不能产生心理的。“狼孩”卡玛拉的故事有力地说明了这一点。所以，客观现实是心理活动的源泉，心理是对客观现实的一种反映。

3. 人的心理具有主观能动性

心理是客观现实在人脑中形成的反映，这种反映并不像人照镜子那样机械，而是受个人知识经验、个性特征等的制约，并通过完整的心理活动表现出来，这样心理活动就会带有个体色彩，从而表现出人的心理的主观性。并且，这种主观性是能动的，表现为对客观现实的反映并不是消极的、被动的，而是积极的、能动的。这种积极的、能动的反映通过实践反作用于客观现实，进而使人们创造出客观现实中不存在的事物和形象，以此推动客观现实不断向新的方向发展。

在人和周围世界相互作用的过程中，人无疑是积极、活跃的因素，充满智慧，并且能够运用这些智慧自觉地、创造性地认识周围世界。这是人的心理具有主观能动性的重要表现。

（二）心理学的基本概念

心理学的英文 Psychology 源自希腊文中的 psyche 和 logos。在希腊文中，psyche 表示灵魂或者精神的意思。

曾经很长的一段时间，人们一直认为心理活动是由心脏产生的。譬如，孟子就曾认为思维的器官是心脏；古希腊哲学家亚里士多德也认为思想和感觉的器官是心脏，而脑的工作只不过是使流出心脏的血液冷静一点而已。后来，由于很多事实解释不通，人们才逐渐意识到心理活动并非与心脏有关，而是与脑有关。人们观察到，在睡眠和麻醉时心脏的活动没有大的变化，但是脑的状态大不相同；脑损伤的人，如植物人，其心理活动会失调。

综上所述，心理学是研究心理现象及其规律的科学。所谓心理现象，不仅包括感觉、知觉、记忆、思维、语言、意识、动机、情绪、能力和人格等个体心理现象，而且包括人作为社会的成员、社会的实体，处于各种社会群体中时所扮演的角色、所拥有的价值观念和态度。

（三）心理学的研究对象

心理学作为研究心理现象的科学，既研究动物的心理，也研究人的心理，并以研究人的心理现象为主要研究对象。

根据前文心理学的概念界定不难看出，心理学研究对象主要包括：人的个体心理、人的社会心理。除此之外，心理现象不同于物理、化学等现象，它不具形体性，无法直接进行观察，但是通过对行为的观察和分析，可以客观地研究人的心理。因此，心理学还研究行为及其与心理的关系。

（四）普通心理学及其重要性

普通心理学所总结出来的规律对心理学各个分支的研究都具有重要意义。

三、旅游心理学产生的背景

旅游活动也涉及心理活动。人们早就注意到旅游活动中存在心理现象。两千多年前，我国就有“仁者乐山，智者乐水”的说法，折射出人们出游的不同心理动机。旅游业的形成，尤其是现代旅游业的发展，促使人们加强了对旅游心理活动理论的研究。从实践角度看，旅游业的经营者、服务者为旅游者提供吃、住、行、游、购、娱等优质服务，更好地满足旅游者的生理和心理需求，才能营利。旅游者如何选择经营者、服务者，怎样才能获得生理上和心理上的满足，经营者、服务者如何提供服务等，都是需要研究的问题。于是，旅游心理学便应运而生。

旅游心理学是应用心理学的分支。1981 年，美国 CBI 出版公司出版了由爱德华·J. 梅奥（Edward J. Mayo）和兰斯·P. 贾维斯（Lance P. Jarvis）撰写的《旅游心理学》。该书第一次从心理学角度分析研究了旅游者的旅游行为，揭开了旅游心理学研究的序幕。我国旅游心理学研究开始于 20 世纪 80 年代，目前已有不少旅游心理学专著和教材出版，但是，我国的旅游心理学研究还较为薄弱。

第二节　旅游心理学概述

一、旅游心理学的概念

对旅游心理学的定义，目前我国学者有不同的表述：第一种取向认为，旅游心理学是研究旅游者的心理与行为的科学；第二种取向认为，旅游心理学是研究旅游者心理、旅游企业管理心理和旅游服务心理的科学；第三种取向认为，旅游心理学是研究旅游者心理、旅游服务心理和旅游从业人员心理的科学；第四种取向认为，旅游心理学是研究旅游者和旅游从业人员互动心理的科学；第五种取向认为，旅游心理学是研究旅游者心理和旅游业开发、经营和管理的心理依据的科学。本书中，旅游心理学的定义为研究旅游活动中人（旅游者、旅游从业人员）的心理活动和行为规律的科学。

二、旅游心理学的研究对象

从旅游心理学的概念来讲，旅游心理学的研究对象是旅游活动中人的心理活动和行为规律，具体涉及旅游者心理、旅游从业人员心理。

研究旅游者心理，主要是研究旅游者的心理活动和旅游者的个体心理特征。心理活动包括心理过程和人格两大部分。心理过程分为认识过程、情绪情感过程和意志过程。认识过程有感觉、知觉、记忆、思维、想象等过程。人格又称个性，由人格心理特征和人格倾向性构成。人格心理特征包括气质、性格和能力，人格倾向性包括需求、动机、兴趣、理想、信念、人生观、世界观、价值观等。但是旅游心理学并不研究上述全部内容，较多关注诸如旅游知觉、旅游需求和动机、态度与旅游行为、个性与旅游行为、旅游者的情绪情感等内容。

研究旅游从业人员心理，主要包括旅游服务心理和旅游企业管理心理。前者包括酒店服务心理、旅行社服务心理和其他服务心理；后者涉及企业领导与员工对提升服务所产生的心理与行为。

三、旅游心理学的研究方法

旅游心理学作为心理学的分支应用学科，其研究方法主要来自心理学比较成熟的研究方法，只是在使用这些方法时，从旅游心理学特定的学科领域出发，有选择、有变化地使用。

（一）观察法

观察法是研究者在自然条件下，直接了解和分析被观察者言谈举止等外部表现以探求其心理和行为特点的方法。

观察法有多种。在自然情景中对人或动物的行为直接观察和记录，然后进行分析，这种观察法被称为自然观察法；在预先设置好的情景中进行观察，这种观察法被称为控制观察法。

观察法有利于收集被观察者生动翔实的资料。但是，观察法不能人为引发，只能被动等待，由于时间、文化等因素，有些方面不能全面观察或不能观察。作为收集一手材料的方法，观察法简便易行、较为客观。

（二）自然实验法

自然实验法是在自然条件下，研究者有目的地对一些条件加以控制和改变，从而进行研究的一种方法。自然实验法通常在自然条件下结合日常实际来进行。

自然实验法贴近实际，简便易行，兼有观察法和实验室实验法的优点，应用广泛。自然实验法是在实际情况下进行的，因此所得到的结果比较接近实际。另外，自然实验法是由研究者有目的地改变或控制某些条件，因此具有主动性和严密性，所得到的结果也比较准确。但因为条件的控制不够严格，所以通过自然实验法难以得到精确的实验结果。

社会心理学中对从众现象、群体效应等进行研究时，经常采用此法。自然实验法较适于对旅游者进行心理研究。例如，研究者为了了解旅游者不同的旅游服务需求，可以通过让不同性别、不同年龄的服务人员提供旅游服务，从而观察旅游者的情绪反映、满意程度。

（三）心理测量法

心理测量法是运用特定量表测量人在某一方面心理特征的方法。

采用此方法有一些基本的要求，通常要求测验所用量表标准化，即量表的编制、实施的过程、算分标准和对测验分数的解释，都要有明确、一致的要求。能力测验、性格测验、人才测评等，是旅游心理学中常用的心理测量法。心理测量法常用于研究旅游活动中人的心理，如测量旅游者的心理、旅游从业人员的心理等。

（四）调查法

调查法是通过收集被调查者的有关材料，间接了解其心理活动的研究方法。调查法包括谈话调查法、问卷调查法、访问调查法等，其中问卷调查法的应用最为广泛。问卷调查法是通过被调查者根据个人情况填写事先拟定好的表格、回答问题等形式来研究被调查者心理的一种方法。问卷调查法的优点是能同时进行大规模的群体调查，快速收集大量资料，并且采取匿名回答，结果较真实。

问卷调查法的核心是问卷的设计。问卷分为封闭性问卷和开放性问卷。在封闭性问卷中，不仅有要求被调查者回答的问题，而且有供他们选择的答案。

例：您愿意乘坐什么交通工具去旅游？

A. 豪华大巴　　B. 旅游列车　　C. 飞机　　D. 轮船

开放性问卷则只有问题而没有可供选择的答案，要求被调查者根据自身实际，酌情回答。

封闭性问卷容易对答案进行量化处理，也便于统计分析，但由于受固定答案的限制，不能充分反映被调查者对问题的思考深度。开放性问卷具有封闭性问卷所不具有的优点，即能反映出被调查者的思考深度和多样化的看法，但被调查者也可能提供一些与研究无关的信息。此外，开放性问卷资料的量化统计分析较困难。因此，要根据研究专题所需材料的范围、研究人员的水平和能力等因素，综合考虑后加以选用。

（五）案例分析法

案例分析法是研究者深入相关单位，对研究对象进行全面的较长时间的观察、调查和了解，研究其心理发展的全过程，分析整理、抽象概括有价值的理论命题的研究方法。此方法有深入、全面的优点。研究者深入旅游业，对研究对象进行全面的、较长时间的连续观察、调查和了解，研究其心理发展的全过程，在掌握各方面情况的基础上对研究对象进行分析和整理。这种方法在旅游心理学的发展中发挥着重要的作用。

总之，旅游心理的研究方法是多种多样的。在进行研究时，不应孤立地采用一种方法，而应根据研究的需要综合采取各种方法，或者以某种方法为主，辅之以其他方法，这样才能获得全面、准确、客观的数据资料，以利于对旅游心理做出完整的评定。

四、旅游心理学的研究意义

对旅游心理学进行深入的研究，是旅游学科建设与完善的需要，也是解答一些有关旅游方面问题的需要。研究旅游心理学不仅能回答理论问题，更重要的价值在于它所具有的多方面的实用意义。因此，研究旅游心理学对旅游学科建设和发展以及旅游业的繁荣都有着十分重要的意义。

（一）有助于提高旅游企业的经营和管理水平

21 世纪的中国，旅游业飞速发展，旅游企业之间的竞争愈发激烈，这不仅体现在技术上和环境上，还体现在经营方针和策略上。在竞争中，每家旅游企业都有被淘汰的可能。在这个机遇和挑战并存的时代，要想取得最后胜利，就要把注意力放在旅游市场的变化和发展趋势上，要学会对旅游市场进行科学的预测。这就要求旅游管理人员加强对旅游科学知识的学习和研究，努力提高自己的经营和管理水平。

研究旅游心理学可以帮助旅游管理人员运用心理学知识分析旅游者的心理，了解其需求和变化，有针对性地开展旅游宣传，并依据旅游者心理变化的特点和趋势，分析并及时地调整经营方针和策略，在了解旅游者心理的基础上进行科学的预测。旅游业的竞争实际上就是瓜分市场的竞争，是争夺旅游者的竞争，旅游心理学能在这场竞争中为旅游企业和旅游从业人员提供有效的帮助。

拓展阅读

旅游广告要“对症下药”

美国为了开拓英国的旅游市场，曾对英国人进行调查。调查中有个问题：“在决定去美国旅游时，最重要的考虑因素是什么？”英国人毫不犹豫地回答：“费用。”根据这一调查，美国在英国展开了广告宣传：去美国旅游的费用，要比想象的便宜，一天只要花费 15 美元，就能游览美国。通常，按照这个推广计划，理应有成千上万的英国人争着去美国，然而事与愿违，只去了数百名游客。其症结何在？美国旅游部门决定对英国人心理状态进行深层次调查，调查发现：从表面上看，英国人认为费用是一个障碍，实际上他们真正害怕的是在美国可能看到的那些东西——高耸入云的摩天大楼、复杂的高速公路网、令人咋舌的消费。更令他们担忧的是，英国正步美国的后尘，几年或几十年后，英国也许会变得和美国一样，人们再也难有宁静、休闲的生活。在深知英国人的旅游心理后，美国改变了宣传内容，大力宣传科罗拉多大峡谷、黄石国家公园、尼亚加拉瀑布等优美、独特的自然风光，这种着眼于旅游心理的宣传一下子就吸引了许多英国游客。

旅游心理学有助于提高旅游企业的管理水平，为旅游企业在人员管理上提供理论保障。用旅游心理学尤其是管理心理学的理论知识来分析和研究员工的心理，可以帮助管理人员了解员工的心理状态和心理特征，了解企业内部的人际关系状况，有针对性地做好员工的思想工作，调动员工的工作积极性。这对改善企业的经营管理、实现企业效益最大化具有十分重要的意义。

（二）有助于更好地了解旅游行为

旅游行为是一种复杂的消费行为，旅游行为到底是什么？到现在人们仍难以真正、全面、系统地解释旅游行为。

旅游者的需求、动机及购买行为构成了旅游活动的周期。有旅游需求而未得到满足，则会引起一定程度的心理紧张，当出现能够满足需求的条件时，需求就会转化为动机，动机推动旅游者购买旅游产品，从而在一定程度上外化出旅游行为。当旅游者的需求通过旅游活动得到满足时，心理紧张就会消失，而此时又会有新的需求产生，如此循环往复。

旅游行为产生于旅游需求和旅游动机。社会因素、文化因素以及经济因素等宏观外部因素对旅游者的旅游需求产生影响，个人心理因素也对旅游需求产生影响。旅游行为产生于旅游者的旅游动机，旅游动机是旅游行为的直接动力，这种动力由人的需求激发。正是未得到满足的需求，激发了满足此种需求的动机，因此旅游动机与人的需求层次相关。在从旅游动机到旅游行为产生的过程中，旅游者会主动搜寻相关信息，并会接收来自旅游企业的信息，以便于决策。这时，旅游行为的产生还受旅游营销活动的影响。旅游者的心理影响着外界信息的输入与加工，进而影响旅游者购买旅游产品的行为。最后旅游行为会影响旅游营销活动以及旅游者新的旅游需求的产生和旅游决策的产生，进而影响旅游者下一次购买旅游产品的行为。

如果旅游从业人员不了解甚至不知道如何去了解旅游者的旅游决策过程，做好旅游服务就只能是一句空话。旅游心理学的内容就是研究旅游者旅游行为产生的主观原因，解释旅游者的选择。通过旅游心理学可以知道，旅游者之所以做出不同的选择，是因为不同旅游者具有不同的心理（如需求、动机、态度、兴趣、人格特征等）。经济学等学科只能研究旅游行为的可能性，而旅游心理学则能研究旅游行为的必然性。按照旅游心理学的理论去研究旅游行为，能够获得更加全面系统的解释。

（三）有助于更好地开发旅游资源和建设旅游设施

旅游资源开发的前提是存在旅游者需求，这是制定资源开发方案的依据。这就需要以旅游心理学的知识为理论依托。旅游产品和旅游景点的开发要考虑旅游者的需求、旅游者的心理特点和旅游者的兴趣爱好、审美习惯等，只有旅游者愿意购买旅游产品，旅游资源开发才更有意义，否则开发即浪费。

一项成功旅游产品的策划及推出，必须以调研旅游者市场为基础。调研中，要着重了解旅游者希望在旅游活动中获得什么。要想获得旅游者的满意评价，旅游设施建设能够回应旅游者的需求是不容忽视的一个要点。在旅游设施的建设上，必须考虑旅游者的心理，论证旅游设施建设的科学性和实用性。只有充分重视旅游者的心理，才能使旅游者在旅游活动中得到最大满足。现代化的旅游交通设施也是随着旅游者对安全、快速和舒适的需求的不断变化而改进和发展的。在旅游设施的建设上，更应充分考虑旅游者的生理需求，以吸引更多的旅游者。因此，旅游设施设计和建设也需要以旅游心理学知识为理论依托，根据现代人生活和工作的特点，指导旅游经营者开发设计相应的项目，从而达到吸引旅游者的目的。

旅游资源和旅游设施的开发和建设一定要考虑旅游者的心理，否则就会事倍功半，浪费人力、物力，甚至破坏旅游资源，更难发挥旅游资源应有的社会效益和经济效益。旅游心理学为旅游资源和旅游设施的开发和建设提供了理论基础。

（四）有助于提高旅游从业人员的素质

旅游从业人员的素质包括职业素质和心理素质。提高旅游从业人员的素质，关键要提高他们的心理素质，使旅游从业人员正确地认识自己，学会调节和控制自己的情绪，更好地发挥团队精神。系统掌握旅游心理学的理论知识，掌握旅游者的心理特点，能够使旅游从业人员正确处理人际关系，培养旅游从业人员健全的心理素质，以使其富有创造性地完成旅游服务工作。

本章小结

本章首先简述了心理学相关内容，然后阐述了旅游心理学的研究对象、研究方法和研究意义。

旅游心理学的研究对象涉及旅游者心理、旅游从业人员心理。旅游心理学的主要研究方法包括观察法、自然实验法、心理测量法、调查法和案例分析法。

心理测试

出国旅行，购物是一项很重要的体验。在跳蚤市场，物品的价格极有弹性，可以借机淘到不少宝贝。你会在跳蚤市场上买什么东西进行收藏？这能够反映你的理财观念。

你对下列哪一项物品最感兴趣呢?

A. 古董相机　　B. 手工织毯

C. 古银首饰　　D. 书画艺术品

测试结论

A：你没有明确的理财观念，对于开源和节流两项工作，你宁可只做前者。认为花钱就是要让自己开心的你，自然不愿意委屈自己，吃好的，住好的，用好的，每一笔钱你都觉得花得很值。你可以试着去投资，因为你的品位很不错，能够选到可以增值的物品。在现实中多多学习，你会做得很好。

B：你的情感丰富，耳根子软，对人毫无防备之心。你对推销员的话会照单全收，所以每次出门总是令家人担心，生怕典当所有家产，也不够支付你的信用卡账单。你的消费多是感性消费，支出数目有高有低，出门前最好先列出预算，控制自己的花费，才可能挽救你的财务赤字。

C：你对每一分钱都很重视，认为财富是一点一滴积累起来的。虽然你从各方面都可以省下一些钱，数目也很可观，但是你对这样的攒钱速度感到不满。如果有一笔暂时不需动用的存款，试着去做一些投资吧，结果会让你满意的。

D：你有一点儿不切实际，做什么都只为了完成梦想，一点儿都没有考虑现实。对于理财，你也觉得十分头痛，不知该怎么开始，更不愿卷入股票游戏中，因此就这么拖着，虽然知道要留意相关消息，但还是很被动。找个可信赖的人，帮你打点这一切是最理想的状况。

复习思考题

一、判断题

1. 研究旅游心理，要通过旅游行为，所以，旅游行为也是旅游心理学的主要研究对象。（　）

2. 心理学是从哲学中分离出来的一门科学。（　）

3. 旅游心理学属于应用心理学。（　）

4. 没有大脑是不可能产生人的心理的。（　）

5. 心理测量法是在实验室里通过控制条件进行研究的一种方法。（　）

6. 观察法的缺点是保持被观察者心理表现的自然性和客观性。（　）

7. 自然实验法是在自然条件下，研究者有目的地对一些条件加以控制和改变，从

而进行研究的一种方法。（ ）

8. 就旅游企业而言，服务质量优劣的关键取决于旅游服务设施的好坏。（ ）

二、单项选择题

1. 心理学成为独立的学科是（ ）世纪的事。

A. 18　　B. 19

C. 20　　D. 21

2. 旅游活动的主体是（ ）。

A. 旅游从业人员　　B. 旅游者

C. 旅游企业管理人员　　D. 旅游开发商

3. 旅游业成败的关键是（ ）。

A. 旅游开发行为　　B. 旅游服务行为

C. 旅游消费行为　　D. 旅游管理行为

4. 产生人的心理的物质基础是（ ）。

A. 客观现实　　B. 主观意识

C. 大脑　　D. 认知能力

5. 旅游消费心理的源泉是（ ）。

A. 主观意识　　B. 客观现实

C. 旅游消费行为　　D. 旅游需求

6. 我国有“仁者乐山，智者乐水”的说法，折射出人们出游的（ ）。

A. 心理规律　　B. 变化性

C. 两重性　　D. 心理动机

7. 行为主义心理学派的重要代表人物是（ ）。

A. 弗洛伊德　　B. 斯金纳

C. 华生　　D. 马斯洛

8. 能体现环境因素对人的心理发展起决定作用的是（ ）。

A. “江山易改，本性难移”　　B. “龙生龙，凤生凤”

C. “狼孩”卡玛拉事例　　D. DNA（脱氧核糖核酸）

三、简答题

1. 简述心理的实质。

2. 简述心理学的三大主要学派。

3. 简述心理学的内涵及研究对象。

4. 简述旅游心理学的内涵及研究对象。

5. 旅游心理学的研究方法有哪些？

6. 研究旅游心理学有何意义？

四、论述题

试用旅游心理学的相关知识，分析如何更好地促进旅游业的整体发展。

五、案例分析题

令人费解的票价

在美国，发生过这样一个故事。某年的8月初，一对夫妇和三位朋友一行五人去亚特兰大旅游。到达石头山公园后，他们发现门票标价是6美元，乘坐园内的缆车及其他游乐设施要另外买票。

大家都认为乘坐缆车到山顶，视野绝佳，胜过其他游乐设施，于是决定只乘坐缆车。当他们去售票窗口买缆车票时，售票员亲切地告诉他们，缆车票每张16美元，但只能用于乘坐缆车一项，如果花7.5美元买一张通票，可以玩遍园内所有项目。

16美元只能乘坐缆车，7.5美元却可以玩遍所有项目？一定是售票员说错了或者是把价格说反了？他们这样猜测着。

当其中一位朋友正要请售票员重新说一遍时，另一位朋友示意他不要再问，同时告诉售票员要5张通票。买好票后大家窃喜，示意不要再问的那位朋友说："如果再问，售票员发现说错了，我们就买不成了。"虽然大家曾想到，明知售票员卖错了票而不明示有点不合适，但过了一会儿他们就丢掉了这种内疚感。

大家玩了所有的项目，花的时间比预计的多出很多。原定到市区的中餐馆吃晚餐，结果也改在了公园内的餐饮部。亚特兰大闷热潮湿，他们不停地买饮料喝，而且公园内有很多工艺品店，大家在每家店都流连许久，购买的物品塞满了大包小包。

他们一直沉浸在占了很大便宜的喜悦之中，但天色已晚，必须返回市区住宿。离开公园前，为了求证票价，他们又特意来到售票处仔细查看窗口旁的价目表，令大家费解的是，价目表上的确写着：缆车票价16美元，通票7.5美元。售票员并没有卖错票呀！

在去停车场的路上，他们一行5人一直为这事儿纳闷，谁都说不出所以然来，直到上车时，大家把大包小包放到车里，感觉空间紧张时才恍然大悟。本来他们打算在公园里坐完缆车后回到亚特兰大市区吃晚饭，并在市区逛街购物，这样，公园只能从他们身上赚到16美元的缆车费。但有了这张通票，他们便在公园吃饭、喝饮料、购物，平均每人消费70~80美元。通票和缆车票之间虽然有8.5美元的差额，但公园在餐饮部和工艺品店里获得了10倍于此的营业额，用多获得的利润去弥补两张票的差额绝对绰绰有余。

通票的价格本就是7.5美元，公园经营者故意在旁边加上缆车16美元的价格，使游客自以为购买通票就是占了便宜。真正聪明的不是买方，而是卖方。

问题：通过案例，你从中得到了什么启示？

六、实训题

运用你学过的心理学的调查方法开展一次对不同游客的心理特征调查。

第二章　旅游知觉

案例导入

张师傅退休后参加A旅行社组织的西安—延安5日游。由于是第一次跟团旅游，也是第一次到陕西，他既紧张又兴奋。如果你是这个团的导游，如何才能让张师傅对整个旅游活动有正确的认识，能够满意而归？

学习目标

1. 掌握感觉、知觉的概念、特性；了解影响知觉的因素及知觉的类型。
2. 掌握旅游者对旅游条件知觉的内容。
3. 掌握旅游者对旅游活动中社会知觉的内容；了解影响社会知觉的心理因素。

本章重点、难点

1. 旅游知觉的特性。
2. 影响旅游知觉的各种因素。
3. 旅游活动中的社会知觉。
4. 对旅游条件的知觉。

本章重点概念

感觉：是人脑对当前直接作用于感觉器官的客观事物的个别属性的反映。

知觉：是人脑对直接作用于感觉器官的客观事物的整体的反映。

错觉：是一种特殊的知觉，也就是我们的知觉不能正确地反映外界事物的特性时出现的种种歪曲的情况。

首因效应：又称第一印象效应，是指与不熟悉的社会知觉对象第一次接触后形成的印象。

晕轮效应：又称光环效应，是指认知主体将对客体某一特征的突出印象，扩大为对客体的整体印象的现象。

刻板印象：是指认知主体对认知客体所持有的共同的、概括而固定的看法和印象。刻板印象不是个体印象，它反映的是群体的共识。

经验效应：指个体凭借以往的经验进行认识、判断、决策、行动等。

世界是多姿多彩的。外出旅游就是为了去感受那些能促使人们产生幸福感的事物，从而实现自己的目的。就个体而言，把看到的景色、听到的声音、摸到的物体、嗅到的气味进行综合加工，形成对某个事物的整体认识，这就形成了个人旅游的主观感受，达到了个体旅游的目的。对于旅游从业人员而言，要想为旅游者提供周到的服务，就需要了解他们的旅游感受产生的过程。而旅游者认识外部世界，对外部世界的审美过程都是以感觉和知觉为基础的，所以要对旅游感受产生的过程进行分析，就必须对旅游感觉和知觉进行分析和研究。感觉与知觉是人心理过程的初始阶段，了解感觉和知觉是研究旅游者复杂心理活动的基础。

第一节 旅游知觉概述

心理学的研究表明，人的心理过程始于感觉和知觉。只有在了解感觉和知觉的基础上，才能对人们的行为进行深入探讨。知觉与感觉存在有机的联系。在现实生活中，感觉和知觉很难截然分开，习惯上统称为感知觉。旅游者的感知觉是影响旅游者行为的重要因素。因此，必须对旅游者的感知觉进行研究。了解旅游者感知觉的特性和影响旅游者感知觉的各种因素，认识旅游者的消费行为活动规律，才能更好地开展旅游工作。

一、旅游知觉概述

要对旅游知觉进行研究，有必要先了解感觉的相关概念和特性，以及知觉的基本概念等。

（一）感觉

1. 感觉的基本概念

人类认识世界是从感觉开始的。感觉提供了内、外环境的信息，保证了机体与环境的信息平衡。日常生活中，我们经常会使用到“感觉”这个词。如“今天我感觉很好”“这件事我感觉不对劲”，这里使用的“感觉”，其含义与心理学中所要阐述的“感觉”的含义不同。

那么，在心理学中，“感觉”这种心理现象的含义是什么呢？心理学把感觉定义为：人脑对当前直接作用于感觉器官的客观事物的个别属性的反映。感觉是一切较高级、较复杂的认识活动的基础，也是人的全部心理现象的基础。人的知觉、记忆、思维等复杂的认识活动，必须借助感觉提供的原始资料进行。可以说，没有感觉，一切较复杂的、较高级的心理现象就无从产生。旅游者主观幸福感的产生都是从感觉外部世界开始的。

作为一种心理现象，感觉有两个明显的特点：第一，感觉所反映的是当前直接作用于感觉器官的客观事物，而不是过去的或间接的事物；第二，感觉所反映的是客观事物的个别属性，而不是事物的整体。它对客观事物的反映，只局限在“个别属性”的范围之内。

根据客观事物的性质以及产生感觉的感觉器官的性质，感觉可以分为外部感觉和内部感觉。

外部感觉接受外部世界的刺激，包括：视觉，感觉器官是眼睛，它可以帮助我们看清周围的世界，游遍天下，从某种意义上来说即是看尽天下美景；听觉，感觉器官是耳朵，它可以帮助我们感受到声波的变化，听见周围的声音，“有声有色”的审美境界自然离不开听觉；嗅觉，感觉器官是鼻子，它能帮助我们识别不同的气味，对新环境的感知，嗅觉往往是第一位的；味觉，感觉器官是舌头，它可以帮助我们了解事物的味道；触觉，感觉器官是皮肤，它能够帮助我们感受物理压力，帮助我们感觉物体的硬度等。所有这些感觉都能够帮助我们更好地认知这个世界。

内部感觉接受机体内部的刺激，包括：反映内脏器官状态的感觉，如渴、饥等；反映身体各部分的运动和位置情况的感觉，如运动觉、平衡觉等，人们对蹦极、攀岩、滑雪、坐过山车等项目的体验与运动觉和平衡觉这两种感觉有关。

2. 感觉的特性

人对客观事物的感觉能力，会因为刺激物的强度、持续时间的长短和感觉器官的特性以及各种感觉器官的相互影响而有不同呈现，从而使人的感觉这种心理活动展现出不同特性。

（1）适应现象。由于刺激物的持续作用而引起人的感觉发生变化的现象，就是感觉的适应现象。适应可以引起感受性的提高，也可以引起感受性的降低。通常来讲，在微弱刺激的持续作用下，人的感觉能力提高；在强烈刺激的持续作用下，人的感觉能力降低。“如入芝兰之室，久而不闻其香……如入鲍鱼之肆，久而不闻其臭”，这是嗅觉的适应；有些旅游者明明脖子上挂着相机，却四处寻找相机，以为将其遗失在某地，这是触压觉的适应。

（2）感觉的相互作用现象。人的各种感觉不是孤立存在的，而是相互影响、相互制约的。所以，不同感觉之间的相互作用，可使感觉能力发生变化，这就是感觉的相互作用现象。例如，旅游者觉得夏天舒适的温度是20℃～24℃，冬天是17℃～22℃。如果温度较高，旅游者的注意力会分散、动作准确性降低，从而产生烦闷、不安的感觉；如果温度过低，旅游者的注意力会转移，从而容易产生疑惑、紧张的感觉。

正因如此，很多酒店装有空调设备，以保证旅游者的居住环境舒适。

（3）联觉。在心理学上，联觉是指一种感觉引起另一种感觉的心理现象。常见的是色觉所引起的对温度的感觉。如红、橙、黄等颜色类似于骄阳、烈焰的颜色，往往给人以温暖亲和的感觉；青、蓝等颜色类似于碧空和寒冰的颜色，往往给人以寒冷的感觉。颜色可以对人的食欲产生影响。酒店、餐馆的室内装饰及设施多采用红、黄等颜色，因为这些颜色可以令顾客食欲大增。

（二）知觉

1. 知觉的基本概念

人们通过感觉可以认识事物的个别属性。但是在人们的实际生活中，不仅要认识事物的个别属性，而且要认识事物的整体。就像苹果，我们不仅要了解它的颜色和味道，还要把它作为一个整体和其他的物体（如番茄、皮球等）区别开来。我们对苹果整体的认识就是知觉。

知觉这种心理活动是在感觉的基础上把感觉到的事物的所有信息经过头脑的加工（综合与解释），形成对事物的完整印象。例如，将园林中的亭台楼阁、假山喷泉、花草树木等各个不同部分综合反映在头脑中，就产生“优美的园林”这样一个完整、具体的形象。所以我们说，知觉就是人脑对直接作用于感觉器官的客观事物的整体反映。任何事物都是由许多个别属性组成的，没有反映事物个别属性的感觉，就不可能有反映事物整体的知觉。

在生活、工作、旅游等活动中，感觉很少单独出现，常融合在知觉之中，二者的关系是相互交错、互为一体的。通过感觉只能认识事物的个别属性，不能把握事物的整体；通过知觉，人们可以对事物的各个不同属性、各个不同部分及其相互关系进行认识，揭示事物存在的意义。通常感觉越丰富、越细致，则知觉越完整、越准确。比如，当我们去吃天津的“狗不理”包子时，通过视觉看到它的形状，通过嗅觉闻到它的香味，通过味觉品出它的味道，把这些感觉有机组合，我们的头脑中就会得出“这是‘狗不理’包子而不是开封灌汤包”的结论。旅游中我们知道这是旅游饭店，那是购物商场，这些都是知觉在起作用。

2. 旅游知觉

研究整体比研究个别属性要更有意义，因此旅游心理学更多的是研究旅游者对客观事物和对社会的知觉。

旅游知觉是指直接作用于旅游者感觉器官的旅游刺激物的各种属性的整体反映。个体通过旅游知觉获得新的知识和生活智慧。例如：当旅游者到达某一旅游地后，通过对景区中各种颜色、声音和气味的感觉，形成对某个景区的知觉。旅游者能认识山峰、湖泊，也就是说，在他的头脑里产生了山峰、湖泊的整体形象。

旅游知觉分为一般旅游知觉和复杂旅游知觉两种。一般旅游知觉包括旅游视觉、旅游听觉、旅游嗅觉、旅游味觉、旅游运动觉等；复杂旅游知觉包括旅游空间知觉和旅游时间知觉，旅游空间知觉反映旅游刺激物的形状、大小等；旅游时间知觉反映旅游时间的长短、先后、快慢等。

3. **错觉**

错觉是一种特殊的知觉，也就是知觉不能正确地反映外界事物的特性时出现的对外界事物的种种歪曲的情况。

正确地理解错觉具有重要的意义。一方面，这有助于消除错觉对人类实践活动的不利影响。比如：飞行员在海上飞行时，由于远处水天一色，失去了环境中的视觉线索，容易产生“倒飞”的错觉。研究错觉的成因，在训练时增加有关的训练，有助于消除错觉，避免事故的发生。另一方面，人们可以利用某些错觉为人类的生产和生活服务。

现实生活中的错觉现象有许多种，常见的有大小错觉、形状和方向错觉、形重错觉、倾斜错觉、运动错觉、时间错觉等。缪勒—莱尔错觉如图 2-1 所示，蓬佐错觉如图 2-2 所示，垂直—水平错觉如图 2-3 所示。

图 2-1　缪勒—莱尔错觉　　**图 2-2　蓬佐错觉**　　**图 2-3　垂直—水平错觉**

旅游资源开发和建设中常常利用错觉增加旅游审美效果。我国的园林艺术常常利用错觉渲染风光、突出景致。比如，颐和园的苏州河，一层建筑，一层树木，一层朱桥，又一层树木，又一层建筑，再一层树木，使人产生空间深度增加的错觉，增强空间立体感。又如江南私家园林多采用集中而静的水面，水面上高大、平直的桥较少，曲而贴水的桥较多，其目的就是通过缩短视觉距离，限制旅游者的视线，使眼前的水面显得开阔、明朗。

二、知觉的特性

知觉具有选择性、整体性、理解性、恒常性和适应性五个基本的特性。

（一）知觉的选择性

知觉的选择性在于把一些对象或对象的一些特性、标志、性质优先区分出来。客观事物是多种多样的，人们总是有选择地以少数事物作为知觉的对象，对它们的知觉格外清晰，被知觉的对象好像从其他事物中凸显出来，出现在“前面”，而其他的事物作为知觉的背景就退到后面去了。图 2-4 双歧图就体现了人们对不同背景的知觉选择。知觉的选择性揭示了人对客观事物反映的主动性。在旅游活动中，“仁者乐山，智者乐水”就是典型的知觉选择性的体现，山水并存，乐山或乐水取决于人的知觉选择。

图 2-4　双歧图

（二）知觉的整体性

知觉的整体性是指个人在过去知识经验的基础上，能够把由多个部分和多种属性构成的客观事物综合为整体的特征。在知觉活动中，整体与部分的关系是辩证的、互相依存的。人的知觉系统具有把个别属性、个别部分综合成整体的能力。当知觉对象的个别属性或个别部分直接作用于人的时候，人会产生对这一对象的整体印象。从图 2-5 可以看出，尽管这些点没有用线段连起来，但仍能看到一个三角形和一个长方形。

图 2-5　点图

旅游者到某城市旅游，不仅会关注该城市的风景名胜，留意所见的市容市貌、风土人情，也会留意该城市旅游从业人员的言行举止，从而形成对这座城市的整体印象。因此，旅游从业人员进行旅游宣传时应该注重整体性、系统性，宣传并不应只针对具体的旅游产品，还应该从宏观的角度，体现旅游地的历史、文化、自然景观，塑造旅游地的品牌，并且应该利用电视、网络等，配合当地旅游主题等进行长效宣传，向旅游者传达统一的品牌信息、内涵和口号。

在旅游过程中，旅游者的知觉具有非常典型的整体性特点，表现为：旅游者总是将食、住、行、游、购、娱等旅游活动所包含的各个方面综合起来进行认识，进而评价某次旅游活动的优劣；旅游者总是把景点和服务质量联系起来，对旅游产品进行认识和评价；旅游者总是把某个景区里的所有自然因素和人文因素综合起来，对景区进行认识和评价；旅游者总是把旅游中所接触到的来自交通、饭店、宾馆、旅行社等各个部门的服务综合起来，对旅游服务进行认识和评价；旅游者总是把宾馆和饭店的基础设施、卫生条件、服务水平、服务态度等综合起来，对宾馆、饭店进行认识和评价。正是因为旅游知觉具有整体性，所以无论是对旅游景区的规划开发，还是在旅游服务的各个环节，都要树立整体观念。

（三）知觉的理解性

知觉的理解性是人在感知当前的事物时，凭借以往的经验理解客观事物的含义。知觉者拥有的与这个事物有关的知识越深厚、经验越丰富，他对该事物的知觉就越丰富，对该事物的认识也就越深刻。旅游者根据已有的知识和经验，对感知到的旅游刺激物进行加工、归类，形成一定的概念，这就是旅游知觉的理解性。

例如，当历史学家在欣赏洛阳的龙门石窟时，他会比无历史常识的普通旅游者所领悟到的内涵更深刻。因为普通旅游者只看到龙门石窟的外观，而历史学家根据自己已有的知识，不仅能看到龙门石窟的外观，而且能体会到那些佛像所折射出的丰富的历史文化内涵。

理解性还有助于形成知觉的整体性。人们容易把自己熟悉和理解的东西当成一个整体来感知。相反，在不理解的情况下，知觉的整体性就容易受到破坏。在观看某些不完整的图形时，正是理解性帮助人们把缺少的部分补充起来。比如，在漓江上游览，导游会让旅游者观看“九马画山”这一景观，旅游者通常是在导游的提示下，把黑白的颜色组合后才看出马的影子，其中理解性的作用就很大。

知觉的理解性不仅受知识经验的影响，而且受以下三个方面的影响。

第一，知觉的理解性受外来的言语指导和对感知对象有限认知的影响。例如，西方旅游者发现中国许多景点中，亭子的顶部是圆形的，而亭子周围的墙是方形的，如北京天坛主体建筑是圆形的，而围墙却是方形的（见图2-6）。这种现象曾引起西方旅游者的争论，有的说是为了几何图形的变换，有的说是为了美观好看，而导游在讲解时只有短短一句话：那是中国古代“天圆地方”学说在中国建筑中的体现与运用。这样，西方旅游者不仅理解了上述现象，而且对中国传统文化和古代中国人的思想也有了初步的认识。

图2-6 天坛

第二，实践活动的任务会影响知觉的理解性。当有明确的活动任务时，知觉服从于当前的活动任务，所知觉的对象比较清晰、深刻。任务不同，对同一对象可以产生不同的知觉效果。例如，一个普通旅游者和博物学家在原始森林中游览，普通旅游者将周边对象知觉为自然风光，博物学家可能更多地知觉为地质地貌、气候状况、动植物的种类等。

第三，对知觉对象的态度会影响知觉的理解性。如果对知觉对象抱着消极的态度，就不能深刻地感知客观事物。只有对知觉对象产生兴趣，持有积极的态度，才能加深对它的理解。俗话说，兴趣是最好的老师，在旅游中，旅游者只有对某物感兴趣，持有积极的态度并抱有期待，才会更深切地理解他所看到的景物。

（四）知觉的恒常性

当知觉的客观条件在一定范围内变化的时候，人们知觉的映象在相当程度上却保持着它的稳定性，知觉的这种特性被称为知觉的恒常性。例如，我们熟悉的一位老朋友无论穿什么样的衣服走在人群中，我们总能把他认出来。曾经登过泰山的旅游者，深切地感受过登上泰山之巅那种“会当凌绝顶，一览众山小”的豪迈，即使在条件改变的时候，如泰山被云雾遮蔽或离开泰山后，依然能够感知泰山的雄伟和壮丽，旅游者的经验已经使其知觉有了恒常性。

知觉的恒常性受多种因素的影响，其中已有的旅游经验和知识是最为重要的因素。即使外部旅游刺激情境发生变化，人们仍能把旅游过程中的所见所闻与自身经验结合起来，从而获得近似于实际的旅游知觉。例如，我们看到今天圆明园的断壁残垣，倘若没有对其他中西园林的知觉经验，就难以想象出圆明园被焚烧以前的宏伟壮丽，也难以获得古迹审美的愉悦。

在旅游中，我们可以运用知觉的恒常性，开发旅游新产品。如去游览深圳“世界之窗”时，面对缩小的世界著名景观，旅游者仍有身临其境的感觉，“卢浮宫”“白宫”“红场”“埃菲尔铁塔”……一日遍游世界，美不胜收。知觉的恒常性，在这里起了非常重要的作用。

（五）知觉的适应性

在日常生活中，一个戴过眼镜的人，在换了一副新眼镜后，开始时会觉得不习惯、不舒服，半天或一天之后，这种不舒服的感觉就消失了。这其实是知觉的适应性在起作用。知觉的适应性，是指当视觉输入发生变化时，人们的视觉系统能够适应这种变化。这是因为当人们看到的东西经过神经系统的分析，综合输入到大脑中后，大脑会对视觉系统进行修正。当然，除了视觉具有适应性，其他的感觉，如听觉、触觉等一样具有这种特性。

在人们的旅游实践中，正是由于知觉的这种适应性，许多旅游活动项目才得以顺利开展。比如，冬天的哈尔滨非常令人向往，但是禁不住寒冷天气的人就不能领略冰雕的美丽，在旅游实践中却没有发现到这里来旅游而不敢出门的南方人，这是因为人的皮肤对外界温度的适应性使得旅游者快速适应了这里的气温。试想，如果没有知觉的适应性，南方人和北方人恐怕就“老死不相往来”了！

三、影响知觉的因素

知觉是主体对客体的感知过程，必然会受知觉对象本身特点和知觉者本身特点的影响。苏东坡说：“西湖天下景，游者无愚贤；深浅随所得，谁能识其全。”这从某种意义上说明了旅游者对旅游区的知觉受主客观因素的双重影响。

（一）客观因素

1. 知觉对象的刺激强度

知觉是对客观事物的整体反映，因此，知觉首先取决于知觉对象本身的特点。知觉对象的特点通常是多方面的，其中知觉对象本身的刺激强度是影响知觉的重要因素。知觉对象的本身刺激只有达到一定的强度，其具备的突出属性才能被感知清楚。如果客观事物没有独特的形象、突出的属性，即缺乏刺激强度，就难以引起人们的注意，从而不能被知觉到。比如一块古色斑斓的碑刻，放在陵墓、寺院等处，很容易被人知觉到，但是把它放在著名的西安碑林之中，旅游者就可能不太会注意到它。

一般情况下，知觉对象的刺激强度越大、本身属性越突出，就越容易被清晰、深刻地感知。如险峻的山峰、幽静的湖泊、奔腾的江河、辽阔的大海、古老的建筑、珍禽异兽、奇风异俗等，都会以较大的刺激强度，给旅游者留下清晰的印象。

2. 知觉对象和背景的对比

在同一旅游时间内，被旅游者清晰感知到的东西就是知觉对象，而被旅游者模糊感知到的东西就成为该对象的背景。有些具有丰富经验的导游由于很好地运用了由背景到对象的手法，使旅游者获得了由一般到特殊、由表及里、由景动情、情景交融的审美感。如导游带领旅游团队在北京参观故宫的宁寿宫区时告诉旅游者，这里有座九龙壁（见图 2-7），这是目前中国仅有的三座九龙壁中保存最好的一座，这时宁寿宫区成了知觉对象，而大殿等成了背景。当大家来到九龙壁前，导游说，有一条龙身上的一部分是木头做的，旅游者马上兴致勃勃地在九龙壁上寻找，这时九条龙成了知觉对象，而整个九龙壁却成了背景。当导游指着那块终于被发现的木头讲起相关的历史故事时，背景就又变了。

图 2-7　九龙壁

知觉对象与背景的差别越大，对比越强烈，就越容易从背景中区分出知觉对象来。轰鸣如雷的瀑布之所以易引起人们的知觉，就是知觉对象与背景的差别较大。江南很多旅游区种植了观赏性的方竹或斑竹，并在它们周围种植了其他的花草树木，旅游者轻易就能看到，但是，如果把方竹或斑竹同其他竹类种在一起，旅游者要看到它们就困难了。

3. 知觉对象的活动变化

如果刺激物的运动速度太慢，或单位时间内位移的距离太小，不会使人产生知觉，而运动变化着的刺激物容易成为知觉的对象。如倾泻的瀑布、奔驰的游艇、闪烁的霓虹灯，都容易成为知觉的对象。

4. **旅游对象的新颖性**

旅游对象的新颖性是引起旅游者新奇感的直接诱因。尤其是闻所未闻、见所未见的旅游对象，较容易引起旅游者的新奇感，往往容易被知觉到，如云南特有的少数民族民俗风情和自然景观容易为人们所感知。对于旅游从业人员而言，在旅游资源的开发上，可以开发“新、奇、特”的旅游项目，使旅游活动具有持久的吸引力。

5. **他人的提示**

他人的提示能使旅游者了解原来陌生的旅游对象，并迅速做出知觉选择。他人的提示是我们迅速区分出知觉对象的重要条件，这一点在旅游过程中体现得最为充分：有导游讲解的旅游者往往比没有导游讲解的旅游者对旅游景点的知觉更加鲜明和完整。

6. **旅游者的生理条件**

知觉的产生，依赖于旅游者的各种感觉器官如眼、耳、鼻、舌、皮肤等所接收的各种刺激信息。旅游者的感觉器官若有缺失，其产生的知觉必然与他人不同。例如，失明者难以产生鲜明、具体的视知觉形象；失聪者难以产生听知觉反应。因此旅游者的生理条件对知觉对象的选择也有很大影响。

7. **知觉对象的组合**

心理学的研究表明，时空上彼此接近的事物和性质相似的事物，最容易被组合为一个整体而成为人的知觉对象。旅游中旅游者常常把不同的知觉对象组合成一个整体，这种整体性观念既是旅游者主观能动性的反映，也是影响旅游者知觉的重要因素。一般来说，知觉对象的组合遵循以下原则。

（1）接近性原则。生活中，我们都有这样的经验，在其他条件相同时，客观事物在空间或时间上比较接近时，就容易被感知为一个整体。接近性原则是指两个或两个以上的刺激物（同类物）如果在空间或时间上彼此接近，那么每一刺激物（同类物）都有被视为构成整个知觉组合物一分子倾向的原则。

接近性示意如图 2-8 所示，其中，左侧正方形间的纵向距离小于横向距离，因此更容易将之视为四列正方形；右侧正方形间的纵向距离大于横向距离，因此容易将之视为三行正方形。

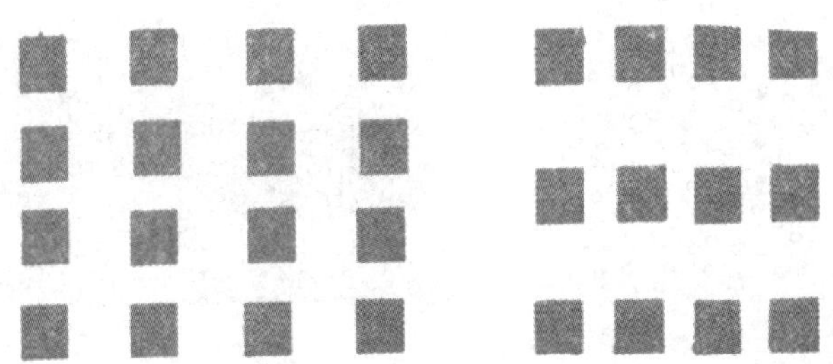

图 2-8　接近性示意

在对旅游目的地的知觉中，旅游者往往把空间上接近的旅游地归为一组。如苏州和无锡，山海关和北戴河，因为它们距离接近，旅游者往往把它们知觉为一条旅游线或一个观光区。有些旅行社推出的青岛—连云港三日游，华东五市七日游，欧洲五国、八国、十国十四日游等，都是因为旅游者往往把这些地方归为一组来知觉，旅游从业人员也就倾向于如此设计旅游线路。

（2）相似性原则。在知觉情境中有多种刺激物同时存在时，各种刺激物之间在某方面的特征，如大小、形状、颜色等，有相似之处，就会被知觉为一类事物。这种按刺激物相似特征组成知觉对象的情况，被称为相似性原则。

相似性示意如图 2-9 所示，其中，我们更容易看到三列“×”形和两列“○”形。

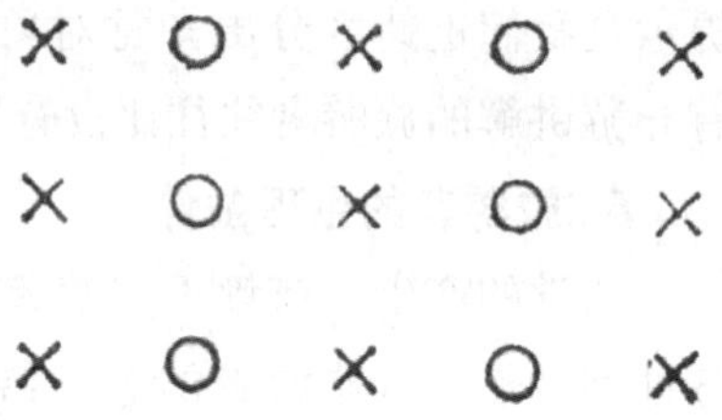

× ○ × ○ ×

× ○ × ○ ×

× ○ × ○ ×

图 2-9　相似性示意

例如人们常常把西方旅游者团队称为欧美团，因为这些人在外貌、文化背景、价值观念上相似。另外，在旅游者对旅游目的地的知觉中，往往把旅游资源特色相似的旅游地归为一类，如五台山、普陀山、峨眉山、九华山，虽然它们在地理上遥隔千里，但人们把它们知觉为佛教名山。少林寺、灵隐寺、白马寺虽然有着不同的来历和传说，但在很多人眼中，它们都是寺院。“上有天堂，下有苏杭”，江苏苏州与浙江杭州地处不同省份，却被视为一体；中国澳门与美国阿拉斯加相距万里，同被视作赌城。

（3）连续性原则。凡具有连续性或共同运动方向的刺激物容易被看成一个整体，这种按照连续性特征组成知觉对象的心理倾向，就是知觉对象组合的连续性原则。连续性示意如图 2-10 所示。在人们的知觉中，图形的连续性强于图形的相似性，如图 2-10（2）中右侧图形所示。直线和曲线实际上是由一个个孤立的点连续排列而成的，如图 2-10（2）中左侧图形所示。在图 2-10（1）的左侧，是一些随机排列的小圆圈。当其中某些小圆圈因运动或变化而具有共同命运时，其中某些小圆圈就容易被看成是英文字母“M”，如图 2-10（1）右侧图形所示。

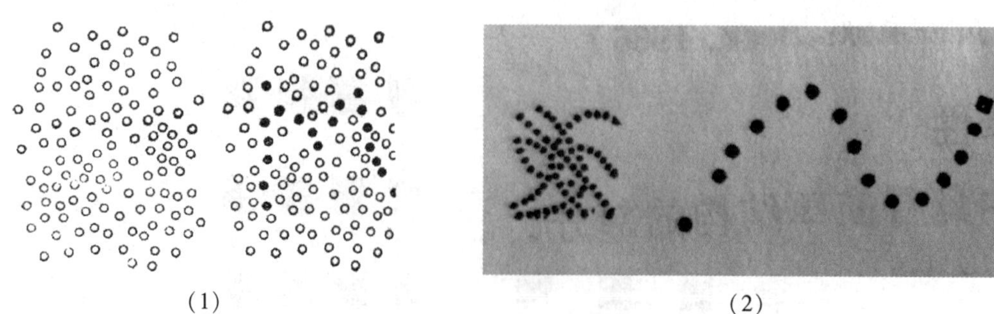

（1）　　（2）

图 2-10　连续性示意

在熙熙攘攘的旅游景区，同一旅行团的旅游者如果戴上同样颜色的遮阳帽，即便他们被往来的其他游人隔开，他们也会朝同一方向前进，因而人们很容易把他们知觉为一个旅游团队，他们中的人也很少会有掉队的。例如，西安碑林有很多碑刻，均由历代著名书法家手书刻石而成，并配有精美的图案花纹。虽然不同的碑刻体现着不同的书法风格，但依旧被认知为一个整体。再如，昆明西山风景区就是由一条游览线上连续的多个风景点所构成。

（4）封闭性原则。若干个知觉对象共同包围一个空间，有形成同一知觉形态的倾向，则这些知觉对象很容易构成一个知觉单位，这就是知觉对象组合的封闭性原则。每个正常的个体都有封闭的能动性，当知觉对象不完整时，人们就会自觉或不自觉地根据以往的经验，主观增添或减少某些部分，获得对事物的完整知觉。

图 2-11　封闭性示意

封闭性示意如图 2-11 所示，在一个由多个点围成的不闭合的圈的情况下，一般人在进行知觉时很容易把它补成一个封闭且完整的圈。这种封闭性原则经常被用到广告设计中，如当人们看到广告语“桂林山水（　）天下”，人们会毫不犹豫地填上“甲”字。

在旅游活动中，当旅游者对旅游线路不满意时，他们往往会主动采取措施弥补不足；当旅游者觉得自己无力弥补这种缺憾时，有可能暂缓或中止旅游活动。有经验的导游在导游过程中，也常常有意或无意地利用这种原则，在介绍景点时故意留下某些空白，让旅游者自己去思考、想象、补缺，从而形成一个完整的、更有意义的旅游知觉。

（二）主观因素

1. 旅游者的需求和动机

一般情况下，凡是能满足人的需求、符合人的动机的事物，往往会成为知觉的对象、注意的重心。反之，与人的需求和动机无关的事物往往不易被人注意。例如，有的人外出旅游是为了结交朋友，这些人多倾向于选择去热闹的景区并跟旅游团前往，而不会独自旅游。比较富裕的旅游者对住宿是否舒适、方便，服务是否周到考虑较多，而一般的学生旅游者对住宿的需求则是经济、实惠等。由于各种类型的旅游者具有不同的旅游需求和旅游动机，因此他们感知的范围、具体的对象，以及最终的整体知觉对象是多种多样的。

事实上，人的求知需求以及追求社会地位的需求影响着旅游者对旅游产品的知觉。

人的求知需求与旅游行为以及旅游地的选择有密切的关系。这种求知需求使人们对那些从未去过的地方的知觉带上各种色彩。例如，旅游者会对尚未去过的旅游地产生一种向往的感觉。

2. 旅游者的情绪和情感

情绪和情感是人对客观事物态度的一种反映，与人的需求紧密地联系在一起。情绪和情感包括复杂的生理及心理机制，往往伴随着身心状态的波动。

情绪和情感对人的心理活动有较大的影响，当旅游者处于积极情绪状态时，他们会积极主动地感知所接触的事物，知觉周围的景物；当旅游者处于负面情绪状态时，他们通常对一切事物毫无兴趣。在旅游活动中，旅游者对时间的感知通常受旅游活动中自身的情绪和情感的影响。在有趣而内容充实的旅游活动中，旅游者会觉得时间过得快；心情愉悦的时候，旅游者也会觉得时间过得快；而在烦恼和厌倦时则正好相反。所以旅游从业人员要尽量使旅游者处于心情愉悦的状态，这样可以让旅游者充分体会到旅游带给他们的快乐，并用心去领会身心上的自由感、精神上的解放感和特定需求的满足感。

3. 旅游者已有的知识和经验

人们过去的知识和经验对知觉有很大影响。凭借以往的知识和经验，旅游者可以很快地对知觉对象做出理解与判断，从而节约感知时间，扩大知觉范围，获得更多、更深刻的知觉体验。例如，一个对书法颇有研究的旅游者到开封的翰园碑林，会在一块块的石碑前驻足，用心地欣赏我国的书法艺术；相反，一个不懂书法的门外汉到了碑林里，则很可能快步走过，因为他们看到的只是中国的一个个汉字而已，很难体会到不同的书法艺术风格，无法完全领略中国书法的博大精深。

旅游实践也表明，旅游者主要通过个人及亲朋好友过去旅游的知识和经验获得旅游目的地的信息，然后结合个人的需求、兴趣等，关注不同的旅游目的地，从而选定旅游目的地。初次到某一旅游地的旅游者和重游的旅游者对旅游地的感知是完全不一样的，原因就在于旅游者有无经验。可见，过去的知识和经验对旅游知觉也有重要作用。

4. 旅游者的兴趣爱好

人们的兴趣和爱好各不相同，兴趣和爱好往往也影响着知觉。人们的兴趣、爱好往往会使他们把不感兴趣的事物排除到知觉的背景中，而集中注意力于感兴趣的事物。

一般情况下，凡是旅游者感兴趣的，都会成为他们的知觉对象。例如，向往大自然的旅游者，往往对山川、河流、瀑布等感兴趣，想方设法去体验它们；对历史感兴趣的旅游者可能更容易感知到南京“六朝古都、十朝都会”的厚重；对自然资源感兴趣的旅游者可能更容易感知到南京的高山、深水、平原；对文物古迹感兴趣的旅游者，会优先把古都名城、文物古迹作为选择的对象；喜欢小吃的旅游者一般会留意各地的小吃。

兴趣和爱好对知觉的影响是显而易见的。它不但影响知觉对象的选择，而且对知觉程度和知觉映象都有影响。

5. 旅游者的层次意识

生活在社会中的人，处于不同的社会阶层。不同阶层的人有着不同的经济条件、生活方式、价值准则和行为方式，这些反映到知觉上，表现为对旅游对象、方式、地点、时间和消费的不同选择。

在实际旅游活动中，旅游者的层次意识也影响着知觉。文化层次较高、品位较高的旅游者，更容易注意到能体现其文化修养和品位的旅游活动，比如，他们期待听到高水平的导游讲解。而一般的旅游者往往更关心普遍性的社会问题及当前的热门话题，期望听到故事性的导游讲解。

6. 旅游者的个性

个性，在心理学中指的就是人格，它是指构成一个人的思想、情感及行为的特有模式，这个模式包含了一个人区别于他人的稳定而统一的心理品质。个性是个体所具有的独特的、稳定的心理特征的总和。一个人的个性体现在他与其他人的个体差异和他的行为连贯性上。

个性对主体的知觉具有很大影响。胆大的旅游者比较喜欢登山、蹦极、漂流等旅游活动，而胆小、谨慎的旅游者比较喜欢参与性、冒险性较少的活动。从使用交通工具的情况也可以看出个性对知觉的影响。调查表明，胆大自信的人对乘飞机旅游十分积极主动，而胆小的人则对安全问题十分谨慎，且在旅游中乐于乘坐火车，因为一般人认为乘飞机是存在风险的，而乘火车较安全。

7. 其他个体因素

影响旅游知觉的主观因素除了上述几个方面，还有旅游者收入、年龄、性别、职业、家庭结构、国籍、民族和种族，乃至态度、信仰、心境和记忆等。

工薪阶层一般只会对适合他们经济条件的经济型旅游产品给予关注，高收入者更愿意关注豪华的旅游产品。年龄对旅游知觉也有重要影响。例如，年龄较大的旅游者对旅游的感受，与青少年对旅游的感受就有很大的区别。

第二节　旅游者对旅游条件的知觉

在旅游过程中，旅游者对旅游条件的知觉是多方面的，主要表现在对时间、空间和旅游交通条件以及旅游目的地的知觉。

一、旅游者对旅游时间、空间的知觉

旅游必然涉及时间和空间因素。

（一）对时间的知觉及对策

时间知觉是指个体在生活环境中以某事件的发生为根据，对过去、现在、未来的时间变化以及变化的快慢有所了解的心理过程。

旅游活动是发生在特定情景下的一种活动，旅游者对旅游活动时间的知觉常因为动机的不同而有不同的变化。总的来说，旅途要快、游览要慢、一切活动要准时。

1. 旅途要快

旅途要快也就是用较短的时间完成从甲地到乙地的过程。

现代社会的激烈竞争使得人们的闲暇时间有限，所以在有限的时间内完成计划内的所有项目，就必须设法缩短无意义的时间。

就个体而言，旅游者一般对旅游景点充满了美好的幻想，总是迫不及待地想到旅游景点一饱眼福，旅游一开始就恨不得飞到目的地去。正因为如此，人们在外出旅游时，总要设法缩短枯燥的旅途时间，如采用有效、迅捷的交通工具来节省时间。我们常见到人们在旅游时喜欢乘飞机而不愿意乘火车，愿意乘快车而不愿意乘慢车，愿意乘直达车而不愿意中途多次转车。近几年我国铁路交通系统一再提高火车的运行速度，目的就在于增强火车的竞争优势，满足人们“旅途要快”的知觉要求。

2. 游览要慢

游览要慢，即旅游活动要放慢速度。

人们外出旅游的真正目的是游览自然山水、欣赏文物古迹、领略风土民情，从中获得自然美、艺术美、社会美的审美情趣，以达到愉悦身心的效果。游览的内容越丰富就越有魅力，越能使人融入其中，流连忘返，达到“乐不思蜀”之境界。因此，旅游者总是希望有足够的时间在旅游地停留、有丰富的旅游服务供自己享用；而旅游供给方也尽量提供食、住、行、游、购、娱一条龙服务，变单调的观光产品为观光、休闲、度假等产品并举的多元化产品，从而尽量延长消费者在旅游目的地的时间。

3. 一切活动要准时

一切活动要准时有两个方面的考虑：一是时间，二是计划。按常规理解，人们在闲暇时没有压力，其实并非如此。在现代社会，人们已经养成守时的习惯，过多的闲暇会引起人们的不安、焦虑。另外，旅游活动的安排是和闲暇时间密不可分的，也就是说，活动计划必须在限定的时间内完成，超时就意味着金钱的浪费和机会的丢失。因此，能否严格按活动时间表进行旅游是每个旅游者十分关注的问题。

旅游者搭乘交通工具过程中最担心的就是安全和准时这两个问题。在保证安全的情况下，交通工具能否准时、饭店的服务是否周全就显得非常重要，因为准时能保证旅游者按照计划去安排时间和活动，否则旅游者就会烦躁，甚至发展为强烈的不安和不满。

例如，如果旅游者离开饭店前结账不及时，就会错过预订的航班，延误整个行程；

飞机不能准时起飞或临时取消航班，都容易造成旅游者的不满，引起投诉。而对于商务旅游者而言，这错过的可能不只是一次航班，而是一次洽谈业务、获取丰厚利润的良机。

“旅途要快、游览要慢、一切活动要准时”，是旅游者普遍的心理需求。但是，我们也应该看到：普遍性中总有特殊性，对旅游时间的知觉往往因旅游动机而有所差异。

（二）对空间的知觉及影响

空间知觉是对物体空间关系的认识。

在旅游活动中，对空间的知觉主要是指对旅游距离的知觉。旅游距离指的是旅游者居住地与目的地之间的距离。一般来讲，对距离的知觉直接影响个体的旅游行为，其影响具体表现在距离对旅游行为的阻碍作用和激励作用。

1. 距离对旅游行为的阻碍作用

距离对旅游行为的阻碍作用体现在：距离越远意味着交通费用越高，旅游时间越长，旅游中消耗的体力和激情越多。通常闲暇时间较少的人选择长距离旅游的可能性较小。

旅行距离越远意味着人们付出的金钱、时间、体力、情感方面的代价越高。人们付出的代价越高，期望值就越高。正因为如此，我们就可以理解，为什么大多数情况下赴国外旅游的人要比在国内旅游的人少。

人们外出旅游，距离越远，旅游持续时间越长，体力消耗就越大，旅游费用也就越多，代价与距离成正比。从这个角度看，远距离会抑制人们的旅游动机，会使旅游者取消远距离旅游行为。即距离对人们的旅游行为会产生阻碍作用。

2. 距离对旅游行为的激励作用

距离对旅游行为的激励作用体现在：距离越远越容易产生神秘感和朦胧感。

美学上讲，距离产生美。拉开的距离增加了信息的不确定性，给人以更广阔的想象空间，使人把自己的愿望投射到相对模糊的对象上，从而产生了美的印象。事实上，遥远的目的地总是对旅游者具有特殊的吸引力，激励人们跨越千山万水，不计较时间、金钱、体力等方面的代价，积极前往。例如，众多的上海人对上海近郊旅游不感兴趣，而对邻近省市的旅游兴趣很大。

距离对旅游行为的激励作用被视为人们进行旅游活动的“推动力”。距离越远，新异性越强，旅游地的吸引力越大，对娱乐旅游来说尤为如此。事实上，在时间充足、经济条件允许的情况下，消费者往往倾向于远距离旅游。如独具北国风情的东北地区就是很多南方人夏季出门度假的首选，海南岛、云南等地同样也是北方人冬季出游的热门地点。

综上所述，距离知觉对人的旅游行为的影响是双重的，既有阻碍作用，又有激励作用。旅游从业人员要利用好旅游者对空间的知觉，既要让近距离的旅游者尽情畅游此景，又要不断吸引远方的旅游者。

二、旅游者对旅游交通条件的知觉

旅游者抵达旅游地采用的交通工具，包括飞机、火车、汽车、轮船等，是人们实现旅游活动的主要途径和手段。

（一）影响旅游者对旅游交通条件知觉的因素

影响旅游者对旅游交通条件知觉的因素有以下几点。

1. 安全

出门在外，人们选择交通工具时，安全是最重要的。至今，20 世纪初的泰坦尼克号豪华游轮大海难，还使不少人对海上旅游心有余悸。人们在选择航班前，还会注意收集有关航空公司的事故记录。总之，人们出行总是要选择他们自认为安全系数高的交通工具。

2. 速度

旅行中速度快的交通工具节省了时间，减轻了人们在旅途中的疲劳。但在一些人心目中，速度与安全性呈近似反比的关系，如飞机速度快，但给人心理上的安全性差，且受天气条件限制的程度比较大。

3. 服务水平

热情、周到的服务，会使人产生亲切感，并容易给人留下美好的印象，使人乐于接近，乐于选择。相反，冷冰冰的服务会使人产生疏远的心理而拒绝选乘相应的交通工具。

（二）对飞机的知觉

飞机是国际旅游和远距离国内旅游时，多数旅游者首选的交通工具。只要经济条件允许，大多数旅游者乐于在世界各地飞来飞去。但人们究竟愿意乘坐什么样的飞机呢？研究表明，旅游者对客运航班的选择与安全性有关，如飞机的新旧程度、飞行员的驾龄和技术水平；还与机票的价格、起飞时间、是否按时抵达目的地、中途着陆次数、空中服务质量等有关。旅游者是否会对某家航空公司形成积极的知觉，在一定程度上取决于其服务人员能否为旅游者提供热情、友好、周到、公平的服务。

（三）对火车的知觉

在我国，火车至今仍是国内旅游的主要交通工具。许多旅游者喜欢乘坐火车旅游，主要原因是安全，火车票价相对便宜，随着动车、高铁的普及，乘坐动车、高铁旅游也让旅途更加快捷省时，更主要的是可以观赏沿途风光。例如，“复兴号”以其快速、安全、方便等特征，赢得了旅游者的喜爱。

研究表明，影响旅游者对火车知觉的因素主要有五点：一是运行速度；二是发车时间和抵达目的地的时间；三是是否准时运行；四是中间停留次数；五是车上服务质量。

（四）对汽车的知觉

现代高速公路网不断优化，为旅游者选择汽车出游提供了越来越大的支持。尤其是在距离不太远的国内旅游中，汽车出游更安全、便捷和便宜。

旅游者对汽车出游的知觉，主要受下列因素的影响：一是运行速度；二是发车时间和抵达目的地的时间；三是汽车的功能和舒适程度；四是车上服务质量；五是路面状况。随着经济社会的发展，我国私人汽车保有量不断攀升，越来越多的旅游者开始选择自己驾车旅游、度假。这就需要旅游从业人员持续关注自驾游的相关信息。

（五）对轮船的知觉

轮船主要包括渡轮和游轮。轮船作为旅游交通工具主要是用于海上巡游和内河观光，通常被人们称为游船。游船既包括海上漫游世界的豪华游轮（见图 2-12），也包括穿行于江河湖泊的一般观光船舶。

图 2-12 豪华游轮

对于选择游船的旅游者来说，影响其知觉的因素主要有四点：一是游船到达港口城市的多少；二是距离的远近；三是港口城市景观的多少；四是船上服务的特色与质量。另外，客舱、餐厅、游艺厅设施是否豪华舒适，娱乐活动是否丰富有趣，购物是否方便等，也会影响旅游者的知觉。

三、旅游者对旅游目的地的知觉

旅游目的地是指在一定的地域空间范围内，以对客源市场具有吸引力的旅游吸引物为基础，形成的吃、住、行、游、购、娱六大要素综合协调发展的旅游目的地，是能满足旅游者旅游需求的目的地。

旅游者对于旅游目的地的选择，在很大程度上取决于旅游者对旅游目的地的知觉。对旅游目的地的知觉是指人们对已知或未知旅游目的地的知觉。已知目的地指旅游者已经游览过的旅游目的地。旅游者对于这种目的地的知觉，往往比较确切、具体。未知目的地就是旅游者还没有游览过的地方。旅游者对于未知旅游目的地的知觉，并非以曾经的经历为依据，而是以外界媒体所提供的信息为依据。对已知目的地知觉的结果影响个体的现行行为和后续行为的延续性，对未知目的地知觉的结果影响其对目的地的选择。

人们决定要去旅游时，会选择能够最大限度满足自己需求和兴趣的旅游目的地。虽然大多数人在日常生活中能得到关于某旅游目的地的一些信息，但内容相对较少，留存在自己记忆中的就更少，仅靠这种被动知觉是远远不够的。因此，人们一旦决定出去旅游，就会收集各种信息资料，经过分析、评价和判断，选定具体的旅游目的地。当然，由于需求、兴趣的不同，人们会关注不同的旅游目的地，从而选定不同的旅游目标。比如，如果人们为了满足休息、娱乐和健康的需求，就会注意收集风光秀丽、气候适宜的旅游目的地的信息；为了增长知识、开阔眼界，就会对名胜古迹或具有现代社会发展水平的旅游目的地格外看重。

在旅游过程中，旅游者对旅游区的知觉取决于以下几个方面。首先，旅游景观必须具备独特性和观赏性，这样才能把旅游景观的吸引力和旅游者的需求结合起来。其次，旅游设施必须安全、方便、舒适，在使设施符合标准的同时，要注意其特异性。最后，旅游服务必须周到、公平。

在现实生活中，由于旅游者的个体差异和部分旅游信息的失真，旅游者对于旅游目的地的知觉常常与目的地的实际情形不符，因此，就旅游企业来说，为了使自己经营的旅游产品能在人们心目中形成一个良好的印象，最大限度地吸引不同层次的旅游者，必须掌握旅游者对旅游目的地知觉的规律和特点，以便更好地服务旅游者。

第三节　旅游者在旅游活动中的社会知觉

社会知觉是知觉主体对一定社会环境中有关个人和团体特性的知觉。它主要涉及个人对自我、他人及人际关系的知觉，是人们在社会活动中逐渐产生、形成和发展的。了解人的社会知觉，对于我们了解自己和他人的动机、情感、意图，端正个人的角色意识，协调人际关系有重要意义。在旅游活动中，社会知觉会影响旅游者的人际关系和旅游活动的效果。

一、对自我的知觉

自我知觉是指一个人通过对自己行为的观察而产生的对自己心理状况的认识，是个性社会化的结果。换句话说，自我知觉是内化在个人身上的社会观念。人不仅要通过他人的外部特征来认识他人的内在心理状态，也要通过这样的方式认识自己的行为动机、意图等。自我知觉是自我意识的主要组成部分。随着自我意识的发展，在社会化进程的影响下，自我知觉成为一个不断发展和提高的过程。

具有正确的自我知觉，可以促进旅游从业人员工作责任心和职业道德感的形成，从而使之与旅游者建立良好的人际关系。

心理学家认为自我有两个层面：一是个体内部意识的自我，这是主体追求目标的自我，也是理想的自我；二是呈现于外部世界的自我，是与他人相对的、社会化的自我。呈现于外部世界的自我在人际关系中尤其重要。

一般来说，自我知觉往往经历三个不同的发展阶段。

（1）生理自我阶段。在这一阶段，个体主要通过对自己身体、对家庭成员的态度以及家庭成员对他的态度等方面的判断和评价，表现出自豪或自卑的自我感情。追求生理自我的人大多注重自己的身材、容貌和物质享受。在旅游过程中这类旅游者更喜欢娱乐项目、自然旅游资源和一些热闹的地方。

（2）社会自我阶段。在这一阶段，个体主要通过对自己的财产、社会地位、对周围人的态度以及周围人对自己的态度等方面的判断和评价，表现出自尊或自卑的自我感情。对待这类旅游者，相关部门要利用好旅游地的名人效应。同时，这类旅游者在旅游过程中通常有着很好的人际关系，比较注重自我形象，是旅游小集团中的中心人物，想通过旅游，树立成功、自信、善于交际等积极形象。

（3）心理自我阶段。在这个阶段，个体主要通过对自己的智慧、能力、道德水平等方面的判断和评价，表现出优越感等自我感情。这类旅游者在旅游过程中更关注旅游资源的历史烙印和文化底蕴等。

旅游活动是一种能够满足人们不同的自我需求的方式和手段。借助旅游活动，人们可以通过自我知觉，实现愉悦身心、提高社会地位以及陶冶情操的目的。

首先，旅游活动使人享受到优美的风景、清新的空气和灿烂的阳光。各种娱乐和游览活动能够消除紧张情绪造成的心理压力，使人精神愉快、情绪高昂。其次，旅游可以锻炼和发展人的观察力，激发自我的各种感受。人们在大自然美丽景色的感染下，可以大大丰富自己的感性认识，丰富观察力，激发想象力，陶冶性情。再次，旅游活动使人受到大自然和人类实践成果的感染，从而体验到崇高、伟大和优美等，使人的心境变得积极、振奋、向上。最后，通过旅游活动，人会产生有助于个性健康发展的自我知觉。旅游活动会大大扩展个人的认知范围，增长人的认知能力和审美能力，同时有助于培养人的交往能力和热情开朗、独立等性格。

无论是旅游者，还是旅游从业人员，对自我的知觉相当重要。只有正确地进行自我知觉，才能做出与自己相适宜的旅游行为。

二、对他人的知觉

对他人的知觉是指通过对他人的外部特征，即他人的言谈、举止、仪表和相貌等的认知，判断他人心理素质和情感特征的一种知觉。

旅游活动中对他人的知觉是人与人相互作用的接触点，往往直接影响旅游者之间、旅游者与旅游从业人员之间的交往。旅游从业人员通过对个体的表情、性格和角色等方面的了解认知旅游者的生活习惯、心理需求，从而更好地开展服务工作，适应不同旅游者的特点，提高服务质量。旅游者对旅游从业人员正确知觉，有利于双方交易的顺利完成。

在旅游活动中，对他人的知觉主要有以下三个方面。

（一）表情认知

表情是个体情绪和情感的外化，是向他人传达信息的一种工具。

通过对人的面部表情的观察和分析，能够了解其内心的欲望和意图，从而形成对他人的认知。人的面部表情十分丰富，不同表情可以反映不同情绪与情感。如果旅游者满面春光，说明他情绪高涨，心情愉快；如果旅游者脸色阴沉、目光呆滞，说明他情绪低落，心中不快。同样，观察旅游者的言语节奏、语调高低，也是旅游从业人员了解旅游者内心世界和性格特征的有效途径。如果旅游者有爽朗的笑声，说明他性格开朗。另外，还可以通过观察手势、走路的姿势等认知一个人的情绪状态。故而，有经验的旅游从业人员能够通过“察言观色”来有针对性地做好旅游服务工作。

（二）性格认知

性格是一个人对待现实的稳定的态度和习惯化了的行为方式，是人的心理差异的重要方面，是个性的核心，也是个体思想、品德和世界观的具体表现。

当对一个人的性格有了深切的了解之后，我们就可以预测这个人在一定的情境中会有什么样的反应。比如，我们知道某人热心、率直、讲义气，那么就可以预测在紧急情况下他会挺身而出、见义勇为；我们知道某人自私、冷漠，那么也可以预测在紧急情况下他会退避三舍，甚至逃之夭夭。

同样，我们也可以通过对性格的认知，了解旅游者的心理。例如，吹毛求疵的旅游者，一般对旅游产品和服务质量比较挑剔；而宽容大度的旅游者，对旅游产品和服务质量的态度则比较随和。

（三）角色认知

角色认知是指处于一定社会地位的个体，依据社会客观期望，借助自己的主观能力适应社会环境所表现出来的行为模式。

旅游活动中的角色认知主要包括两个方面。一是从旅游者的社会地位和职业特点出发，推测其旅游行为和心理特征。例如，根据教师这一角色特征，我们可以推断他们学识渊博且有耐心。二是根据旅游者的行为和心理特征，判断其所从事的职业和担任的角色。

对角色的认知一般从以下几个方面入手。

（1）角色的情绪表达。如外交家情绪稳定，不喜形于色；教师谈吐文雅，学识渊博，仪表端庄。

（2）角色的目的与动机。在旅游接待工作中，只有针对旅游者的动机采取相应的措施，才能满足旅游者的需求，做好旅游服务工作。

（3）角色的气质风度。比如，旅游从业人员如果善解人意、反应机敏、彬彬有礼、热情友好，就会给旅游者留下美好的印象。

（4）角色的爱好。在旅游服务过程中，如果旅游从业人员对旅游者的爱好有充分的了解，就能在很大程度上做好服务工作，处理好旅游服务中的投诉事件。导游既要做旅游者的向导，又要做旅游者的朋友。

在旅游服务中，角色认知的建立非常重要，一旦角色确定下来，角色应具有的社会形象、行为标准、责任感、交往方式也随之确定，旅游从业人员应从旅游服务所要求的角色标准来进行认知。

三、对人际关系的知觉

人不是单独存在的个体，而是社会的人，所以对人际关系的知觉是指对人与人之间相互关系的知觉。对人际关系的知觉是社会知觉的核心部分。在现实生活中，有的人来往密切，有的人关系疏远，有的人“君子之交淡如水”，有的人“老死不相往来”，可见人际关系的复杂性。

大量的研究显示，几乎所有的知识、技巧、能力等来自人们与他人交往时所进行的社会比较过程。

影响人际关系的因素有如下几点。

（一）空间距离的远近

人们在空间位置上越接近，越容易形成彼此间的亲密关系。空间距离的接近使双方相互交往、相互接触的频率增加，彼此间更容易熟悉。然而，空间距离并不是人际关系好坏的唯一决定因素，并且这个因素随着时间的推移，其作用将越来越小，尤其是当交往双方的关系紧张时，空间距离越接近，彼此的反应反而会越消极。

拓展阅读

人际关系与距离的关系

根据美国人类学家埃特瓦特·霍尔的观察，人际关系可通过8种距离来断定。

1. 密切距离——接近型（0.15米）。这是为了爱抚、安慰、保护而保持的距离，是双方关系最接近时的距离。这时语言的作用很小。

2. 密切距离——较近型（0.15~0.45米）。这是伸手能够触及对方的距离，是关系比较密切的同伴之间的距离，也是在拥挤的车厢中人与人之间不即不离的距离。

3. 个体距离——接近型（0.45~0.75米）。这是能够拥抱或抓住对方的距离，能够对对方表情一目了然的距离。和恋人处于这种距离是自然的，而和其他关系的异性处在这种距离则容易产生误解。

4. 个体距离——较近型（0.75~1.20 米）。这是双方同时出手才能触及的距离，这是对人有所要求时应有的一种距离。

5. 社会距离——接近型（1.20~2.10 米）。这是超越身体能接触的界限，是同事之间的一种距离。保持这种距离，使人具有一种高雅、庄严的气质。

6. 社会距离——远离型（2.10~3.60 米）。这是为方便工作而保持的距离，工作时既可以不受他人影响，又不给别人增添麻烦。夫妻在家时，保持这种距离，可以互不干扰。

7. 公众距离——接近型（3.60~7.50 米）。这个距离说明说话人与听话人之间有许多问题待解决或思想上需要交流。

8. 公众距离——远离型（7.50 米以上）。这是讲演时采用的一种距离，彼此互不干扰。

如果能将以上 8 种距离铭记在心，就能准确、顺利地判断出你与对方所处的关系与密切程度。

资料来源：心擎网，有改动。

（二）交往的频率

俗话说，远亲不如近邻。交往是人际关系的基础，交往的频率越高越容易形成密切的关系，频繁的交往才能形成共同的语言、共同的态度、共同的兴趣和共同的经验。我国自古以来就注重礼尚往来。

（三）态度的相似性

对具体的事物有相同或相似的态度和体验，有共同语言、共同理想、共同信念和价值观，即所谓的“英雄所见略同”，就容易产生共鸣，容易拉近相互间的关系。

（四）需求的互补性

如果没有需求和满足需求的期望，空间距离再小，也有可能导致不相往来。而一旦有了需求和满足需求的期望，空间距离即便大些，也可能“天涯若比邻”。

（五）人的个性

人际交往中人所表现出的能力、气质、性格等，影响着人际关系的建立与发展。有些个性品质容易阻碍人际交往，如道德败坏、自私自利、虚伪狡诈等。除此之外，还有一些因素会影响人际关系的密切程度，如个人魅力、年龄、职业、性别、文化背景、社会背景、思想观念等。

四、影响社会知觉的效应

人们对客观事物的知觉主要依赖于知觉对象和背景的关系，而这种关系不仅存在于空间的刺激组合中，而且存在于时间序列中。因此，人们知觉客观事物时很容易形成知觉定式，使得发生在前面的知觉直接影响后来的知觉，产生对后续知觉的准备状态。而社会知觉又依赖于多种因素，比如，认知主体、认知客体以及环境等。所以人们的认知就不可避免地存在一些偏差。这些偏差主要有以下几个方面。

（一）首因效应（第一印象效应）

首因效应又称第一印象效应，是指与不熟悉的社会知觉对象第一次接触后形成的印象。如第一次进入一个新环境，第一次和某个人接触，第一次到某商场购物，第一次到某宾馆住宿等。双方首次接触，总有一种新鲜感，交往时会注意对方的外表、语言、动作、气质等。对一个人的第一印象往往影响对这个人以后的看法。

首因效应的特点是“先入为主”，即对某事物的先前知觉结果决定后期知觉结果。例如，第一次见面时，你看到的是一位衣着得体、性格开朗的人，你一般会愿意与他继续交往；反之，如果这个人一脸凶相，恶声恶气，或衣着邋遢，那么，你一般就不愿意再与他交往下去。

对于旅游从业人员来说，给旅游者留下良好的第一印象是非常重要的。对导游而言，从机场、车站第一次接触旅游者起，就必须注意自己的仪表和态度，办事要稳重干练，尤其要避免错接、迟接、漏接旅游团等事故，要以周密的工作安排、良好的工作效率给旅游者留下美好的印象。对饭店服务员而言，应通过端庄的仪表、优雅的姿态、和蔼的问候、温柔的笑容、热情的态度等给旅游者留下深刻而美好的第一印象，从而使旅游者心情愉快、乐于交流、积极消费。作为旅游从业人员，时刻牢记：“良好的开端”就是“成功的一半”。

旅游者对旅游活动的第一印象具有层次性、广泛性和推延性的特点。例如，旅游者在某一天的游玩中，认为第一个景点很有趣，他就会认为这一天的其他景点也很有趣。旅游最后一天的最后一项活动使人难以忘怀，也会给人留下深刻的印象。因此，在进行旅游线路设计时，最好在最初和最后的旅游活动中安排知名度高、活动内容丰富的旅游景点。

（二）晕轮效应（光环效应）

晕轮效应，又称光环效应，是指认知主体将对客体的某一特征的突出印象，扩大为对客体的整体印象的现象。就像月晕一样，光环的虚幻印象使人看不清月亮的真实面目。人们常说的“一叶障目”就与晕轮效应有关。

晕轮效应与第一印象效应一样普遍。它们的主要区别在于：第一印象效应是从时间上来说的，由于前面印象深刻，后面的印象往往成为前面印象的补充；而晕轮效应则是从内容上来说的，由于对知觉对象的部分特征印象深刻，使这部分印象泛化为全部印象。晕轮效应的主要特点是以点带面、以偏概全。

晕轮效应在旅游活动中既有积极的影响，也有消极的影响。

积极的影响表现在：旅游者在享受了一次优质服务或消费了一种优质产品后会将此经验泛化，认为同类服务或产品都是好的。

消极的影响表现在：它会妨碍消费双方关系的正确知觉，这种效应一旦泛化，会产生很大的消极影响。如旅游者第一次到某饭店住宿，碰到了一个态度傲慢的服务员，他就会认为这个饭店整体的服务都不好。又如，有的外国人第一次到中国旅游，碰巧遇上了交通事故，他就会认为在中国旅游很不安全。

为了使旅游者产生好的印象，旅游企业应当充分利用晕轮效应带来的积极影响向旅游者提供优质的旅游产品和服务，增强企业的品牌影响力，同时一定要防止晕轮效应的消极影响。

案例分析

小服务带来的大生意

一位在某家五星级商务酒店入住数日的客人离店前一天，在电梯里碰到进店时送他进房间的行李员，两人打过招呼后，行李员问他这几天入住的感觉如何，客人直率地表示，酒店各部门的服务都比较好，只是对餐厅的某道菜不太满意，觉得菜的味道不如从前。客人还说，他在几年前曾多次住过此家酒店。

当晚这位客人再来餐厅用餐时，餐厅经理专门准备了这道菜请客人免费品尝。原来，客人说得无心，但行李员听得有意，当客人离开后，他马上将此事告知餐厅经理。客人知道事情的原委后，非常高兴。他没有想到随便说说的事，酒店却如此重视。客人真诚地说："这件小事充分体现出贵酒店员工的素质以及对客人负责的态度。"

几天后，这位客人的秘书打来预订电话，将下半年公司的研讨会及100多间客房的生意放在该酒店。秘书还说，在酒店下榻的这位客人是他们公司的总经理，他回到公司后，高度赞扬了酒店员工的素质，并决定将研讨会及入住预订从另一家商务酒店更改到这家酒店。几乎是不费吹灰之力，该酒店就得到了一笔可观的收入。

资料来源：《旅游饭店经营管理服务案例》

分析：该案例说明，只有酒店的每一个员工都对客人的经历负责，才能让客人形成良好的印象，为酒店创造更多的效益。

本案例中的行李员不仅做好了自己的本职工作，还是个有心人，时刻想着客人。酒店提供的服务是一个整体。客人的经历是由他与酒店员工的每一次接触构成的，每一个酒店员工都应对客人的经历负责。如果每一个酒店员工均能意识到与客人的每一次接触都是给客人留下良好印象的机会，那么他们就会时刻关心客人的经历，给客人不断留下良好的印象。

因为前几次经历形成的良好首因效应，这位客人这次选择在该酒店就餐。可是这次酒店的餐饮产品出现了问题，影响了客人对酒店已经形成的良好印象。如果这个行李员没有留心客人的不满，该酒店可能就会失去这位客人及其所带来的业务。在餐厅经理和行李员的共同努力下，修复了客人对酒店不好的知觉，提高了客人对酒店服务质量的评价，在此基础上产生的晕轮效应使客人把其公司研讨会召开的地点改到该酒店，从而为酒店赢得了不小的利益。

（三）刻板印象

刻板印象是指认知主体对认知客体所持有的共同、概括而固定的看法和印象，且这些看法和印象会对以后该类客体的知觉产生强烈的影响。当人们依据较为固定的看法和印象去识别一个具体的人，对他进行判断、推测和概括的时候，就有可能出现偏差，这就是刻板效应。这种看法和印象不是一种个体看法和印象，而是一种群体共识。例如，人们普遍认为山东人魁梧、正直、豪爽，江浙人聪明伶俐，东北姑娘“宁可饿着，也要靓着”，等等。实际上这些都是刻板印象。这种刻板印象一旦形成，就会影响人的认知。

刻板印象对社会认知有积极的一面，即有助于简化人们的认知过程，为人们迅速适应环境提供一定的便利。每一社会群体都会有一定的共性特征，运用这些共性特征去了解群体中的个体成员，有时的确是知觉他人的有效途径。比如：英国人保守、严肃，善于外交，有绅士风度；法国人浪漫、乐观，喜好艺术，喜欢与人交谈；德国人严谨、勤劳，时间观念强，有进取精神。刻板印象具有明显的局限性，能使人的知觉产生偏差，因为每一社会群体中的每个人的具体情况不尽相同，而且每一社会群体的情况也会随着社会条件的变化而变化。

在旅游工作中，接待来自不同国家和地区的旅游者时，除了了解他们的共同特征，还应当注意不受刻板印象的影响，去观察每个人的消费特征，并且注意纠正错误的、过时的观念，从而提供及时、周到的旅游服务。

（四）经验效应

经验效应，指个体凭借以往的经验进行认识、判断、决策、行动等。经验效应的产生与知觉的理解性有关。在知觉当前事物时，人们总是根据以往的经验来理解它，并为随后要知觉的对象做准备。经验效应体现了经验在人们接收信息、处理信息方面的优势，正如俗语所说“姜是老的辣”“老将出马，一个顶俩”；如在对人产生认知之前，就已经将对方的某些特征存于自己的意识中，使知觉者在认识他人时不自主地处于一种有准备的心理状态。

经验效应是一种客观存在的现象，对于人们认知事物有着积极和消极的双重作用。其积极作用表现在：人在学习过程中使用某一认知方式进行思维，重复的次数越多，就越有效，那么，在新的相似情境中就会优先运用这一方式。这是一种自觉发生的行为。比如，有经验的服务员知道“顾客永远是对的”，无论顾客是对是错都不应与顾客激烈争辩。在绝大多数情况下，当服务员争辩赢了的时候，往往意味着服务的失败。其消极作用表现在：它容易使我们产生思想上的防御性，养成一种呆板、机械的思维习惯，当新旧知觉对象形似质异时，思维的定式往往会使人们步入误区。国外某些大型饭店在招聘员工时，不喜欢雇用那些有经验、从事过饭店工作的人，原因就在于：这些人带有过去的工作习惯，办事往往机械盲目而不自知。这样，在适应新的环境和工作方式时，如果他们遇到的困难较大，改变起来会比较困难，从而影响工作进度。

本章小结

感觉和知觉都是人的认识活动，只不过感觉是对客观事物个别属性的反映，而知觉是对客观事物的各个部分和各个属性的整体反映。错觉在旅游实践中也非常重要。知觉具有选择性、整体性、理解性、恒常性和适应性，在旅游过程中，影响知觉的因素分为客观因素和主观因素。旅游活动中的社会知觉是指知觉主体对一定社会环境中有关个人和团体特性的知觉，它包括对自我的知觉、对他人的知觉和对人际关系的知觉三种。影响社会知觉的效应有首因效应、晕轮效应、刻板印象和经验效应。另外，旅游者对旅游时空、交通条件、目的地的知觉对旅游决策有影响。

复习思考题

一、判断题

1. 知觉是人心理的最基本的活动，我们认识事物是从知觉开始的。（　　）
2. 感觉对客观事物的反映比知觉更深入、更完整。（　　）
3. 外部感觉主要有视觉、听觉、嗅觉、味觉、触觉等。（　　）
4. “仁者乐山，智者乐水”是知觉理解性的体现。（　　）
5. 旅游者对距离的知觉，只能对旅游行为产生阻碍作用。（　　）
6. 人们常说的“一叶障目”是晕轮效应所致。（　　）
7. “一好百好，一了百了”，说的是晕轮效应带来的影响。（　　）
8. 理解的程度直接影响知觉的速度和完整性。（　　）

9. “如入芝兰之室，久而不闻其香……如入鲍鱼之肆，久而不闻其臭”，说明了感觉的相互作用。（ ）

10. 感觉是知觉的基础，知觉是感觉的有机组合。（ ）

二、单项选择题

1. 下列属于人的内部感觉的是（ ）。

A. 嗅觉　　B. 听觉

C. 触觉　　D. 运动觉

2. “如入芝兰之室，久而不闻其香……如入鲍鱼之肆，久而不闻其臭”，这是一种感觉的（ ）。

A. 整合　　B. 对比

C. 适应　　D. 联觉

3. 人们觉得食物在40℃左右时对味觉的刺激最敏感是因为（ ）。

A. 感觉的相互作用　　B. 知觉的选择性

C. 适应作用　　D. 知觉的整体性

4. 旅游知觉的特性不包括（ ）。

A. 整体性　　B. 理解性

C. 经常性　　D. 选择性

5. 在热闹的聚会上或逛自由市场时，如果你与朋友聊天，朋友说话时的某个字可能被周围的噪声覆盖，但你还是能知道朋友在说什么，这是知觉的（ ）在起作用。

A. 选择性　　B. 整体性

C. 恒常性　　D. 理解性

6. 知觉的条件在一定范围改变时，知觉映象却保持相对稳定，这种特征是知觉的（ ）。

A. 选择性　　B. 整体性

C. 恒常性　　D. 理解性

7. “欢娱嫌夜短”说明知觉受下面哪种因素的影响？（ ）

A. 心情　　B. 兴趣爱好

C. 已有的知识经验　　D. 时间因素

8. 一个人突然变了发型，他马上就可能成为周围人注意的焦点。这属于（ ）。

A. 刺激物的强度　　B. 刺激物的新异程度

C. 刺激物的活动变化　　D. 刺激物的对比程度

9. 对旅游条件的知觉不包括（ ）。

A. 对旅游时空的知觉　　B. 对旅游交通条件的知觉

C. 对旅游目的地的知觉　　D. 对旅游风险的知觉

10. 旅游活动中的社会知觉不包括（　　）。

A. 对自我的知觉　　　　B. 对旅游风险的知觉

C. 对他人的知觉　　　　D. 对人际关系的知觉

三、简答题

1. 什么是知觉？如何理解知觉和错觉的关系？
2. 影响旅游者知觉的因素有哪些？
3. 知觉有哪些特性？谈谈知觉的选择性和旅游的关系。
4. 旅游者如何实现对他人的知觉和自我的知觉？
5. 举例说明首因效应、晕轮效应、经验效应、刻板印象。
6. 简述旅游者对旅游条件的知觉。

四、案例分析题

一家旅行社精心开辟了一条人文景观和自然景观合理搭配的红色旅游线路，这条旅游线路上的旅游景点距这个旅行社所在的城市很远。组团旅游结束后，旅行社对旅游者做了调查，以验证这条旅游线路的吸引力。结果让旅行社大失所望，让旅游者感兴趣及能留下美好记忆的景点不多，而且游客彼此之间对这条旅游线路的观点差异很大。

问题：请分析产生这种差异的原因。

五、实训题

如果你是一位导游，那么你在旅游接待过程中应该如何利用好旅游者的旅游知觉？

第三章　旅游需求与旅游动机

案例导入

小王一家人打算利用“五一”假期外出放松一下，小王的父母希望到城市的郊区呼吸一下新鲜空气，而小王希望到外地去游览著名景点。请问，是什么原因导致了这种情况，如何解决？

学习目标

1. 了解需求、动机的含义、特征。
2. 掌握旅游需求、旅游动机和旅游行为的关系，理解人们旅游的真正动因。
3. 学会满足旅游者的需求，激发旅游者的旅游动机。

本章重点、难点

1. 需求的含义，旅游者需求的特征。
2. 马斯洛的需求层次理论。
3. 需求的单一性和复杂性。
4. 动机的概念及特征。
5. 旅游动机产生的条件。

本章重点概念

需求：是指有机体内部一种缺乏或不平衡的状态，具体表现为有机体对内部环境或外部生活条件的一种稳定的要求，并成为有机体活动的源泉。

需求层次理论：需求层次理论是研究人的需求结构的一种理论，是美国心理学家马斯洛提出的一种理论。马斯洛把人类的需求由较低层次到较高层次分成生理需求、安全需求、归属与爱需求、尊重需求和自我实现需求五类。

ERG 理论：美国组织行为学者阿德弗（Clayton Paul Alderfer，1940—2015）认为，

人的需求分为3种：生存需求、关系需求、成长需求。这种理论认为，“生存需求”是人的低层次的核心需求，“关系需求”是人的中层次的核心需求，“成长需求”是人的高层次的核心需求。

动机：动机是由一种目标或对象所引导、激发和维持的个体活动的内在心理过程或内部动力。

旅游者是旅游活动的主体，旅游者进行旅游活动，是为了满足自身的旅游需求。旅游动机是激发旅游行为及其心理效果的重要心理因素之一。旅游心理学研究旅游者的需求与旅游行为的目的是要深入了解人们旅游的真实原因，以及了解旅游企业怎样通过自己的努力来满足旅游者的旅游需求，从而更好地调动旅游者的旅游积极性。

第一节　旅游需求

一、需求的概述

（一）需求的含义

现代心理学认为，需求是指有机体内部一种缺乏或不平衡的状态，具体表现为有机体对内部环境或外部生活条件的一种稳定的要求，并成为有机体活动的源泉。需求是个体对延续和发展生命，并以一定方式适应环境的反映，这种反映通常以欲望、渴求、意愿的形式表现出来。

个体在其生存和发展的过程中会产生各种各样的需求，如饥饿时会有进食的需求，口渴时会产生饮水的需求，感觉寒冷时会产生对御寒衣物的需求，长时间独处会产生交往、娱乐的需求，在单位工作会产生被同事尊重、被领导赏识的需求。一种需求得到满足之后，不平衡状态暂时得以消除，当出现新的缺乏或不平衡状态时，个体又会产生新的需求。正是这些需求推动着个体去从事某种活动从而弥补个体生理和心理上的某种缺乏或不平衡状态。可以说正是需求的无限发展性，决定了人类活动的长久性和永恒性。

需求是个体活动的基本动力，是个体行为动力的重要源泉。人的旅游活动都是在需求的推动下进行的。需求是动机产生的基础。当某种需求没有得到满足时，它就会推动人们去寻找满足需求的对象。

旅游是人的一种需求，是人类社会发展到一定阶段的产物，是人类文明进步的体现。人们通过旅游活动中的吃、住、行、游、购、娱获得有利于身心健康的享受资料，体会充实、愉悦等，由内心生发出对劳动和工作的热情和期待，从而更努力有效地去创造美好的未来。

（二）旅游者需求的特征

人作为需求的主体，在错综复杂的社会关系中，要生活，要与人交往，就会产生不同的需求。这些千差万别、错综复杂的需求并不是完全孤立的，而是有其自身的特征和规律的。人的需求主要是由社会性决定的，具有社会的性质，同时人的需求会受意识的调节与控制。

旅游者需求的特征，主要表现在以下几个方面。

1. 多样性

旅游者需求的多样性是指每位旅游者的需求都是多样的。人不仅有吃、穿、住、用的需求，还有消遣娱乐的需求，也有获得尊重、赢得友谊的需求。总之，旅游者的需求是多方面的，既有生理性的，又有社会性的，既有物质需求，又有精神需求。

2. 对象性

旅游者所具有的各种各样的需求，不论是自然需求与社会文化需求，还是物质需求与精神需求，都指向具体明确的能满足自身生理或心理缺乏或不平衡状态的物质对象。例如，为了解除有机体的饥饿感，需求主体会主动趋向于食物；为了获得精神上的愉悦和身心上的放松，需求主体会趋向于去风景秀美的旅游景点，如桂林（见图3–1）度假、游玩。

图3–1　桂林

3. 周期性

旅游者的某种需求得到了满足，并不意味着在以后的生活中，他再也不会产生这种需求，而是在一定的时间间隔之后还会产生同样的需求。这种周期性主要由人的生理机制引起，并受到自然环境变化周期、商品生命周期和社会时尚变化周期的影响。

4. 方式的差异性

由于性别、年龄、职业、收入水平、民族传统、家庭背景、受教育程度、个性特征、宗教信仰等方面的差异，每个个体会产生不同的需求，而且他们满足需求的方式及其内容也不同。比如，同样是饥饿，健身人士会选择那些高蛋白的食品，而非健身人士通常就不会考虑这个因素，只想迅速找到食物，饱餐一顿；为满足口渴的需求，年轻人大多会选择可乐等碳酸饮料，老年人却倾向于选择茶水。

5. 层次性

按照不同的分类方法，旅游者需求可以划分出不同的层次。充饥、御寒属于较低层次的需求，交友、娱乐、实现自己的理想属于较高层次的需求。一般是低层次的需求得到满足之后，个体才会产生高一级的需求。食必常饱然后求美，衣必常暖然后求丽，这也内含了人们的需求不断升级的内容。在特殊情况下，需求层次的顺序会发生改变，旅游者有可能在低层次需求尚未得到满足的情况下，追求较高层次的需求。

随着社会物质资源的极大丰富，人民生活水平的逐步提高，旅游者需求逐步向追求精神世界的丰富等更高层次的需求发展。

6. 发展性

旅游者需求随着社会生产的发展、个人经济状况的逐步改善，以及思想意识、消费观念的变化而呈现发展的特点。当旅游者某种需求得到满足后，就会产生新的、更高级的需求。旅游者需求的发展性基本上与其所在国家或地区的经济发展水平相一致。

（三）需求的分类

人类的需求不是孤立的，而是相互联系的，并且有重叠、交叉，各种分类只有相对的意义。

1. 按起源可分为生理需求和社会需求

（1）生理需求。生理需求又称自然需求、生物性需求、本能需求，是人类最原始和最基本的需求，如进食、饮水、睡眠、排泄等，它们是保护和维持有机体生存和种族延续所必需的，也是人和动物共同拥有的需求。人的生理需求和动物的生理需求有本质的区别。动物是被动索取，而人主要靠自己的社会性劳动来提供满足自己的需求。生理需求往往带有明显的周期性，具有重要的生物性意义，如果生理需求长期得不到满足，将会严重影响人的身心健康。随着社会的发展，人们生理需求的内容会越来越丰富。

（2）社会需求。社会需求又称后天需求、心理需求、发展需求，是人对社会需求的反映。如对劳动、交往、求知、求美等的需求。社会需求是在社会历史发展过程中，在生理需求的基础上形成和发展起来的，因此，不同的历史时期、不同的文化条件、不同的社会政治制度、不同的风俗习惯和道德规范，都使人们的社会需求有所不同。

2. 按对象可分为物质需求和精神需求

（1）物质需求。物质需求是指个体对衣、食、住、行等物质的需求。它包括全部的天然需求和不断发展的社会物质生活的需求。随着社会的发展，人们物质需求的内容会越来越丰富。

（2）精神需求。精神需求是一种比较高级的需求，如对文化、艺术、成就、友谊、审美的需求，属于精神需求，这是人类所特有的需求。精神需求有时只是观念性的，如对荣誉的需求，只是为了得到心理上的满足，但它是每个人都需要的，因为它是人们的精神支柱。旅游主要是为了满足精神需求。

二、需求的层次理论

（一）马斯洛的需求层次理论

需求层次理论是研究人的需求结构的一种理论，是美国心理学家马斯洛提出的一种理论。

马斯洛是一位美国心理学家，1943 年发表了《人类动机理论》，1954 年出版了《动机与人格》，1962 年出版了《存在心理学探索》。马斯洛的观点属于人本主义心理学，其哲学基础是存在主义。

他在《人类动机理论》中提出了需求层次理论。这种理论的构成基于 4 个基本假设。

（1）变化性：未得到满足的需求才能够影响行为，已经得到满足的需求不再是激励因素。人们总是在力图满足某种需求，一旦一种需求得到满足，就会有另一种需求取而代之。

（2）多样性：大多数人的需求结构很复杂，无论何时都有许多需求影响行为。

（3）层次性：一般来说，只有在较低层次的需求得到满足之后，较高层次的需求才会有足够的活力驱动行为。

（4）潜在性：主客观条件发生变化后，在一定时刻，人们才会发现其潜在的需求。

马斯洛把人类的需求分成生理需求、安全需求、归属与爱需求、尊重需求和自我实现需求。

1. 生理需求

对食物、水、空气和住房等的需求都是生理需求，这类需求的级别最低，人们在转向较高层次的需求之前，总是尽力满足这类需求。一个人在饥饿时不会对其他事物感兴趣，他的主要动力是得到食物。

旅游者需求也反映了生理需求，这主要是人们在辛勤劳动或工作后，需要休养生息，而旅游能满足这种需求。旅游者需要在春暖花开时，去早春的苏杭，领略“天堂”的意境；需要在炎炎盛夏，去气候宜人的海滨避暑；需要在秋高气爽时，去观赏丹枫绚丽的山林景色；需要在寒冬腊月，领略葱郁依旧的南国风光。

管理人员应该明白，如果员工还在为生理需求而忙碌，那么他们真正关心的问题就与他们所做的工作无关。用满足需求这种方式来激励员工时，我们是基于这种假设，即人们为报酬而工作，主要关心收入、舒适度等，那么就要利用改善劳动条件、给予更多的休息时间、提高福利待遇等来激励员工。

2. 安全需求

安全需求包括对人身安全、生活稳定以及免遭痛苦、威胁或疾病等的需求。和生理需求一样，在安全需求没有得到满足之前，人们唯一关心的就是这种需求。对旅游者而言，安全需求表现为人身安全要得到保障、自己携带的财物安全要得到保障。

对许多员工而言，安全需求表现为工作稳定，有医疗保险、失业保险和退休福利等。受安全需求激励的人，在评估工作时，把工作看作不致失去满足基本需求的保障。如果管理人员认为对员工来说安全需求最重要，就应该着重利用这种需求，强调就业保障、福利待遇，并保护员工不致失业。

3. **归属与爱需求**

归属与爱需求包括对友谊、爱情等的需求。当生理需求和安全需求得到满足后，归属与爱需求就会凸显出来，进而产生激励作用。在马斯洛需求层次理论中，这一层次是与前两层次截然不同的另一层次。

在旅游活动中，有归属与爱需求的旅游者希望结交新朋友或探亲访友，或与当地人交流，增进友谊，开展社交活动。

对于员工来说，如果归属与爱需求得不到满足，就会影响员工的精神，导致高缺勤率、低生产率、对工作不满及情绪低落。管理人员必须意识到，当归属与爱需求成为主要的激励源时，工作就是寻找和建立和谐人际关系的机会，能够提供同事间社交往来机会的工作会受到重视。管理人员通常应采取支持与赞许的态度，开展有组织的体育比赛和集体聚会等活动，满足员工的归属与爱需求。

4. **尊重需求**

尊重需求既包括对成就或自我价值的个人感觉，也包括他人对自己的认可与尊重。有尊重需求的人希望别人按照他们的实际形象来接受他们，并认可他们的能力。他们关心的是成就、名声、地位和晋升机会，当他们得到这些时，不仅赢得了人们的尊重，也赢得了其内心对自我价值的认可。这类需求得不到满足，他们就会沮丧。“顾客第一”就是从针对顾客尊重需求的角度提出的。

尊重旅游者，就是要尊重旅游者的人格，就是要在合理且可能的情况下努力满足旅游者的需求，维护他们的自尊心。尊重在心理上的位置极为重要，有了尊重才有共同的语言，才有感情上的相通，才有正常的人际关系。旅游者对于能否受到尊重非常敏感。作为一名导游，必须明白，只有当旅游者生活在热情友好的气氛中，自我尊重的需求得到满足时，为他提供的各种服务才有可能发挥作用。“扬他人之长，隐其之短”是尊重人的一种重要方法，在旅游活动时，导游要妥善安排，让旅游者进行参与性活动，使其获得成就感，增强自豪感，从而获得心理上的满足。

5. **自我实现需求**

自我实现需求的目标是自我实现，或是发挥潜能。达到自我实现境界的人，接受自己也接受他人，解决问题能力强，自觉性高。

重视这种需求的管理人员会认识到，无论哪种工作都可以进行创新，创造性并非管理人员独有，而是每个人都拥有的。为了使工作有意义，强调自我实现的管理人员在设计工作时会给具有特殊才能的人委派特别任务以供其施展才华，或者在设计工作程序和制订执行计划时为员工群体留有余地。

马斯洛还认为，在人自我实现的创造性过程中，会产生一种所谓的“高峰体验”的情感，这个时候是人存在的最和谐的状态，这时的人具有一种欣喜若狂、如醉如痴的感觉。伴随着的主观体验是巨大的狂喜、惊奇、敬畏，以及时空错乱的感觉，更加有力但又更加孤独无助的感觉，他们感到某种极为重要、极有价值的事情发生了，在某种程度上，感受主体被改变了、增强了，因此，他们同时兼有自我的丧失与自我的超越体验。比如，旅游者经过艰难跋涉，终于登上了高山，会产生“一览众山小”的感觉，从而忘却了路途的劳累。

（二）ERG 理论

美国组织行为学者阿德弗基于马斯洛的论点，提出人的需求不是分为 5 种而是分为 3 种：生存（Existence）需求、关系（Relation）需求、成长（Growth）需求。ERG 理论因这 3 种需求的英文单词的首字母而得名。

人的需求可以说是无穷无尽，很难一一列举，但是我们可以从人的无穷无尽的需求中，找出那些派生出其他需求的“核心需求”。ERG 理论认为，“生存需求”是人的低层次的核心需求，“关系需求”是人的中层次的核心需求，“成长需求”是人的高层次的核心需求。

马斯洛曾经把人的 5 个层次的需求划分为“低级需求”“高级需求”和“超级需求”。按照这种划分，生理需求、安全需求属于“低级需求”，归属与爱需求、尊重需求属于“高级需求”，自我实现需求属于“超级需求”。不难看出，ERG 理论中的生存需求、关系需求、成长需求正好与马斯洛所说的“低级需求”“高级需求”和“超级需求”相对应。

这两种理论的不同点是：需求层次理论建立在“满足—上升”的基础上，ERG 理论不仅体现“满足—上升”这一方面，而且提到了“挫折—倒退”这一方面。“挫折—倒退”这一思想说明，较高的需求得不到满足时，人们就会把欲望放在较低的需求上。ERG 理论认为需求次序并不一定如此严格，而是可以越级的。ERG 理论认为最低级的需求和最高级的需求之间是一个连续的谱系。

ERG 理论与西方管理理论中的“人性假设”也有一种对应关系：以“生存需求”为优势需求的就是“经济人”，以“关系需求”为优势需求的就是“社会人”，以“成长需求”为优势需求的就是“自我实现人”。

ERG 理论认为，旅游者的住宿需求就是一种“生存需求”。旅游者需要有环境幽雅、舒适的住房，希望住房被褥清洁卫生，用品齐全、使用方便，有空调，在游览回房后能美美地洗个热水澡，然后睡上一个好觉。旅游者的“关系需求”主要是希望通过旅游，走出自己的狭小天地，打开眼界，获得新信息、新知识。这在旅游活动中表现为旅游者能结交新朋友，或探亲访友，或与当地人交流感情，增进友谊，开展社交活动，展现自己的智力并受到他人的尊重。旅游者“成长需求”主要指通过旅游，从名山大川、名胜古迹和人文景观中，领悟到“行万里路，读万卷书”的真谛。旅游者需要求新、求奇、求异、求发展以增加见闻、扩充知识。ERG 理论对于旅行社的管理也有很大的指导意义。

三、需求的单一性和复杂性

在旅游过程中，是满足旅游者心理的单一性需求还是复杂性需求？这个问题有助于我们深刻理解人们旅游的基本原因。

（一）单一性需求

在ERG理论中，我们曾经谈到“核心需求”或“优势需求”的问题。所谓“优势需求”是指一个人当前最迫切的需求。在同一旅游过程中，不同的旅游者可能有不同的优势需求；同一位旅游者，在不同的时期、不同的旅游过程中也可能有不同的优势需求。对于旅游者来说，他在本次旅游活动中最想满足的需求，就是旅游者的优势需求，或者称为单一性需求。可供游览的景点数不胜数，名山大川也很多，为什么旅游者就选择这个景点，而不选择那个景点呢？肯定是该景点中有什么特殊的魅力吸引了旅游者，从而满足了旅游者心中某种特殊的需求，即优势需求。

有人认为，单一性需求也称为一致性需求，是指人们在生活中总是寻求平衡、和谐、相同、可预见性和没有冲突的情况。任何非单一性都会造成心理紧张。因此，人们为减轻心理紧张，便会寻求可预见性和单一性。

按照一致性理论，旅游者倾向于标准化的旅游设施和服务。他们认为那些为大众所周知和接受的名胜古迹、高速公路、餐馆、商店为旅游者提供了一致性，会带来安全感和舒适感，从而满足马斯洛需求层次理论中的“安全需求”。显然，单一性需求可以解释许多在旅游活动中出现的情况，特别是从众行为。

（二）复杂性需求

西方的人性理论认为应该把个体看作“复杂人”，个体不仅有生理的需求，也有关系的需求，还有成长的需求。这些需求具有同时性。旅游者也是如此，在旅游过程中旅游从业人员必须对旅游者的各种需求予以通盘考虑。

复杂性需求的实质是人对未知事物的向往和追求。与其他形式的消遣和娱乐活动相比，旅游能给人们相对固化的生活带来新奇和刺激。如果旅游者的日常生活比较平淡，那么旅游者就希望在旅游活动中有较剧烈的、多变的活动。

根据复杂性需求理论，旅游者愿意去从未到过的地方，比如沿着偏僻的道路去一家小吃店用餐，而不去提供周到服务的大餐馆；选择设备不完善却方便的住处，而放弃去豪华的酒店等。这些旅游者感兴趣的是力求避免和他人一致，突出自我。这一类旅游者试图从他在家时的惯常节奏或上次的旅游经历中寻求变化。

（三）单一性和复杂性的平衡

我们可以认为单一性和复杂性之间是一个连续的谱系，应该在其间寻找一个平衡点。单一性需求和复杂性需求这两个概念都能解释在旅游活动中出现的许多现象。把二者结合起来，就可以帮助我们进一步理解人们旅游的动机和行为。

一个装配线上的工人可能会感到他的工作环境单一，而公司高级管理人员是在不可预见的、多样的和复杂的环境中工作。单一性需求和复杂性需求在两个人的工作中就显得非常不一样。工人向往着复杂性的活动，他需要新奇和变化来抵消由单一、单调引起的厌倦心理。显然，旅游为寻求摆脱厌倦的人们提供了一种较为理想的方式。它使人们得以变换环境、改变生活节奏。而公司高级管理人员向往着单一性的活动，比如对他来说，即使在旅游度假期间，所寻求的也只是休息和放松，只要能在湖滨或海边晒晒太阳、钓钓鱼、看看风景或听听音乐就足够了。

总之，人们应该在生活中力求单一性需求和复杂性需求处于平衡状态。

第二节　旅游动机

旅游者的需求产生旅游动机。旅游动机是激发旅游行为及影响旅游者心理效果的重要心理因素之一。在旅游行为和旅游动机之间，旅游动机推动旅游行为，并将旅游行为导向旅游目标。可见，旅游行为与旅游动机之间的关系不仅密切，而且复杂。旅游者的旅游行为很少出于单一的旅游动机，而是受多种旅游需求和多种旅游动机的驱使，所以一种旅游行为中往往包含多种旅游动机。在研究旅游者的旅游行为时，要特别注意分析旅游者的旅游动机，只有这样才能对旅游者的旅游行为做出正确的评价，以便更好地引导旅游者的行为。

一、动机的概述

（一）动机的含义

什么是动机（motive）？心理学对动机的概念有各种不同的看法。但人们一般认为，动机是由一种目标或对象所引导、激发和维持的个体活动的内在心理过程或内部动力。对于这种内部过程，我们不能直接观察，但是可以通过任务选择、努力程度、对活动的坚持性和语言表达等外部行为间接地推断出来。例如，通过任务选择我们可以判断个体行为动机的方向、对象或目标；通过努力程度和对活动的坚持性我们可以判断个体动机强度的大小。各种动机理论都认为，动机是构成人类大部分行为的基础。

朱智贤主编的《心理学大词典》中对动机作了这样的界定：动机是“能引起、维持一个人的活动，并将该活动导向某一目标，以满足个体某种需要的念头、愿望、理想等”。引发动机有两个条件：一个是内在条件，另一个是外在条件。内在条件是指需求，即因个体对某些东西的缺乏而引起的内部紧张状态和不舒服感。需求使人产生欲望和驱力，引起活动。外在条件即个体之外的各种刺激，包括物质因素和社会性因素，它们也能够引起动机。

动机是在需求的基础上产生的。动机实际上是需求的具体化，但不是所有的需求都能形成动机，只有需求达到一定的强度，处于被激发的状态，有了明确的目标并且有了满足需求的对象和条件才能形成动机。

动机必须有目标，目标引导个体行为的方向，并且提供原动力。个体对目标的认识，由外部的诱因变成内部的需求，进而成为行为的动力，并推动行为。例如，学校对于要上学的孩子来说是一个诱因，在成人的引导下使孩子对学校有了认识，进而产生入学的愿望，这种愿望就是孩子行为的原动力。对于个体来讲，目标最初可能是不清晰、不完善的，但是随着经验的积累，目标会逐渐清晰、完善起来，有时也可能会发生改变。

动机要求活动有生理的和心理的活动。生理活动承受着个体活动的努力和坚持，并负责执行一些外在的行为。心理活动包括各种认知行为，如计划、组织、监督、决策、解决问题和评估等，这些活动促使个体获得或达到他们的目标。

（二）动机的功能

从动机与行为的关系上分析，动机具有以下几种功能。

1. 激活功能

动机是个体能动性的一个主要方面，它具有发动行为的作用，能推动个体产生活动，使个体由静止状态转向活动状态。如为了消除饥饿而引起择食活动，为了获得优秀成绩而努力学习，为了获得赞扬而勤奋工作，为了摆脱孤独而结交朋友等。动机激活力量的大小，是由动机的性质和强度决定的。一般认为，中等强度的动机有利于任务的完成。

2. 指向功能

动机不仅能激发行为，而且能将行为指向一定的对象或目标。如在想爬山动机的支配下人们可能去泰山或华山；在休息动机的支配下，人们可能去电影院、公园或娱乐场所；在成就动机的驱使下，人们会主动选择具有挑战性的旅游项目等。可见，动机不一样，个体活动的方向和所追求的目标是不一样的。

3. 维持功能

动机具有维持功能，它表现为行为的坚持性。当动机激发个体的某种活动后，这种活动能否坚持下去，同样要受动机的调节和支配。动机的维持功能是由个体的活动与他所预期的目标的一致程度来决定的。当活动指向个体所追求的目标时，这种活动就会在相应动机的维持下继续下去；相反，当活动背离了个体所追求的目标时，这种活动的积极性就会降低，或者完全停下来。有时，人们在成功的机会很小时，也会坚持某种行为，这时，人的长远信念起决定作用。

二、动机的特征

旅游是人们的一种实践活动，是一种外在行为。作为活动和行为，旅游具有各种各样的特征，具体来讲，旅游的基本特征主要有差异性、多样性、交叉性。

（一）差异性

由于收入水平、文化程度、个性、职业、年龄、性别、国家、民族、宗教信仰等的不同，旅游者的出游动机不同。在同一时期、同一社会环境下，有的是为了探亲访友，有的是为了猎奇探险，有的是去观赏名山大川，有的则因宗教信仰去拜谒神明，有的是去休息疗养等。

（二）多样性

每个旅游者的需求都是多方面的，因此旅游动机就不可能是单一的。在不同的时间，旅游者的旅游动机具有多样性：夏季外出避暑，冬季则寻求温暖；今年外出考察异国、异地的风土人情，明年寻求名山大川或进行探险旅游等。

（三）交叉性

在一次旅游中，任何一个旅游者的旅游动机都不可能是单一的，而是几种动机相互交错并存的，其往往表现为以某种动机为主，兼有其他旅游动机。如在一次观光旅游中，旅游者既探望了老朋友，又结交了新朋友，还增长了见识；在一次度假旅游中，旅游者既暂时逃避了现实，又锻炼了身体，还找到了人间的关爱。

三、关于动机的理论

（一）期望理论

1964 年，美国心理学家弗罗姆（V. H. Vroom）在其所著的《工作与激励》一书中提出了期望理论，其理论基础是：人之所以能够从事某项工作并达成组织目标，是因为这些工作和组织目标会帮助他们达成自己的目标，满足自己某方面的需求。弗罗姆认为，人们采取某项行动的动力或激励力量取决于其对行动结果的价值评价和预期达成该结果可能性的估计。换言之，激励力量的大小取决于该行动所能达成目标并能导致某种结果的全部预期价值乘以达成该目标并得到某种结果的期望概率。

用公式可以表示为：$M=V\times E$。

M——激励力量，是直接推动或使人们采取某一行动的内驱力。这是指调动个体的积极性、激发出个体潜力的强度。

V——目标效价，指达成目标后对于满足个人需求的重要程度或价值的大小，它反映个人对某一成果或奖酬的重视与渴望程度。

E——期望概率，这是根据以往的经验进行的主观判断，是达成目标并能导致某种结果的概率。显然，只有当人们对某一行动成果的目标效价和期望概率同时处于较高水平时，才有可能产生强大的激励力量。

期望理论适用于分析旅游者的旅游动机与行为。若某个景区对旅游者的目标效价较高，而且旅游者具备去那里游玩的主客观条件，那么旅游者最后去该景区旅游的可能性就较大。景区也应该加强自身的宣传，以加强其在旅游者心目中的“目标效价”。

（二）动机冲突

动机冲突是德裔美国心理学家勒温（Kurt Lewin，1890—1947）提出的。动机冲突是指在同一时间内人们常存着两个或两个以上非常相似或相互排斥的动机。消费者的需求是多种多样的，也就必然会产生多种多样的动机，但由于主客观条件的限制，不可能所有的需求都能够得到满足，这就致使多种多样的动机无法同时得到满足，从而呈现动机之间矛盾、对立的状态，于是就产生了动机冲突。

勒温按趋避行为将动机冲突分为四大基本类型。

（1）双趋冲突，指两个目标对个体具有相同的吸引力，形成强度相同的两个动机。但由于条件限制，只能选其中的一个目标。这是一种难以取舍的心理困境，即所谓“鱼和熊掌不可兼得”。

（2）双避冲突，指两种事物都是个体力求回避的，但由于条件限制，只能回避其一，从而产生冲突。即所谓“前有狼，后有虎”。

（3）趋避冲突，指同一事物对个体既有吸引力又有排斥力，从而产生的冲突。如旅游者想在“五一”假期游览泰山，此时，泰山的风光对旅游者来说就是吸引的因素，“五一”假期熙熙攘攘的其他旅游者、门票价格等对旅游者来说就是排斥的因素。

（4）多重趋避冲突，指人们面对着两个或两个以上的目标，而每个目标又分别具有吸引和排斥两个方面，反复权衡后依旧难以抉择，从而产生冲突。如旅游者面对两种选择，一个景点距离近但游玩项目少，一个景点距离远，但游玩项目多，这时就容易形成多重趋避冲突。

勒温所述的动机冲突是旅游者在旅游过程中心理冲突的基本模式，而现实中的情况往往比这四种类型复杂得多。旅游者的旅游行为在一定意义上取决于冲突的结果，因而了解动机冲突的基本模式对于研究旅游者心理、理解旅游者的行为有重要意义。

四、动机产生的客观条件

人们的旅游行为有其客观条件和主观条件。个体的需求和动机是人们产生旅游行为的基础和内部动力，也可以说是主观条件。但不是有了主观条件就一定会发生旅游行为。有一首歌的歌词写道："我想去桂林呀，我想去桂林，可是有时间的时候我却没有钱。我想去桂林呀，我想去桂林，可是有了钱的时候我却没时间……""我想去桂林呀，我想去桂林"表明人们的主观愿望是很强烈的，为什么还是没能去呢？因为不具备一定的"时间"或"钱"等客观条件。可见，必须具备客观条件，人们才能把"静态的"需求变成"动态的"的动机，进而发生旅游行为。

客观条件主要指足够的可自由支配的收入和余暇时间。前者是指个人或家庭一定时期内全部收入中扣除纳税额、社会消费和日常生活消费后的剩余收入部分，后者是指除工作时间、满足生理需求的生活时间和必需的社会活动时间后人们可自由支配的时间。

（一）经济条件

有了"经济基础"，才有"上层建筑"。当人们还没有解决温饱问题时，是不会考虑出门旅游的。旅游是一种消费行为，需要旅游者有一定的经济基础，有支付各种费用的能力。

当一个人的经济收入仅能维持其基本生活需求时，他就不会有更多的财力去支付旅游的开销，也就不会产生外出旅游的动机。经济越发达，国民收入越高的国家和地区，外出旅游的人数就越多，反之就越少。我们也可以用恩格尔系数的大小来表示人们的出游能力情况，一般认为，恩格尔系数越高的地区或国家，人们出游的能力越低，反之就越高。

（二）时间条件

时间条件指人们拥有的余暇时间，即在日常工作、学习、生活及其他必需时间之外，可以自由支配、从事消遣娱乐或自己乐于从事任何其他事情的时间。旅游需求占用一定的时间，一个人没有余暇时间和属于自己休养的假期，不能摆脱繁重的公务或家务劳动，就不可能外出旅游。

过去人们一般将时间分为两部分：工作与休闲。然而，现在人们将时间分成三个部分：工作、非自由处置时间、休闲。人们为了维持生理需求如吃饭、睡觉等而花费的时间属于非自由处置时间。这样看来真正属于自己的休闲时间相对较少。传统休闲观和现代休闲观时间对比如表 3-1 所示。

表 3-1　传统休闲观和现代休闲观时间对比

类型	24 小时		
传统休闲观	工作时间	休闲时间	
现代休闲观	工作时间	非自由处置时间	休闲时间

本章小结

需求是个体在一定条件下感到某种缺乏而力求获得满足的一种状态。需求种类繁多，按起源可分为生理需求和社会需求；按对象可分为物质需求和精神需求。

美国心理学家马斯洛从低到高把人的需求划分为生理需求、安全需求、归属与爱需求、尊重需求和自我实现需求。

人的一切行为都是受动机支配的。所谓动机就是引导、激发和维持人们进行活动，并使活动朝着某一目标进行的心理过程或内驱力，它通常是以愿望、兴趣、理想等形式表现出来的。动机是一种内在的心理状态，很难直接观察到，但通过观察人们的行为表现可以了解和把握人们的真实动机。旅游动机是旅游行为的原因。

复习思考题

一、判断题

1. 需求按照起源分为生理需求和社会需求。（　　）

2. 马斯洛需求层次理论按从低到高的顺序把需求划分为生理需求、安全需求、尊重需求、归属与爱需求和自我实现需求。（　　）

3. ERG 理论认为人的需求分为 3 种，即安全需求、关系需求、成长需求。（　　）

4. 动机理论包括期望理论和动机冲突。（　　）

5. 动机具有激活、指向、维持功能。（　　）

6. 恩格尔系数越高的地区或国家，人们出游的能力越低，反之就越高。（　　）

7. 动机是在需求的基础上产生的。（　　）

8. 生理需求包括对人身安全、生活稳定以及免遭痛苦、威胁或疾病等的需求。（　　）

9. 旅游者的需求随着社会生产的发展、自身经济状况的逐步改善等而呈现发展性的特点。（　　）

10. 每个旅游者的出游动机是相同，都是想追求心情的放松。（　　）

二、单项选择题

1. 旅游活动的主体是（　　）。

A. 导游　　B. 消费者

C. 旅游者　　D. 管理人员

2. 下列属于旅游者需求特征的是（　　）。

A. 多样性　　B. 单一性

C. 复杂性　　D. 交叉性

3. ERG 理论认为，住宿就是旅游者需求的一种（　　）。

A. 生存需求　　B. 关系需求

C. 成长需求　　D. 发展需求

4. 动机冲突不包括的类型有（　　）。

A. 趋避冲突　　B. 双避冲突

C. 双趋冲突　　D. 负负冲突

5. （　　）是人类最原始的和最基本的需求。

A. 心理需求　　B. 发展需求

C. 社会需求　　D. 生理需求

6. 旅游者的某种需求得到了满足，在一定的时间之后，还会产生同样的需求，这是需求的（　　）。

A. 差异性　　B. 周期性

C. 多样性　　D. 对象性

7. （　　）既包括对成就或自我价值的个人感觉，也包括他人对自己的认可与尊重。

A. 尊重需求　　B. 归属与爱需求

C. 自我实现需求　　D. 安全需求

8. （　　）是直接推动或使人们采取某一行动的内驱力。

A. 目标效价　　B. 期望概率

C. 激励力量　　D. 需要程度

9. 动机的（　　）功能，表现为行为的坚持性。

A. 指向　　B. 激活

C. 维持　　D. 调节

10. 动机的特征不包括（　　）。

A. 差异性　　B. 对象性

C. 多样性　　D. 交叉性

三、简答题

1. 什么是需求层次理论？
2. 旅游者需求的特征主要表现在哪些方面？
3. 需求的分类包括哪些？
4. 什么是动机？动机的功能有哪些？
5. 动机的特征主要有哪些？
6. 动机产生的客观条件主要包括哪些？

四、案例分析题

激情释放动感无极限　独领风骚欢乐大赢家

欢乐谷是一个现代主题乐园，是一个让人圆梦的欢乐海洋。它成功之处在于合理的项目布局和串联，园区景观、项目布局、表演功能的设计浑然天成；个性化的主题分区，独特的环境包装，带给人新奇的感觉。

在飓风湾，就像置身于被飓风侵袭过的重灾区；走进香格里拉，如同步入原始、野趣、神秘、美丽的世界；来到阳光海岸，就会感觉到热带海滨的轻松休闲。“零距离”的表演，是带给游客欢乐的至关重要的一点，如在金矿镇，突然会有铁匠为游客遮阳，还会用英语说几句问候的话，使游客觉得他们是故事中的人，而不是局外人；再如“急流勇进”项目，船从26米的高处飞驰而下，溅起七八层楼高的水花，坐在船上的人即使全身湿透了也开心。另外，在消暑降温方面，欢乐谷也别出心裁，十几处造水风扇，吹出的水雾带给游客几分清凉、几分惊喜、几分满足。

这些设计，使得游客不知项目从何处开始，到何处结束，仿佛一只无形的手在牵引大家，为那些在充满竞争和高速生活节奏中过度透支体力的人们创造了一个享受欢乐的王国。

问题：试分析欢乐谷主题乐园成功的原因。

五、实训题

一个四世同堂的家庭来酒店入住并在酒店用餐，作为服务人员应如何安排，才能使一家人都满意？

第四章　旅游态度

案例导入

人们评论某个服务员时往往说其态度好或不好，与他人发生争执时又会说："你这是什么态度!"那么，态度究竟是什么？它又是如何形成与改变的呢？

学习目标

1. 了解需求、兴趣、知识和外界条件对态度改变的影响。
2. 理解旅游偏好形成的策略。
3. 掌握改变旅游者态度的策略与技巧。

本章重点、难点

1. 态度的构成、特征及其形成过程。
2. 影响旅游者态度改变的因素。

本章重点概念

态度：是指个人对某一对象所持有的评价与行为倾向。

旅游态度：是旅游者对旅游对象的一种心理状态和心理倾向，是认知、情绪和行为意向的总和。

旅游决策：是旅游者做出有关旅游的决定。

旅游偏好：旅游者的态度一经形成，随即就会产生对旅游的一种偏好。正是这种对旅游的偏好，促使旅游行为实现。

态度的强度：是指旅游者对某一旅游对象赞成或不赞成、喜爱或厌恶的程度。

态度的价值性：是指态度对象对人的价值和意义的大小。

态度是个性的重要组成部分，和人的所有行为都有密切的关系。在对人类行为进行心理学解释时，态度一直占有比较重要的位置。有学者称，态度是社会心理学中最突出、最不可忽视的概念。同样，在解释旅游行为时，态度也是旅游心理学不可或缺的概念之一。本章将讨论态度的内涵、结构、形成与改变，以及态度和旅游行为的关系等问题。

第一节　态度的概述

一、态度的构成

态度是指个人对某一对象所持有的评价与行为倾向。人们对一个对象会做出赞成或反对、肯定或否定的评价，这种评价就为人们的心理活动提供了准备。一个人的态度会影响他的行为。

态度的心理构成主要包括认知、情感和行为意向三种因素。

（一）认知因素

认知因素是指人对有关事物的信念，也就是平时所说的印象。认知因素是构成态度的基础。人对事物的认知是建立在事实和客观依据基础上的。比如，某旅游者认为杭州是个好地方，有秀丽的西湖、悠久的历史，气候宜人，这里面的每一项认知，实际上都反映了人们对杭州的印象和看法，代表着人们对杭州所持有的态度的认知成分。

（二）情感因素

情感因素是指对人对事的情感判断。这种判断有好与不好两种，诸如喜欢与厌恶、亲近与疏远等。情感因素是构成态度的核心，在态度中起着调节作用。态度的情感成分有强弱之分，有时非常强烈，有时又很冷淡。与态度的认知因素不同的是，态度的情感因素并不总是以事实为依据。个体对事物的评价主要以个人对态度对象的情感强度为中心。比如，一位旅游者认为“杭州是座美丽、可爱的城市”，反映的是该旅游者对杭州情感上的评价，有可能他曾经生活在这座城市，对这个城市有特别的感情，虽然这座城市中有他不喜欢的东西，但要他表示对杭州的态度时，情感因素会让他做出对杭州积极的判断。

（三）行为意向因素

行为意向因素也称为行为倾向，是指个体对某些物体、人或情景做出赞成或者不赞成反应的一种倾向，反映个体对态度对象的行为意图及准备状态。例如：某旅游者对澳门产生了积极肯定的情绪情感，他在心理上就积极地做各种准备，一旦条件成熟就可能到澳门旅游。

总的来说，一种态度所包含的三种因素大体上是协调一致的。例如，某旅游者到达北京后，在选择酒店的过程中，如果他通过以往的经验和信息得知某酒店的硬件设施好、服务水平高、交通方便，他就会对这家酒店产生喜欢的情感，从而决定住在那里。从这里可以看出态度的三种因素之间的一致性。这种一致性对旅游企业的营销来说至关重要。如果旅游企业能影响旅游者态度中的某一种因素的话，那么，其余的因素也会发生相应的转变，从而达到改变旅游者态度并使之形成去旅游的想法甚至行动。尽管态度与行为之间存在不一致性，但了解态度对理解旅游决策依然是必不可少的。

态度的三种因素是缺一不可的，三者协调程度越高，则态度越稳定，反之则越不稳定。态度这种内在的心理体验不能直接被观察，只能通过人们的语言、表情、动作等进行判断。比如，客人对酒店的服务感到满意，常常表现为温和、友好、礼貌、赞赏等；如果客人不满意就可能表现为烦躁、易怒等。在旅游服务中如果客人投诉或与客人产生矛盾，旅游从业人员在寻找原因时不能只把眼光放在当前的具体事件上，这很可能只是客人不满意态度的一个表现。

总之，旅游态度结构中的认知、情感和行为意向三种因素，是协调一致、相辅相成的。在这三种因素中，以独立性为主的是认知因素，以调节性为主的是情感因素，以倾向性为主的是行为意向因素。态度结构如图 4-1 所示。旅游者的认知、情感和行为意向发生矛盾时，可以进行整体协调。

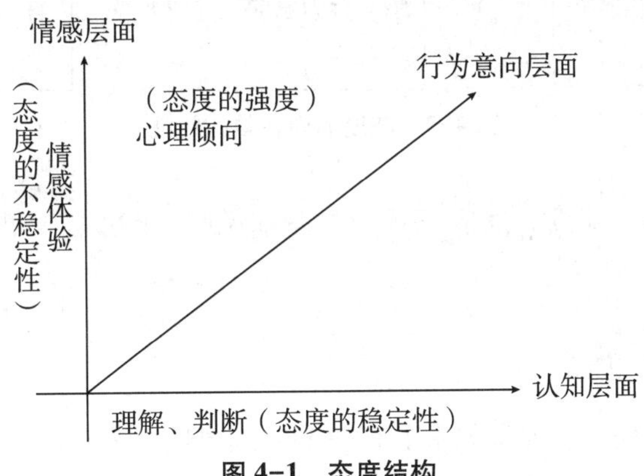

图 4-1　态度结构

二、态度的特征

旅游态度是旅游者对旅游对象的一种心理状态和心理倾向，是认知、情感和行为意向的总和。人们的态度常带有以下几个方面的特征。

（一）对象性

态度是针对某一对象而产生的，具有主体和客体的相互关系。人们对任何事物，都会形成某种态度，在谈到某一态度时，就会提到态度的对象。如对酒店的印象如何、对酒店收费有何感觉、对服务员有什么看法等，没有对象的态度是不存在的。

（二）社会性

态度不是先天决定的，而是后天学习来的。态度不是本能行为，虽然本能行为也有倾向性，但那是不学就会的。比如，客人对某酒店的态度，或者是他自己在接受服务的过程中通过亲身体验得来的，或者是他通过广告宣传、他人的评价等形成的。

（三）内隐性

态度是一种内在结构。一个人究竟具有什么样的态度，只能通过外显的行为加以推测。如某酒店的一个员工在业余时间总是阅读各种有关酒店管理、服务的书籍，我们就可以从他的行为来推测他对学习持有积极的态度，对酒店的发展持有积极的态度。

有心理学家用图解描述了态度的内在结构特征，态度的内在结构特征如图 4-2 所示。

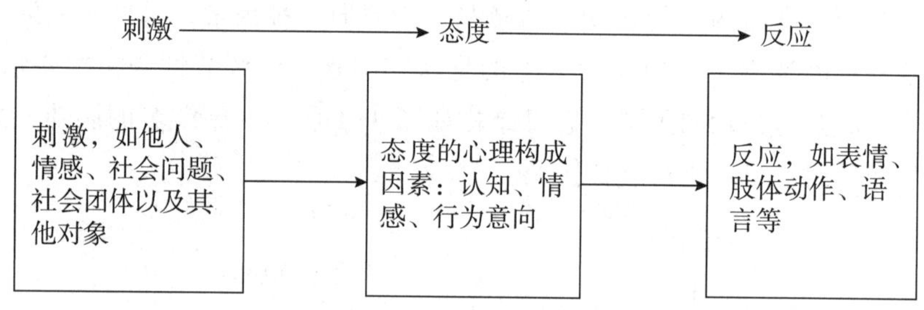

图 4-2　态度的内在结构特征

图 4-2 通过刺激、态度、反应三者的关系来说明，态度这一内在结构是刺激与反应之间的中介因素。

（四）相对稳定性

人们的态度在结构上、因果关系上有一定的规律性，表现出一定的稳定性。比如，客人在某酒店接受了良好的服务，感觉很好，从而形成了对这家酒店的肯定态度，以后他很可能还选择这家酒店。这也就是人们常说的“回头客”。回头客的多少，既反映了酒店服务质量的高低，也反映出客人态度的稳定性。

态度的稳定性是相对的，由于主观和客观因素的多变性，态度是可以改变的。态度的可变性有助于人们更好地适应环境，保持一致性。对旅游者来说，态度的可变性有助于在心理上适应新的或困难的处境，而不必再亲身经历或付出代价。在旅游活动中常见的是，人们根据他人的评价或社会的奖惩来调整或改变其态度。例如，某人准备到某旅游胜地去度假，当其同事或朋友表示了不同的看法，或其本身看到其他旅游者在此地受到不公正对待的报道后，他就很可能改变原来的态度，取消这次旅游或改变旅游目的地。

（五）价值性

人们对某个事物的态度取决于该事物对人们的意义的大小，也就是事物的价值的大小。

事物的价值大小取决于事物本身和人们的主观因素两个方面。就事物本身来看，比如，客人对某酒店的态度，主要取决于该酒店能为客人提供什么，如休息场所等。人们的主观因素受人的需求、兴趣、动机、性格、信念等制约。对于同一事物，不同的价值观，就会产生不同的态度。为此，对能满足个人需求、符合个人兴趣爱好、与个人的价值观念相符的事物，人们会产生积极的态度；反之，则产生消极的态度。

三、态度的形成过程

人的态度是在一定的社会环境中形成的。人在成长发育过程中不断接触周围事物，从而在大脑中形成了各种印象、看法，获得了相应的情感体验，逐渐形成了对事物的态度。也就是说，个体在社会化过程中，逐步形成对自我与环境的种种态度，而且随着环境的变化，会不断地调整已有的态度，形成新的态度，从而适应社会。

（一）态度形成的途径

1. 个体经验

由于态度具有社会性特征，因此，态度形成的主要途径是个体的直接或间接经验。人们对旅游目的地居民的态度，可能来自导游、手册，也可能来自自己与当地人的接触与交往，后者尤其重要。愉快的交往经验带来肯定的态度，不愉快的交往经验导致否定的态度。一个旅游区秀丽的风景、整洁的环境、低廉的物价、淳朴的民风、宜人的气候等，不仅会给人留下深刻的印象，也会让人对该地区产生肯定的态度。旅游者对旅游区的否定态度大多来自直接经验。

喜欢登山旅游的人都知道“华山之险”。如果只是从书籍、杂志中读了关于华山的资料，或是在电视、电影中看了几回华山的影像，可能对华山之险的程度有所怀疑。只有亲自走过华山的路，才会非常肯定“华山之险”确实名不虚传。因此，个体经验，特别是直接经验对态度的形成尤为重要。

俗话说：“一朝被蛇咬，十年怕井绳。”在人生经验中，某些事件给人带来了出乎意料的幸福体验，或者极其深刻的创伤，它们会在人的心理上留下不可磨灭的印迹，促使人形成针对特定对象的强烈态度。旅途中，旅游者可能会遇到数不胜数的事件，什么事件是极端深刻的事件，因人而异。人与人之间真诚的交流，对山水的体验，对人文的感悟等，都可能使旅游者感受到日常生活中无法感受的心理波动，进而形成相应的态度。

2. **群体态度**

人是生活在一定社会群体之中的社会人，个体的心理和行为必然受到群体的影响。20 世纪 80 年代以前，在绝大多数中国人还不知道旅游是什么行为的情况下，想知道个人对旅游持什么态度几乎是无法办到的。

20 世纪 90 年代以来，旅游已经成为中国人现代生活方式的一个有机组成部分，是人们放松身心，增长见闻的基本生活方式。在这种全社会肯定旅游行为的背景下，1995 年对上海市民旅游态度的调查发现，市民对旅游普遍持肯定态度，只是态度的强度受到家庭人均收入的影响，有强弱的区别。在实际中，如在旅游线路的选择、旅游商品的购买、交通工具的使用等方面，群体的态度是个人态度的重要调节器或参照系。不同旅游景区对旅游者的吸引力不同，除了景观因素和交通条件，全社会的群体态度也是不可忽视的影响因素。

（二）态度形成的阶段

心理学家凯尔曼（H. C. Kelman）提出了态度形成的三个阶段，即服从阶段、同化阶段、内化阶段。

1. **服从阶段**

服从的含义是指人为了获得物质与精神的报酬或避免惩罚而采取的表面顺从行为。服从阶段的行为不是个体真心愿意的行为，而是一时的顺应环境要求的行为。其目的在于获得奖赏、赞扬、被他人承认，或者为了避免处罚、免遭损失等。当环境中奖励或惩罚的可能性消失时，服从阶段的行为和态度就会消失。

服从阶段的态度在日常生活中普遍存在。比如，对于学校的出早操要求，有些学生由于没有早起的习惯，刚开始出早操时觉得非常别扭，甚至觉得多此一举，可是学校的规定必须执行，否则就要受到惩罚，只能出早操。这种不愿早起又不得不早起的行为，就是服从行为。

2. **同化阶段**

同化阶段与服从阶段的不同之处，就是同化阶段不是在环境的压力下形成或转变的，而是出于个体的自觉或自愿。它的特点是个体不是被迫而是自愿地接受他人的观点、信念，使自己的态度与他人的要求相一致。如前所述，最初有的学生对出早操的态度是排斥，一段时间以后，出早操给他们的身体和精神带来了好处，尽管此时不出早操也没有任何惩罚，他们也会主动遵守学校的这一规定。这种自觉出早操的行为，就是同化行为。

3. **内化阶段**

内化阶段是指人们从内心深处真正相信并接受他人的观点，彻底转变自己的态度，并自觉地以这种态度指导自己的思想和行动。在这一阶段，个体把那些新思想、新观点纳入了自己的价值体系，以新的态度取代旧的态度。一个人的态度只有到了内化阶段，才是稳定的，才真正成为个人的内在心理特征。

态度的形成是一个复杂的心理过程。并不是所有人对所有事物的态度都要经历服从阶段、同化阶段、内化阶段这三个阶段。人们对一些事物的态度的形成可能经历了三个阶段，但对另一些事物可能只停留在服从阶段或同化阶段。

第二节 旅游偏好和旅游决策的形成

一、态度与旅游偏好

旅游者的态度一经形成，就会产生对旅游的一种偏好。正是这种对旅游的偏好，促使旅游行为得以实现。这种由态度导致偏好的过程，一直为人们所分析、研究。有资料表明，旅游者对其所掌握的旅游对象的信息量和信息种类的程度决定了旅游者旅游态度的强弱，并表现在对具体事物的态度倾向上。当然，这时还要注意区分信息量和信息种类以及各种信息促使旅游者形成的心理倾向性。

研究表明，凡是以倾向性为主的信息，其复杂性就大，也往往能让旅游者形成对该旅游对象的偏爱。一般认为，旅游对象的信息量和信息种类越多，旅游者对其的倾向性就越大，也就越容易对该旅游对象形成偏爱态度。比如，旅游者对某旅游对象的态度，可能考虑了价格、餐饮、娱乐、交通等方面。所以，要想改变旅游者对某旅游对象的态度，就必须花大力气从旅游对象的各个方面进行广泛而细致的改善，否则是难以打动旅游者的。

旅游偏好取决于态度的强度和态度对象的属性，关键在后者。态度的强度，即为态度的力度，指赞同或不赞同的程度；态度对象的属性，指人们在旅游行为中所寻求的基本利益。也就是人们做出旅游决策时最关心的问题。例如，旅游者选择到西双版纳旅游，主要因为那里有热带雨林，有勤劳好客的少数民族以及众多的文物古迹，如景真八角亭、曼飞龙塔，还有“树包塔”和“塔包树”等景观。如果旅游者选择到大理鸡足山旅游，除体验宗教文化外，主要是观赏日出、云海、雪山。可见，这些景点的属性，强烈影响着旅游者旅游偏好的形成。所以，旅游对象的鲜明特征，深深地影响着旅游者的感情和态度。

当然，从价值取向来看，个人的评价也会有所不同。所以，旅游景点的属性也不是千篇一律的，关键取决于旅游者的利益、需求和旅游对象是否一致。对此，各旅游地提出了一些对策和措施，宣传时侧重“自然风光秀丽”“民族风情独特”等当地特色，以吸引旅游者。

总之，旅游者形成旅游偏好与下面两个因素有关：第一，旅游目的地（旅游对象）能够为旅游者提供多少利益；第二，旅游对象对于旅游者的吸引程度。用公式可表示为：

$$旅游偏好=旅游对象提供的利益\times旅游对象的吸引程度$$

二、促进旅游偏好形成的策略

从旅游从业人员的角度来说，应尽量使旅游者的态度变消极为积极，进而促使旅游偏好的形成。这就要求旅游从业人员重视旅游营销的心理策略。

偏好的形成依赖于旅游者对态度对象的认识，通过旅游营销，向旅游者传送新的知识和新的信息，有助于旅游者旅游态度的改变和旅游偏好的形成。旅游宣传和营销过程中，一是要做到全方位；二是要做到内容有针对性；三是要做到逐步引导旅游者。

（一）要进行全方位的宣传和营销

客源一直是国际旅游市场激烈竞争的焦点。各国旅游部门为了增强本国旅游产品的吸引力，采取了各种营销手段和竞争对策。以日本为例，其进行海外旅游宣传活动时的做法有：

①广告宣传、专栏报道；

②举办旅游讲座；

③与外国旅游商和外国信息联络员进行合作；

④出国进行民族艺术表演，宣传传统文化；

⑤派遣旅游代表团出国访问宣传；

⑥发行精美的旅游宣传手册，并配以地图、文字、照片等进行说明；

⑦播放风景优美的电影；

⑧加入国际旅游组织并配合宣传。

以上做法突破了空间和地域的限制，形成了一种多层次的、立体的营销方式，如进行传统的广告宣传的同时，通过专栏报道、发行宣传手册等进行文字和图片营销，通过播放风光电影片进行视频营销，通过民族艺术表演进行现场营销，通过与外国旅游商和外国信息联络员合作进行渠道上的营销。

这种全方位的宣传和营销，就是善用旅游者和潜在旅游者的态度和偏好来经营旅游产品。在宣传和营销过程中，通过全面满足旅游者和潜在旅游者的味觉、嗅觉、视觉、听觉、触觉，为其留下深刻美好的印象。

这种全方位的宣传和营销有利于潜移默化地影响旅游者，使旅游者在早期就形成对旅游产品的态度和偏好，有需求的时候，能够立刻想到该旅游产品，进而选择该旅游产品；有利于旅游从业人员及时根据市场反馈调节旅游产品的优缺点，给旅游者留下好印象，消除坏印象。

这对我们的旅游工作有一定的借鉴意义。例如，在对外宣传的时候，不仅要宣传我国从天涯海角到漠河的壮美景色，还要宣传我国的风味菜肴、文化古迹等，不仅要通过各种声色影像进行宣传，还要通过外出表演、友好访问等进行宣传，不仅要通过官方进行宣传，还要通过社会各界进行宣传。

（二）要有针对性地组织宣传内容

对于具体的宣传材料来说，其内容的组织方式非常重要。比如，对于一个旅游目的地，宣传者手中有正反两方面的材料。那么如何宣传这正反两方面的材料呢？

这就要视具体情况而定。如果旅游者不知道反面材料，那么最好只提供正面材料，这有利于旅游者形成并加强肯定的态度。如果旅游者本来就知道反面材料，那么应该主动提供正反两方面的材料，并强调正面材料。这有助于降低旅游者过度的防卫心理，消除旅游者多余的怀疑，改变其否定的态度。

（三）要逐步引导旅游者参与旅游活动

通过说服、宣传来改变旅游者的态度时，如果要求其改变的态度与原来的态度差别过大，则应逐步提出要求，不断缩小两者差距。否则，突然提出过高的要求，不但难以改变旅游者原来的态度，反而会使其产生逆反心理而更加坚持原来的态度。因此，宣传者想要改变旅游者的态度，应该从不断缩小态度差距着手，逐步引导旅游者参与旅游活动。

三、旅游决策的形成

旅游者同时也是决策者，旅游决策就是旅游者做出有关旅游的决定。旅游决策有三个主要特征。第一，决策者必然面临一个问题或一个有待解决的冲突情境，如去什么地方，乘坐什么交通工具，停留几天，自己去还是参加旅游团等。第二，决策者必然有想要达到的具体目标，如健身、休息、摆脱乏味的日常生活、增长见闻、结识新的朋友、寻求新的工作或机会等。第三，为了达到目标，决策者必须从可供选择的行动方案中选定一种或几种。如旅游方式有多种：单独旅游、结伴旅游、自助旅游等。旅游者可以进行充分比较之后再做决定。

旅游决策的特征表明，旅游者做出决策需要经历一系列的心理过程。旅游者首先要从社会环境中接收各种旅游信息，在此基础上形成针对旅游的具体态度。态度形成以后，就会促成旅游者对某种行为的偏爱或意图。这时，许多社会因素又将对这种偏爱或意图施加影响，这就决定了具体的旅游行为是否能够产生。例如，年轻人可能对一些遥远又陌生的地区很感兴趣，有很强烈的旅游意图，但受到长辈的劝阻，朋友的不理解，之后会放弃旅游的打算。决策做出后，旅游者会采取具体的行动，从而接触新环境，接收新信息，开始新的决策过程。态度和旅游决策的关系如图 4-3 所示。

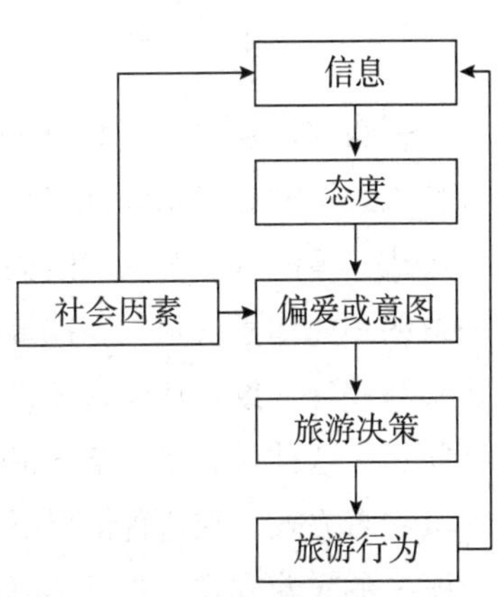

图 4-3　态度和旅游决策的关系

第三节　旅游者态度的改变

旅游者态度的改变有两种情况：一种是方向的改变，另一种是强度的改变。比如原来不喜欢某种交通工具，后来变得喜欢了，这是方向的变化；原来对某旅游地的态度犹豫不决，后来坚定不移地表示要去，这是强度的变化。当然，方向与强度也有关系，从一个极端向另一个极端的转变，既包含方向的改变，又包含强度的改变。

一、态度改变的理论

（一）认知不协调理论

认知不协调理论是由费斯廷格（Leon Festinger，1919—1989）于 1957 年提出来的，他认为，人的认知是由许许多多的认知元素构成的。所谓认知元素是指有关环境、个人及个人行为的任何认知、意见、信念等。认知元素之间存在三种关系，即协调关系、无关系和不协调关系。如“我去旅游”和“我得到了美的享受”是协调关系，“我不喜欢旅游”和“我口渴了”是无关系，而“我去旅游”和“我受尽了苦与累”是不协调关系。当个体发觉自己持有两个或两个以上相互矛盾的认知因素时，便出现了不协调状态。产生认知不协调后，人们在心理上就会产生不愉快及紧张的感觉，继而会产生解除不协调的动机，态度也会随之改变。消除不协调的方法通常有如下三种。

第一，改变与认知者行为有关的知识，以改变行为。

第二，增加新的认知元素，改变认知不协调的状况。

第三，改变与认知者环境有关的知识，以改变与环境的关系。

（二）平衡理论

平衡理论是海德（F. Heider）提出来的。海德认为，人们的认知对象包括世上的各种人、事物和概念，这些认知对象有的各自分离，有的连成一体被人们认知。海德将连成一体的认知对象间的关系称为单元关系，个体对单元中认知对象的态度通常是一致的。如你喜欢张三，连带对他的朋友也有好感。这时，个体对单元中认知对象的认知和评价一致，其认知体系也就呈平衡状态。反之，当评价不一致时就会产生不平衡状态，这种状态将引起不快和紧张，个体会设法解除。比如，你喜欢张三，但不喜欢其衣着方式，在这种情况下，你心理上会产生不快与紧张。解除方法有二，一是喜欢张三的衣着方式，二是不喜欢张三。显然这个解除不快与紧张的过程也就是人们态度转变的过程。

二、影响旅游者态度改变的因素

（一）旅游者本身的因素

1. 需求

态度具有情绪体验的成分。人们对能满足自己的需求，或是能帮助自己实现目的的对象，倾向于有积极的体验，产生肯定态度。反之，对阻碍自己达到目标或引起挫折的对象，则倾向于产生消极体验，产生否定态度。因此，态度的改变与旅游者适时的需求密切相关，如果能最大限度地满足旅游者适时的需求，则容易使其改变态度。

2. 兴趣

兴趣是人们力求认识某种事物和从事某种活动的意识倾向。它表现为人们对某种事物、某项活动的选择性态度和积极的情绪反应。兴趣是在需求的基础上，通过社会实践而形成和发展起来的。人的需求多种多样，兴趣也多种多样。爱打扮的姑娘对服装感兴趣；爱看球的小伙子对球赛感兴趣。人的兴趣改变了，态度也会随之改变。

3. 知识

态度具有认知成分。知识可以使人形成一定态度，也可以使已经形成的态度发生改变。对于同自己没有直接关联的对象，人们的基本态度是认知性的。此时知识的作用就更加明显。比如，懂书法的人会对著名书法家的碑帖有积极的态度，不懂书法的人通常不会对其感兴趣。

4. 人格

从性格上看，凡是依赖性强或比较随和的人容易相信权威、崇拜他人，因而容易改变态度；独立性强、自信心强的人则不容易被他人说服，因而不容易改变态度。

从智力水平上看，智力水平高的人，一般具有较强的判断能力，能准确分析各种观点，不容易被他人的观点左右；反之，智力水平低的人，难以判断是非，常常人云亦云，因而容易改变态度。

从自尊心上看，自尊心强的人，心理防卫能力较强，不容易接受他人的劝告，因而态度改变也比较难；反之，自尊心弱的人则敏感易变。

其他如受教育程度、社会经验丰富等也会影响人们的态度。

（二）原有态度的特点

1. 态度构成因素的一致性

构成态度的三种因素（认知、情感、行为意向）一致性越强，态度越不容易改变。

如果三者之间出现分歧、不一致，则态度的稳定性较差，也就比较容易改变。

2. 态度的强度

态度的强度是指旅游者对某一旅游对象赞成或不赞成、喜爱或厌恶的程度。一般来说，旅游者受到的刺激越强烈、越深刻，态度的强度就越大，因而形成的态度越稳定，也越不容易改变。

人们对某一认知对象的态度强度与认知对象的突出属性有关，而认知对象的突出属性对人的重要程度是因人而异的。任何事物都有许许多多的属性，如形状、外观、价格等，人们对事物的认知是针对事物的具体属性而言的。不仅如此，对同一个人来说，随着他的需求或目标的改变，其认知对象的突出属性也会发生变化。这里的需求或目标就是指人们期望通过旅游所获得的主要利益。“利益”在旅游行为和旅游决策中是一个重要的概念。人们正是为了获得某种利益才去旅游的。当然，“利益”的含义是非常广泛的。比如，人们并不是为了西湖本身而来杭州，而是因为西湖对他们确实有某些好处，如在西湖里可以划船，在西湖边可以游览美丽的景色等。因此，对于旅游从业人员来说，重要的是要按照旅游者所寻求的“利益”去理解旅游者的行为，要能够识别与为旅游者服务相联系的突出属性。也就是说，要真正提供旅游者所需要的服务。

3. 态度的复杂性

态度的复杂性是指人们对态度对象所掌握的信息量和信息种类的多少，态度的复杂性反映了人们对态度对象的认知水平。人们所掌握的态度对象的信息量和信息种类越多，所形成的态度就越复杂。比如，人们往往觉得相互竞争的航空公司之间差别很小。然而，人们对整个航空旅游的态度则比对个别航空公司的态度要复杂得多。对航空旅游的态度涉及速度、方便程度、费用、空中服务、行李携带等多个方面。对于旅游者来说，最复杂的态度也许是对国外旅游目的地的态度。这些态度至少涉及陌生的旅馆、异国风味的食品、陌生的语言、不同的传统等方面。

一般来说，复杂的态度比简单的态度更难以改变。比如，对旅行支票的态度属于比较简单态度。如果一位旅游者对旅行支票持否定态度，只是因为他并不认为这些旅行支票真的有用，那么只要向他指出一个人离家在外时丢失钱包是多么不方便，他就会改变这种态度。然而，一个对出国旅游持否定态度的人，要改变他的态度就非常难。即使他相信别人所说的出国旅游的费用很合理，他可能仍然会坚持自己的否定态度，理由是文化环境陌生、饮食或传统不同等。要改变其对出国旅游的否定态度，必须改变其整个态度中的诸多因素。可见，态度越复杂，就越难以改变。

4. 态度的价值性

态度的价值性是指态度对象对人的价值和意义的大小。如果态度对象对旅游者的价值很大，那么态度对象对旅游者的影响就会很深刻，因而旅游者一旦形成某种态度后，就很难改变；反之，态度对象对旅游者的价值小，则旅游者的态度就容易改变。

5. 态度改变的幅度

要转变一个人的态度也取决于态度改变的幅度，如果原来的态度和想让之改变成的态度差距太大，不仅难以改变，而且会使其更加坚持原来的态度。例如，要让一个有恐高症的人或在一次空难中死里逃生的人乘飞机旅行几乎是不可能的事。

（三）外界条件

以下外界条件也会对旅游者态度的改变产生影响。

1. 旅游产品的改变

旅游产品是旅游者在旅游过程中所购买的各种物质产品和服务的总和。旅游产品的改变包括产品或服务的形式、质量、价格等方面的改变。旅游产品改变是影响旅游者态度改变的重要因素。从某种意义上讲，根据旅游者的需求不断地更新旅游产品、提高旅游产品的质量、降低旅游产品的价格，增加旅游产品的吸引力是改变旅游者态度的有效方法。

目前我国旅游业存在的主要问题是旅游产品种类相对较少、结构相对简单、个别偏远地区交通条件相对落后。因而，部分旅游者对旅游过程中的交通、住宿、餐饮、景观等方面常常产生不满情绪，个别时候旅游甚至变成了花钱买罪受。比如，由于个别时期个别地区交通“瓶颈”现象的存在，人们在个别时期去个别地区旅游时买票相当困难，因此许多人退出了旅游者队伍。

一个旅游景点的开发建设起码要考虑两个因素：一是资源分布，即要合理规划一条旅游线路中的旅游资源；二是旅游景点的建设应当符合旅游者的消费心理。简单地说，旅游者就是要看与当地风光有关的名副其实的人文景观。

从旅游业角度来看，为了满足旅游者的需求，提供的旅游产品和服务具备什么特色才能激发人的旅游动机呢？其一，旅游产品必须有吸引力；其二，旅游产品必须具有满足旅游者需求的特点。没有突出的特点，如名胜古迹、秀丽风光、风土人情、宏伟建筑和优质服务等，就难以产生吸引力。一定数量的、品类齐全的旅游产品是满足旅游者需求的保证。旅游者外出旅游，希望能得到其所希望的一切，如果其他旅游产品吸引力有限，即使主产品具有相当大的吸引力，但旅游者进不去，住不下，玩不开，走不动，得不到，最终必然会失望。如果旅游产品品类单一，不能满足不同层次、不同水平、不同类型旅游者的需求，该产品也不会对旅游者的旅游动机起到较大的激励作用。

鉴于这种情况，为了改变旅游者的态度并促进旅游业的持续发展，必须及时更新旅游产品，不断提高旅游产品的质量。

（1）改善旅游基础设施的建设。旅游基础设施包括交通、通信、文化娱乐、宾馆、饭店等。旅游基础设施的建设要跟上时代发展的步伐，要适应日益繁荣的经济环境的要求。

（2）运用先进的科学技术，简化旅游服务流程。这既节省了时间，又方便了旅游者，有助于使旅游者形成更加肯定的态度或使旅游者变消极态度为积极态度。

（3）对旅游从业人员进行业务训练，提高其人际交往能力。比如，美国航空公司对所有雇员进行了“业务分析”的训练，提高一线员工的人际交往能力和技巧。

（4）运用价格策略。对一般人来说，旅游产品的价格是一个比较突出、比较敏感的问题。因此，适当地运用价格策略，可以使旅游者产生“公平合理”的感觉。例如，在物价上涨的情况下，降低一些旅游产品的价格或保持价格不动但增加旅游产品的品种和项目，可以收到较好的效果。此外，也可以改变旅游服务的手段和策略，如预订车票等业务，这些都可以改变旅游者的态度。

2. 其他信息的改变

从某种意义上说，旅游者的态度是其在接收各种信息的基础上形成或改变的。

（1）信息的一致性。旅游者在行动前，会主动收集各种有关的信息。各种信息间的一致性越强，形成的态度越稳固，也就越不容易改变。

（2）旅游者之间的相互影响。态度具有相互影响的特点。这在作为消费者的旅游者之间表现得尤为明显。旅游者之间的意见交流，不会被认为是出于谋利的目的，也不会被认为带有劝说的目的，因而不会使人生出戒备心理；此外，旅游者之间角色身份、目的和利益的相同或相似性，使彼此的意见容易被接受。事实证明，当一个人认为某种意见是来自与其利益一致的一方时，他就乐于接受这种意见，有时甚至主动征询他人的意见，作为自己的参考。

（3）团体的规范、习惯等的影响。旅游者的态度通常是与其所属团体的要求和期望相一致的。这是因为团体的规范和习惯会于无形中形成一种压力，进而影响团体成员的态度。如果个人与所属团体内大多数人的意见相一致，他就会得到有力的支持；否则，他就会感受到来自团体的压力。

本章小结

态度是个人对某一对象所持有的评价与行为倾向。它是由认知、情感和行为意向三种因素构成的。认知是构成态度的基础；情感是构成态度的核心；行为意向是态度的外观，对人的行为起指导和推动作用。

态度具有对象性、社会性、内隐性、相对稳定性、价值性的特点。

态度的形成有服从、同化、内化三个阶段。其一般通过个体经验和群体态度形成。

旅游者形成旅游偏好与两个因素有关：旅游目的地能够为旅游者提供多少利益，旅游目的地对于旅游者的吸引程度。

影响旅游者态度改变的因素有旅游者本身的因素、原有态度的特点、外界条件。旅游者本身的因素包括需求、兴趣、知识和人格。原有态度的特点包括态度构成因素的一致性、态度的强度、态度的复杂性、态度的价值性和态度改变的幅度。外界条件包括旅游产品的改变和其他信息的改变。

复习思考题

一、判断题

1. 行为意向因素是指对人对事的认识、理解和评价，也就是平时所说的印象。（　　）

2. 人们的态度常有对象性、社会性、内隐性、相对稳定性、价值性的特征。（　　）

3. 态度形成的主要途径是个体的直接或间接经验。（　　）

4. 心理学家凯尔曼提出了态度形成的三个阶段，即服从阶段、同化阶段、内化阶段。（　　）

5. 态度的偏好取决于态度的强度和态度对象的属性。（　　）

6. 一般认为，旅游对象的信息量和信息种类越多，旅游者对其的倾向性就越大，也就越容易对该对象形成偏爱态度。（　　）

7. 态度改变的平衡理论是弗罗姆提出来的。（　　）

8. 构成态度的三种因素（认知、情感、行为意向）一致性越强，态度越不容易改变。（　　）

二、单项选择题

1. 下列属于影响旅游者态度改变的旅游者本身因素的是（　　）。

A. 认知　　B. 情感

C. 行为意向　　D. 人格

2. 态度的构成包括（　　）。

A. 需求　　B. 兴趣

C. 认知　　D. 知识

3. （　　）是指个人对某一对象所持有的评价与行为倾向。

A. 态度　　B. 偏好

C. 认知　　D. 情感

4. 态度的（　　）是相对的，由于主观和客观因素的多变性，态度是可以改变的。

A. 价值性　　B. 稳定性

C. 对象性　　D. 内隐性

5.（　　）的含义是指人为了获得物质与精神的报酬或避免惩罚而采取的表面顺从行为。

A. 同化　　B. 内化
C. 服从　　D. 顺从

6. 认知元素之间存在三种关系，不包括（　　）。

A. 协调关系　　B. 不相关联关系
C. 不协调关系　　D. 配合关系

7.（　　）是指人们对态度对象所掌握的信息量和信息种类的多少，它反映了人们对态度对象的认知水平。

A. 态度的复杂性　　B. 态度的强度
C. 态度构成要素的一致性　　D. 态度的价值性

8. 态度的（　　）是指旅游者对某一旅游对象赞成或不赞成、喜爱或厌恶的程度。

A. 态度的复杂性　　B. 态度的强度
C. 态度构成要素的一致性　　D. 态度的价值性

9. 旅游产品的改变不包括产品或服务的（　　）等方面的改变。

A. 形式　　B. 质量
C. 价格　　D. 品牌

三、简答题

1. 什么是态度？态度的主要特征有哪些？
2. 在旅游活动中常存在人的态度和行为不一致的情况，这是什么原因造成的？
3. 态度与旅游偏好之间有何关系？
4. 如何提高旅游产品的质量？
5. 影响旅游者态度改变的因素有哪些？

四、案例分析题

餐巾纸没有了

能让人感到愉快和满意的服务才是好的服务。这也是为什么我们会要求服务者把笑容和礼貌用语挂在嘴边。人都有被尊重的需求，在一个服务环境中，当服务者拥有好的服务态度时，或许会带给被服务者更愉快的经历。

假设这样一个场景，在餐厅服务中，服务者A和服务者B都发现备品柜中没有餐巾纸了，而这时刚好有客人需要餐巾纸。服务者A对客人说："餐巾纸没有了。"为了证明真的没有了，服务者A还将备品柜打开给客人看，并说："您看，真没有了，没骗您吧。"这时候，客人内心的感受一定不会是愉悦的。而服务者B在听到客人需要餐巾纸时，立马向客人解释："抱歉，备品柜里没有餐巾纸了，您不介意稍等一下吧？我马上去别的备品柜给您拿。"假如你是客人，你希望碰到哪种服务者？

问题：从案例中你体会到了什么？

五、实训题

请你选择一家酒店，全方位了解该酒店的情况。然后思考一下你会怎样去改变对这家酒店评价不高的人的态度？

第五章　旅游者个性与旅游行为

案例导入

日本东京一家贸易公司有位女秘书专门负责为客商购买车票。客商中有位德国大公司的商务经理经常请她购买来往于东京、大阪之间的车票。不久，这位商务经理发现：每次去大阪时，座位总是在右窗边，返回东京时又总坐在左窗边。商务经理问女秘书其中的缘由，她笑着回答道："车去大阪时，富士山在您右边，返回东京时，山又到了您的左边。我想，外国人都喜欢日本富士山的景色，所以我替您买了不同位置的车票。"就是这桩不起眼的细心事，使这位商务经理大为感动。他想："在这样一些微不足道的小事上，这家公司的职员都能想得这么周到，跟他们做生意还有什么不放心的呢？"于是他决定把同这家日本公司的贸易额由400万欧元提高到1200万欧元。

案例中的这种服务是一种什么类型的服务？为什么赢得了客商的好感？

学习目标

1. 了解个性的概念及影响个性形成的各种因素。
2. 了解个性的特征。
3. 分析个性结构、生活方式、气质与旅游行为的关系。

本章重点、难点

1. 个性理论的掌握。
2. 气质类型的辨析。

本章重点概念

个性：又叫人格，是指人的整体精神面貌，即具有一定倾向性和稳定性的心理倾向和特征的总和。

生活方式：指不同的个人、群体或全体社会成员在一定的社会条件制约和价值观念指导下所形成的满足自身生活需求的全部活动形式与行为特征的体系。

气质：就是表现在心理活动的强度、速度、灵活性和指向性等方面的一种稳定的心理特征，气质与性格、能力共同构成了一个人的个性心理特征。

在日常生活中，有的人一言一行令人难以忘怀，而有的人则很难给别人留下什么印象。有的人仅凭一面之缘就能给人留下长久的印象，而有的人尽管长期与别人相处，却从未在人们心中掀起波澜。为什么会出现如此大的差异呢？原因就是人的个性千差万别。个性是一种复杂的心理现象，客观地存在于每个人的身上。

旅游者的个性特征各不相同，只有充分了解和掌握旅游者的个性特征，才能更好地理解旅游者的旅游倾向和旅游行为，并为其提供更具针对性的旅游产品和服务，更好地满足旅游者多样化的需求。

第一节　个性概述及其与旅游行为

一、个性

（一）个性的概念

个性即心理学中所说的人格。“人格”（Personality）一词最早源于希腊语“persona”，原意为演员在舞台上表演时所戴的“假面具”，后来演化为人所扮演的“角色、身份”。

心理学家对个性的定义有不同的表述，美国心理学家奥尔波特（Gorden Willard Allport，1897—1967）曾综述过50多个不同的定义。19世纪德国心理学家斯特恩（William Louis Stern，1871—1938）最早提出“人格”这一概念，他认为，心理学是一门关于体验的科学，其中，每个体验都有相应的模式，即有目的性的人格。美国心理学家卡特尔（Raymond B. Cattell，1905—1988）认为，人格是一种倾向，可借以预测一个人在给定环境中的所作所为，它是与个体的外显与内隐行为联系在一起的。苏联心理学家彼得罗夫斯基认为，个性就是指个体在对象活动和交往活动中获得的，并能够表现社会关系水平和性质的系统的社会品质。结合以上观点，本节把个性定义为：个性又叫人格，是指人的整体精神面貌，即具有一定倾向性和稳定性的心理倾向和特征的总和。

个性是多层次、多侧面的，主要包括个性心理倾向和个性心理特征两个方面。个性心理倾向是个性中最活跃的因素，决定着人对客观事物的趋向和选择，包括需求、动机、兴趣、信念、理想、世界观等；个性心理特征是指人的心理活动经常稳定地表现出来的特征，包括性格、气质、能力等。

（二）个性的特征

一般而言，个性具有以下几个特征。

1. 整体性

个性不是孤立、单一的心理特征，而是一个完整的功能系统。个性的整体性是指构成个性的各种成分，如能力、气质、性格、动机、态度、行为习惯等，相互联系、相互制约，共同构成内在统一协调的整体。一个正常人的行动是构成个性的各种成分相互联系、相互制约后所形成的，而一个人的个性也通常是一系列心理倾向和特征综合作用的外在表现。

2. 独特性

就如同世界上很难找到两片完全相同的叶子一样，世界上也很难找到两个个性完全相同的人。每个人的个性都有自己的独特性，即使是同卵双生子，长大后也会表现出不同的个性。一个人的个性是在遗传、环境、教育等因素的交互作用下形成的，正所谓“人心不同，各如其面”，因而每个人在认识、情感、意志、能力、气质、兴趣、喜好等方面的表现千差万别。有的人善于分析，有的人善于概括，有的人感情细腻，有的人则感情冷淡，这些都是个性所表现出来的独特性。

3. 共同性

强调个性的独特性，并不排斥个性的共同性，正是个性兼有独特性和共同性，才形成了一个人复杂的心理。个性的共同性是指某一群体、某一阶级、某一国家或某一民族在一定的社会环境、自然环境中形成的共同的、典型的个性特征。例如，在我国，南方人和北方人在性格、行为方式、思维方式上均存在较为明显的差异，一般来说，北方人奔放粗犷、热情外向、重感情、讲义气，南方人清秀细腻、稳重内向、重效益、讲实务。而每个国家的民众也有非常典型的个性特征，通常认为，德国人严谨、法国人浪漫、中国人谦逊等。

4. 倾向性

个性是一个人所具有的一定的内在意识倾向性，包括需求、动机、理想、信念、世界观等心理成分，体现了一个人需求什么、追求什么、信仰什么，这种个体差异正是内在倾向性的外在表现。心理向行为的转化过程总是表现出一定的倾向性。

5. 稳定性

个性的稳定性是指一个人的个性具有跨越时间和空间的特性，个体在生活中偶然表现出来的某种心理现象，不能代表一个人的个性，只有经常出现的、较为持久的心理特征，才能反映一个人的个性。这种个性一旦形成，就具有相对的稳定性，正所谓“江山易改，本性难移”，人们可以根据这种特点对一个人的心理和行为做出相应的判断和推测。例如，一个人在某种场合偶然表现出对他人冷淡、缺乏关心，不能以此认为这个人具有自私、冷酷的个性特征。只有一贯的、在绝大多数情况下表现出来的心理现象才是个性的反映。但是，随着社会现实、生活条件、教育等因素的改变，个性也可能发生改变。

案例分析

南希·琼斯

南希·琼斯是个聪明、优秀、自信而又坦率的女孩，不到30岁，体型偏胖。她毕业于一所私立重点大学的企业营销专业，并获得了学士学位，毕业后接受了一家大型酒店管理公司——Nothill提供的管理培训并在该公司的餐饮部工作。

南希在Nothill公司工作了一年半。在这段时间里，她与她的上司矛盾不断，而她的上司却是负责对她的工作表现做出评价并决定她以后能否升迁的人。某天，南希的上司宣布，南希的一个同伴将被提升为Nothill公司旗下一家餐馆的经理。而这个职务是南希一直非常期望得到的。南希就此事询问她的上司，上司回答道："你胜任不了经理这个职务。"很显然，南希的上司不喜欢她，也不打算提升她。南希觉得上司对自己的要求与对别人的要求根本就不一样。考虑到自己受到的教育及一年半管理工作方面的经验，南希决定辞职。

虽然对前任雇主感到很失望，但南希并没有完全丧失从事服务业的勇气。尽管南希考虑过是不是该回到学校攻读硕士学位，或者试着换个别的职业，但最终南希还是接受了一家酒店公司的工作，她希望能在这里找到一个提升自己管理水平并使自己得到公正待遇的机会。

这家叫Clearview的酒店公司管理着一家有着400间客房的会议型酒店。客房入住率很高，前台员工的变动频率也很高。南希被安排在酒店的前台工作。南希精通计算机，这使她很快就掌握了酒店的计算机操作系统。尽管在刚刚被雇用的员工中南希来得最晚，在她刚上班的前几个星期，大部分时间都上二班或三班，但短短两个月后，南希就证明了自己的工作能力。即便在经理助理不在的情况下，南希也能够独立处理前台的工作。她有了自己固定的工作时间，而且有优先排班的特权。

很快，酒店就要求南希培训新来的前台员工，南希把这项工作当作一个展示自己管理才能的机会，很高兴地接受了这项额外的工作。她成功地培训了两名新员工后，其他的经理助理也要她帮助培训新来的员工。

南希虽然从培训员工的过程中感觉到了自己有被提升的可能，可是她上班的时间又变成不固定的了，她也没有得到自己所要求的休息时间。而且，前厅部经理不再与她商量培训新员工的时间，当有新员工需要培训时，前厅部经理就自行安排了，并告诉新员工南希会向他们介绍有关事宜。南希发现，有时刚刚上班前厅部经理就要她去培训新员工，没有任何事先通知，也没有任何培训计划。与此同时，其他的经理助理也经常让南希一个人处理前台的工作，自己去休息。她们说，南希不是有能力吗，那就让她自己干吧。

别的员工发现南希不爱笑了，也不再与周围的人开玩笑。有一天，南希实在忍无可忍，就向前厅部经理发了一顿牢骚，特别提到了其中的一位经理助理，前厅部经理说南希可能想得太多了，不过他会过问此事的。第二天，那位经理助理找到南希说道："我很讨厌你在我背后与我的上司议论咱们之间的关系。"几周后，南希向前厅部经理要求把自己调到宾客服务部做礼宾部经理，可前厅部经理拒绝了她的要求，说："前台需要你，再说礼宾部经理这个工作也不适合你。"

由于觉得经理只是在利用自己，并不想给自己提供晋升的机会，南希变得越来越离群、孤僻，对上司也毫不避讳地进行对抗，而且在工作中也不与其他同事合作。她回避新员工的培训工作，也不帮助他们改正工作中的错误，能多休息一会就多休息一会，她也不再主动处理出现的复杂问题，而是把问题全部上交给值班经理，即使他们在处理问题上的拖延使客人非常不满，她也不管。南希由于工作中缺乏与他人的合作而受到批评，但她仍然对自己得不到公平的对待而耿耿于怀。极度的沮丧与伤心差点让南希再一次辞职，她与房务部总监诉说了自己的苦恼。虽然礼宾部经理有人选了，南希已经做不成了，可她还是坚决要求调离前台。房务部总监很同情南希，告诉她要耐心等一等。在她来到 Clearview 酒店公司的第八个月，南希被调到客房部做经理助理。

分析：南希之所以在工作中处于这样的困境，主要是因为个性因素。个性是一个人独有的、相对稳定的心理倾向和心理特征的总和。个性包括相互联系的两个部分，即个性心理倾向和个性心理特征。每个人都有自己的特点，这些特点会影响他们的工作、人际交往和生活。管理工作的成效和管理人员的个性有较大的关系。如果管理人员能充分地了解员工的个性特征，使每位员工能"人适其事，事得其人"，才能更好地激发员工的内在潜力，并大大提高员工的工作满意度。

（三）影响个性形成的因素

心理学家认为，个性是在遗传、环境、教育等多种因素的交互作用下逐渐形成的。影响个性形成的因素主要包括遗传、社会环境、教育、个体主观能动性等。

1. 遗传

遗传是指一个人与生俱来的生理特征，包括身体构造、形态，感觉器官、运动器官、神经系统以及大脑的结构和机能等。遗传为个性的形成和发展提供了生理前提，如果一个人不具备相应的生理基础，就不会形成与之相关的个性。例如，天生的盲人不能成为画家，生来聋哑的人不可能成为歌唱家。

此外，遗传也为个性的形成提供了可能性，虽然遗传的差异性不能决定一个人的个性模式，但是这种潜在的、独特的心理基础通过后天的实践活动可能转化成独特的个性心理。遗传是个性形成不可缺少的影响因素，在个性形成的问题上，否认遗传的作用或持“遗传决定论”的观点都是错误的。

2. 社会环境

遗传为个性的形成提供了必要的前提和可能性，而后天的社会环境、教育等对个性的形成起到了关键作用。社会环境主要指社会经济、国家制度、生产关系以及由其决定的个人生活方式等，人是在一定的社会环境中成长的，其个性会打上特定社会环境的标记。

此外，局部的社会环境如家庭环境、人际关系等也对个性的形成有重要的影响，特别是家庭环境。家庭是社会生活的基本单位，父母是孩子的第一个老师，父母的个性、教育方式、处世态度等对孩子有着潜移默化的影响。有学者曾把家庭比喻为“制造人格的加工厂”。通过研究发现，如果父母对孩子过于溺爱或放纵，孩子会养成任性、自私、执拗、独立性差等性格；如果家庭氛围比较和谐、民主，孩子会养成独立、活泼、思想活跃、善于交流等性格；在强压环境下长大的孩子，则会养成消极、缺乏主动性等性格。

3. 教育

社会环境对个性的影响一般是自发的和多向的，不一定将人们的个性向好的方面引导，但是教育则不同。通过一定的方法、内容对人进行有目的、有计划、有组织的教育，能对个性的形成和发展产生全面、系统而深刻的影响，这种教育多是正面的引导，有利于人的健康人格的形成。例如，学生在学校接受知识和教育，有助于形成独立的思想。良好的班风学风、民主的教育环境、教师的正确引导和人际关系的形成在一定程度上影响着学生个性的形成。再如，一个人即使拥有很好的歌唱天赋，如果没有接受正确的训练和系统声乐知识的学习，就不可能成为优秀歌手。

4. 个体主观能动性

社会环境、教育等是人们个性形成和发展的外因，而外因只有通过内因才能起作用，对个性的形成起决定性作用的只有内因——个体主观能动性。

俄国教育家乌申斯基认为，人的自我教育是性格形成的基本条件之一，因为一切外来的影响都要通过自我调节起作用。从这个意义上讲，每个人都在自己塑造自己的个性，即使在相同的社会环境和教育条件下，人们的态度不同，所形成的个性也会不一样。例如，高尔基从小历尽磨难，却刻苦学习文化知识，并积极投身革命活动，成长为社会主义文学的奠基人。

总之，个性的形成和发展是多种因素交互影响的结果，遗传是个性形成的自然前提，社会环境和教育是个性形成和发展的关键因素，个人主观能动性是塑造独特个性的决定性因素。

（四）个性理论

个性理论主要是在对个性的结构、功能、影响等方面展开系统研究的基础上形成的。下面介绍几种主要的个性理论。

1. 特质理论

特质理论主要从人的心理特性来研究人的个性，主要代表人物是奥尔波特、卡特尔和艾森克（Hans Jurgen Eysenck，1916—1997）。

（1）奥尔波特的特质理论

美国心理学家奥尔波特是人格特质理论的创始人。奥尔波特考证了“人格”这个词的词源，并将之与在希腊语中意为“面具”的“persona”一词相联系，提出了人格的定义：人格是个体内部决定其适应环境的那些心理、生理系统中的动力组织。奥尔波特不赞同弗洛伊德过于强调人的潜意识的观点，于是提出了人格特质理论。他认为，人格必须要有能够进行测定的因素，这种因素就是特质，特质是人格的基础，是心理组织的基本建构单位。

奥尔波特将人格特质分为共同特质和个人特质。共同特质是一定社会文化下，全体社会成员都具有的特质；个人特质则是个体身上独具的特质。个人特质依其在生活中的作用可分为首要特质、中心特质、次要特质。

①首要特质是个体最典型、最具概括性的特质，弥散性、渗透性极强，涉及个体的人格及全部活动的所有方面。比如“吝啬”即葛朗台的首要特质。

②中心特质是构成个体独特性的几个重要的特质，渗透性稍差，但具有相当的概括性和一般意义，每个个体有5~10个中心特质，如清高、孤傲、率直、聪慧、抑郁、敏感等是林黛玉的中心特质。

③次要特质是个体的某些不太重要的特质，是那些一致性和一般性都较少的个人倾向，往往只在特殊情况下才表现出来。

此外，奥尔波特还提出了健康的人格所应具备的特点：具有自我扩展的能力；情绪上有安全感和自我认可；体现知觉的现实性；体现自我客观化等。

（2）卡特尔的特质理论

卡特尔认为，特质是人格的构成要素，并将人格特质的结构网络模型分为4层，即个别特质和共同特质；表面特质和根源特质；体质特质和环境特质；动力特质、能力特质和气质特质。

①个别特质和共同特质：人类存在着所有社会成员所共同具有的特质，即共同特质。它虽为社会成员所共有，但在个体成员身上的强度各不相同。如每个人都有智力，但智力水平大相径庭，智力高者聪慧，低者愚笨。而且，同一个体身上特质的强度也会因时间、情景的变化而有所差异。个体独具的特质即个别特质。

②表面特质和根源特质：表面特质指从外部行为可直接观察到的特质。它们从表面看是一些相似的特征或行为，实际是由不同原因造成的。根源特质是指那些相互联系且有相同基础的特质。一个表面特质是由一个或多个根源特质引起的，且一个根源特质会影响几个表面特质。

③体质特质和环境特质：在根源特质中又区分出体质特质和环境特质。体质特质由先天的生物因素决定，如兴奋性、情绪稳定性等；环境特质，如焦虑、有恒性等，则由后天的环境因素所决定。

④动力特质、能力特质和气质特质：动力特质是指具有动力特征的特质，它使人趋向某一目标，包括驱力、态度和情操；能力特质是表现在认知和运动方面的差异特质，包括流体智力和晶体智力。气质特质是决定个体情绪反应的速度和强度的特质。

卡特尔将因素分析的统计方法应用于人格心理学的研究中。他认为人之所以具有一致性和规律性，是因为个体具有根源特质，因此从4500个用来描述人类行为的词汇中选定171个特征名称，让大学生用这些名称对同学进行行为评定，然后综合运用系统观察法、科学实验法和因素分析法，确定出16个根源特质。其研究结果发现，人格特征主要由16种基本因素构成，分别是乐群性（A）、聪慧性（B）、情绪稳定性（C）、恃强性（E）、兴奋性（F）、有恒性（G）、敢为性（H）、敏感性（I）、怀疑性（L）、幻想性（M）、世故性（N）、忧虑性（O）、激进性（Q1）、独立性（Q2）、自律性（Q3）、紧张性（Q4）。用这16种因素编制出的“16种人格因素问卷”（Sixteen Personality Factor Questionaire）作为一个应用广泛的人格测验，被心理测量专业领域誉为“世界十大心理测评”之一。

（3）艾森克的特质理论

英国心理学家艾森克主要从事人格、智力、行为遗传等方面的研究，提出了以人格结构层次说和三维度人格类型说为主要内容的人格三因素模型，即由内外倾、神经质和精神质3个因素构成的人格结构模型。艾森克相信人格特质具有可遗传性和生理基础。他认为内外倾、神经质和精神质这3个彼此独立的高级特质处于人格层次的顶端，并且每一高级特质下面包含大量的次级特质。

在内外倾维度上，次级特质有好社交、爱冒险、有活力、主动、控制等。在神经质（情绪稳定性）维度上，次级特质有焦虑、易怒、紧张、害羞、低自尊、喜怒无常等。艾森克编制了艾森克人格问卷（EPQ），用于测量以上两个人格维度。内外倾和神经质两个维度垂直相交得到的4个象限，与希波克拉底（Hippocratēs，公元前460—公元前377）提出的四体液病理学说中提到的4种气质——胆汁质、多血质、黏液质和抑郁质有很好的对应关系，艾森克人格维度与希波克拉底四体液病理学说的对应关系如图5-1所示。精神质代表了一种在心理上与他人疏远的倾向，包括冲动、攻击、反社会、自我中心、缺乏同理心、有创造力等次级特质。

2. 精神分析理论

精神分析理论的主要代表人物是弗洛伊德和埃里克森（Erik Homburger Erikson，1902—1994）。

（1）弗洛伊德的理论

弗洛伊德是精神分析学派的创始人，其主要的理论贡献是精神层次理论和人

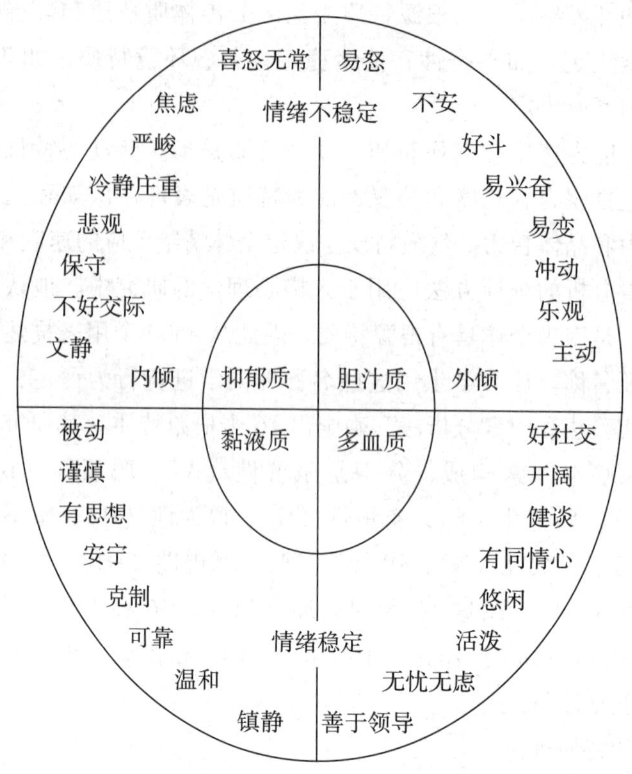

图 5-1　艾森克人格维度与希波克拉底四体液病理学说的对应关系

格结构理论。

精神层次理论主要阐述人的精神活动，并把意识划分为意识、前意识和潜意识。

弗洛伊德人格结构理论认为，人格是一个整体，这个整体包括本我、自我和超我 3 个部分，这 3 个部分彼此关联、相互作用，支配个体的所有行为。

①本我（id）是人格结构中最基本的层次，相当于弗洛伊德早期提出的潜意识。本我是一种与生俱来的动物性的本能冲动，混乱而毫无理性，只知按照快乐原则行事，盲目地追求满足。

②自我（ego）是介于本我和超我之间，是个体在与环境接触中，由本我发展而来的人格部分。自我充当本我与外部世界的联络者与仲裁者，是一种能根据周围环境的实际条件来调节本我和超我的矛盾、决定自己行为方式的意识。

③超我（superego）同本我相对，位于个性结构中的最高层，在人参与社会活动的过程中，能进行自我批判和道德控制，换言之，就是个体能够知道什么是对，什么是错，并能够辨别正确和错误。超我的主要职责是指导自我以道德良心自居，去限制、压抑本我的本能冲动，按至善原则活动。

本我、自我、超我三者不是完全独立的，而是彼此相互作用，共同构成完整的人格，一个正常人个性中的这 3 个部分通常是彼此平衡而和谐的。

(2) 埃里克森的人格理论

埃里克森是美国著名的精神病科医师，是新精神分析派的代表人物。埃里克森认为人的自我意识会持续发展，他提出了“心理社会阶段理论”，即把人格形成和发展的过程划分为8个阶段，这8个阶段的顺序是由遗传决定的，但是每一阶段能否顺利度过是由环境决定的，因此每个阶段都不可忽视。这8个阶段如下。

1—婴儿期：基本信任和不信任的冲突。

2—儿童期：自律和羞愧、怀疑的冲突。

3—学龄初期：主动性和内疚的冲突。

4—学龄期：勤奋和自卑的冲突。

5—青春期：自我认同感和角色混乱的冲突。

6—成年早期：亲密和孤独的冲突。

7—成年期：关心下一代和自我专注的冲突。

8—成熟期：自我调整和失望的冲突。

3. 个性类型理论

个性类型理论的主要代表人物是荣格（Carl Gustav Jung，1875—1961）。荣格是瑞士心理学家，创立了分析心理学派。荣格在其著作《心理类型》中论述了性格的一般态度类型和机能类型，其中一般态度类型可划分为外倾型和内倾型两类，人的心理活动可分为感觉、思维、情感、直觉4种基本机能，按照两种态度类型与4种基本机能的组合，荣格描述了8种性格类型，分别是外倾思维型、外倾情感型、外倾感觉型、外倾直觉型、内倾思维型、内倾情感型、内倾感觉型和内倾直觉型。其中，荣格最为人所熟知的就是个性的内倾和外倾，人们常用内倾或外倾来评价自己或他人的个性特征。

二、个性与旅游行为

（一）个性特征与旅游行为关系

对个性特征的研究，重点一般放在个人对自己所处环境中一再出现的刺激的反应方式上面，确定和分析个性的大量研究工作，是以对个性特征进行测量和评价为基础的，但是对个性特征与旅游行为关系的研究并不多。1969年，加拿大旅游局根据对大批加拿大成年人的抽样调查，揭示了各种个性特征与旅游行为之间确实存在某些实质性的联系。抽样结果表明，进行旅游的加拿大人与那些不旅游的加拿大人相比，前者更加活跃、自信、善于交际，旅游者对交通工具、出游季节、目的地及具体旅游活动的选择也和个性密切相关，不同类型的旅游者所具有的个性特征如表5-1所示。

表 5-1　　不同类型的旅游者所具有的个性特征

旅游者类型	个性特征
驱车旅游者	经常沉思、活跃、善于交际、开朗、自信
乘飞机旅游者	非常活跃、非常自信
乘火车旅游者	经常沉思、被动、冷淡、不善交际、忧虑、喜欢依赖他人、情绪不稳定
乘公共汽车旅游者	喜欢依赖他人、忧虑、敏感、好斗
国内旅游者	开朗、活跃、无忧无虑
国外旅游者	自信、值得信赖、经常沉思、冲动、勇敢
男性旅游者	经常沉思、勇敢
女性旅游者	冲动、无忧无虑、勇敢
探亲访友者	被动
游览“度假胜地”者	活跃、善于交际、经常沉思
观光者	经常沉思、敏感、情绪不稳定、放纵、被动
户外活动者	勇敢、活跃、不善交际、忧虑、喜怒无常
冬季旅游者	活跃
春季旅游者	经常沉思
秋季旅游者	情绪稳定、被动

从以上可以看出，个性特征确实能够影响旅游行为。我们虽然不能单凭一项研究就得出结论，但是可以借助研究更好地理解为什么旅游者在旅游环境中会做出各种决策。

（二）个性类型与旅游行为关系

学者普洛格（Stanley Plog）将个性分为精神中心型和异中心型两类。精神中心型的人显然对生活的预见性有强烈的要求，他们喜欢前往熟悉的旅游目的地，不喜欢猎奇探险，他们的旅游动机更多偏向休息和娱乐，并倾向于有条不紊地出行安排。而异中心型的人则希望生活中出现不可预见的东西，喜欢探险，更喜欢全新的旅游体验，不喜欢循规蹈矩。两种个性类型旅游者的个性特征影响了他们对旅游目的地的选择，精神中心型和异中心型旅游者的个性特征如表 5-2 所示。

表 5-2　　精神中心型和异中心型旅游者的个性特征

精神中心型	异中心型
选择熟悉的旅游目的地	选择未开发的旅游地区
喜欢旅游目的地的一般性活动	喜欢新鲜刺激的活动

续 表

精神中心型	异中心型
选择晒日光浴和去游乐场所	喜欢新奇、不同寻常的旅游场所
活动量小	活动量大
喜欢能驱车前往的旅游目的地	喜欢乘飞机去旅游目的地
喜欢现代化的旅游设施	不一定要现代化的旅游设施
喜欢家庭氛围、熟悉的娱乐活动，不喜欢外国氛围	愿意接触外国文化和风俗习惯
准备好旅行装备，事先安排好全部行程	旅游活动安排具有较大灵活性

普洛格在研究中发现，典型的精神中心型的人对康尼岛、迈阿密海滨等知名的旅游目的地感兴趣，而典型的异中心型的人则对那些鲜为人知的旅游目的地更感兴趣，如部分南太平洋岛屿、部分非洲原始部落等地。大多数人属于中间型的人。

图 5-2 说明了在某一时间段内旅游者的个性类型与旅游目的地的关系，但是这种对应的关系并不是一成不变的。例如随着时间的推移，一些旅游者的出游行为会由精神中心型向异中心型转变，人们会随着旅游活动的开展和深入逐渐变得活跃。同时，随着时间的推移，旅游目的地也会沿着精神中心型向异中心型的方向移动和变化，原本只有异中心型的人才会感兴趣的旅游目的地，会逐渐吸引更多类型的旅游者，从而使旅游目的地变成更受欢迎的旅游目的地。

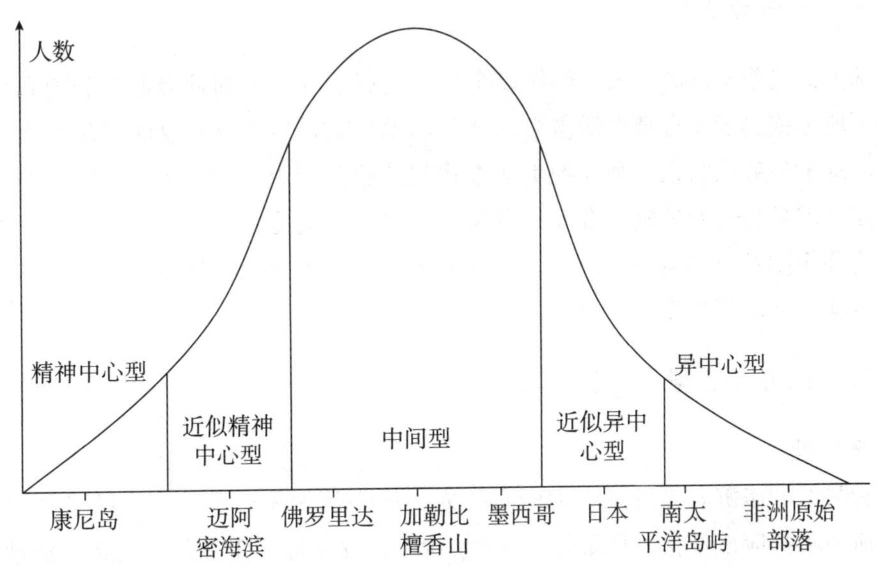

图 5-2 在某一时间段内旅游者的个性类型与旅游目的地的关系

（三）自我概念法

自我概念法是另一种说明个性如何影响行为的方法。17 世纪的哲学家笛卡尔

（René Descartes，1596—1650）最早用cogito一词表示自我概念，意为“自身存在的意识”。弗洛伊德以及早期的精神分析理论家用ego表示自我概念，并在此基础上形成了个性理论。自我概念就是每个人对自己的看法，它是个性不可分割的组成部分。自我概念是在个人与社会环境和各种社会团体相互作用的基础上形成的，是一种个性社会化的过程，个体可以借助家人、朋友、同事及他人对自己的评价，对自己的性格、爱好、信仰、人际关系、社会地位等进行自我价值判断。

人们几乎会不惜一切代价地保护自我形象，主要目的是自我提高和自我保护。人们为了自我提高和自我保护，会产生一些重要的需求和目标，使其成为与自我形象相匹配的证据。大量的调查研究表明，作为提高自我形象的象征，某些产品具有重要意义，如汽车、品牌服饰、旅游活动等。

旅游能给人们带来极大的乐趣，并赋予人们独特的地位，一方面，它是无形的产品，整个旅游过程除了照片等个别物质载体，人们获得的是一种体验；另一方面，旅游又是看得见的东西，如相机、雪橇、明信片等具有明显象征意义的实物，人们人为地使旅游活动成为一种明显的具有象征意义的产品。旅游时人们可以在最高级的旅馆住宿、在最好的餐馆用餐，可以乘坐飞机、拍照，这些活动都可以作为一种象征，披露一些个人情况。因此，旅游可能是所有产品和服务中最具有象征性意义的。

三、生活方式与旅游行为

（一）生活方式

生活方式是指不同的个人、群体或全体社会成员在一定的社会条件制约和价值观念指导下所形成的满足自身生活需求的全部活动形式。生活方式反映了一个人的个性特征。心理学研究认为，一个人的生活方式与其旅游行为密切相关，可以用心理描述法进一步了解各种类型的旅游者及其行为。心理描述法是一种测量消费者行为的有效方法，需要用问卷或调查表展开分析，内容涉及个人的需求、知觉、态度、信念、价值观、兴趣、活动等方面。

（二）旅游者类型

1. 安宁型

这种类型的旅游者是以家庭为中心的人，他们认为家庭是一个和睦亲密的团体，每个旅游活动都应该具有教育意义。一般情况下，这类旅游者多是适应野外活动的人，“僻静的湖边小屋”是理想的旅游目的地，他们喜欢野营、狩猎、钓鱼及其他野外活动；他们喜欢新鲜的空气，喜爱清洁，对健康有异乎寻常的兴趣；他们不相信广告宣传，特别是报纸、杂志上的广告；他们不喜欢冒险，喜欢宁静的生活。为吸引这类旅游者，进行宣传和策划时应当重点强调安宁和清洁，并突出旅游对家庭的重要性。

2. 交际型

这种类型的旅游者与“安宁型”旅游者形成了强烈的反差，他们精力充沛、活跃、有进取心、善于交际、对新的经历充满了兴趣。这些特征说明，他们的兴趣在于更具刺激性和复杂性的活动。为吸引这类旅游者，进行宣传时应以推销国外旅游为主，除了休息和娱乐，还要强调旅游的实惠性。

3. 历史型

这种类型的旅游者主要是对历史人物、历史遗迹及事件有浓厚的兴趣。他们认为了解历史人物、遗迹和事件是与过去交流的一种方式。通过游览古迹、文化遗址等可以陶冶自己、了解过去，甚至再体验过去。相关研究表明，爱好历史的旅游者的受教育水平不一定比别人高，但是他们认为这种度假方式更有教育意义，是一次了解他人、了解风俗习惯和文化历史的机会，同时这类旅游者对家庭和孩子有强烈的责任感。以历史文化类资源为主的旅游区在进行宣传时，应当向旅游者传达这样的信息：旅游是一次受教育和家庭团聚的机会。以此来吸引历史型的旅游者。

4. 探奇型

这种类型的旅游者以年轻人居多，他们思想活跃、富有创见、追求时髦，对新奇的事物充满兴趣，富有冒险精神。他们在旅游活动中，追求新鲜和刺激，对外在环境和条件没有太多要求，喜欢探险、登山、攀岩、徒步、漂流等，希望获得一种全新的体验和经历。为吸引这类旅游者，进行宣传时应强调参与性和体验性较强的户外旅游活动，突出旅游项目的新奇和刺激。

四、个性结构与旅游行为

一个人的个性一旦形成，便具有相对的稳定性，但是人们在日常生活中经常会看到，有的人有时表现得很冷淡，有时却很热情，有时很乐观开朗，有时却显得不合群。这说明个性和行为并不总是一致的。

弗洛伊德把个性分为本我、自我和超我，从动态的角度把握个性中的不确定因素对行为的影响。这是相互作用分析理论的基础。相互作用分析理论，又叫 PAC 理论（PAC 分别是英文单词 Parent、Adult、Child 的首字母），是由《人们玩的游戏》的作者埃里克·伯恩（Eric Berne）提出的一种针对个人成长和改变的心理治疗方法，也适用于理解旅游行为。

（一）自我形态

相互作用分析理论的一个基本概念是自我形态。该理论认为，个性包括三个重要组成部分，即儿童自我形态、父母自我形态、成人自我形态。在任何特定的情况下，个性或自我形态的任何组成部分，都对一个人的行为起指导作用。埃里克·伯恩为三种自我形态提供了一组词语和非词语的表现，如表 5-3 所示。

表 5-3　　三种自我形态的词语和非词语表现

自我形态	词语	语调	非词语
儿童自我形态	我希望、我要、我不知道、我就去、我不管、我猜、我长大时、较大、最大、较好、最好	兴奋、热情、高而尖的声音、高兴、恼怒、悲伤、害怕	高兴、大声笑、傻笑、可爱、流泪、噘嘴、板脸、发脾气、眼珠转动、耸肩、眼睛向下看、咬指甲、局促不安
父母自我形态	按理、应该、从来不、不、拒绝、总是不、我做给你看、愚蠢的、令人讨厌的、荒唐的、顽皮的、骇人听闻的、胡说、别再这样、这下好了、我已对你讲了多少次啦、别再忘记、好啦好啦、小家伙、宝贝儿、可怜的东西	大声=批评 柔声=教育	皱眉、用手指点、摇头、使人震惊的面容、脚轻轻地叩、双手叉腰、双臂交叉、搓手、叹气、在头上轻轻拍一下、刚强的、军人般的姿态
成人自我形态	为什么、什么、何地、何时、谁、多少、用什么方法、真的、假的、可能的、我认为、依我的意见、我明白、我想	准确	直视、惬意的、不太热情、不激动、单调的

1. 儿童自我形态

儿童自我形态是个体形成的第一种自我形态。它是由自然产生的情感、思想、行为构成的，是个体经受挫折、失望、欢乐和缺乏能力而形成的个性部分。人的需求、欲望、情感和情绪等都是由儿童自我形态来支配的。此外，儿童自我形态也是好奇心、创造性、想象力、自发性、冲动性及对新发现表示高兴的来源。

儿童自我形态占优势的人经常有毫不拘束、戏要性或自然表述性的行为，在言语表述中经常会用到“我希望”“我要”“我不知道”等词语。

2. 父母自我形态

父母自我形态是个体形成的第二种自我形态，是个体通过模仿自己的父母或那些像父母一样的具有权威的人的行为和态度而形成的一种自我形态。父母自我形态是个人的行为、态度、见解、偏见、基本知识以及是非感的主要来源。

父母自我形态占优势的人经常有批评、教诲、指点、教训、命令、指责等行为，在言语表述上经常会用“好啦好啦”“应该”“不”等词语，一方面是同情和安慰的口吻，另一方面是批评、指导的口吻。

3. 成人自我形态

成人自我形态是个体形成的第三种自我形态。它是指导理性思维和客观的信息加工的个性部分，一般与年龄无关。成人自我形态占优势的人经常有理性的、非情绪性的、较客观的行为，在言语表述上经常会用“我认为”“我明白”“可能的”等词语。

儿童、父母、成人这三种自我形态在任何情绪健康的人身上都会起作用。例如，当你所关心的人需要安慰时，或当孩子需要教育和约束时，父母自我形态就会对人的行为起支配作用；当你进入公司开始一天的工作，或安排家庭经济收支时，成人自我形态通常起支配作用；当你出门旅行放松心情时，或看电视、上网时，儿童自我形态就会起支配作用。

这三种自我形态的均衡，实际上是个性的三个部分在个人的时间和情绪上合理分配的结果，它可以平衡和协调一个人的心理和情感。如果一个人的行为只受一种自我形态的支配，这个人就会存在很严重的个性问题，例如一个人的行为始终只受到儿童自我形态的约束，就会感情用事、缺乏主见，且不能对自己的行为负责；始终受父母自我形态约束的人会非常强势和独断；只受成人自我形态约束的人也会非常令人讨厌。

（二）自我形态与旅游决策

个性结构中的三种自我形态影响着人们的旅游行为，为分析各种旅游决策提供了重要价值。当一个人决定出门旅行时，这三种自我形态会对是否要旅游、到哪里旅游、花多少钱、玩多长时间等问题发表不同的观点，只有三种自我形态都肯定外出旅游是有意义的时候，才能做出旅游的决策。

娱乐性旅游的动机显然主要来自儿童自我形态，不管旅游是出于好奇还是为了忘掉烦恼，儿童自我形态都会给出“我们去玩吧”的建议，而儿童自我形态最容易被舒适的旅馆、优美的风景、新奇的事物所吸引。

当儿童自我形态本能地对将带来乐趣的旅游感兴趣时，父母自我形态和成人自我形态通常更谨慎，并对外出旅游抱有怀疑，特别是父母自我形态是个人见解和偏见的主要来源，它很可能对因乐趣而花钱旅游持反对意见，只有教育上和文化上的益处，地位、声望等方面的需求，才会激发出父母自我形态的旅游动机。

成人自我形态也会产生旅游动机，例如，出于健康等方面的考虑。

父母自我形态和儿童自我形态的观点经常相左，这时成人自我形态便充当了仲裁人的角色，成人自我形态既考虑有关旅游的分歧，也力图做出合理的、客观的决定，也就是说，成人自我形态的作用就是合理地做出旅游决策。因此，一个有效的旅游广告或宣传要涉及三种自我形态中的每一种自我形态的需求。

首先，要用富有诱惑力的广告宣传吸引儿童自我形态，激发旅游动机和旅游欲望。例如，宣传广告要向人们展示钓鱼、打猎、冲浪、游览等多种娱乐活动。然后，广告要满足父母自我形态，并促使其同意让儿童自我形态尽情娱乐。这就需要做好属于父母自我形态的旅游动机的工作，最好可以借助广告激发父母自我形态中涉及教育、学习、关心、爱护等的需求。最后，广告要迎合成人自我形态的需求，着重宣传诸如旅行费用低廉、时间安排合理、旅行安全有保障等特点。

总之，如果一个人想旅游，并且想从中得到快乐，儿童、父母、成人三种自我形态都必须得到适当的满足。因此，不要把每个旅游者当作一个整体的人，而是要把旅游者当作一个由三个独立的、不同个性成分组成的人来考虑，这样才能更好地理解自我形态与旅游决策的关系。

第二节　气质与旅游倾向

一、气质的界定

在现实生活中，有的人活泼好动，有的人平稳安静，还有一些人则胆小畏缩，这些与生俱来的差异就是心理学中所说的气质上的差异。

所谓气质，就是表现在心理活动的强度、速度、灵活性和指向性等方面的一种稳定的心理特征，气质与性格、能力共同构成了一个人的个性心理特征。气质的差异性体现在人的认识、情感、言语、行动中，主要表现在心理活动发生时情绪体验的强弱、意志力的大小、注意力集中时间的长短、知觉或思维的快慢、外部表现的隐显等方面。

人的气质差异是先天形成的，不易改变，没有好坏之分，受神经系统活动过程的特性制约。不同的气质给人的言行加上了不同的色彩，但是气质不能决定一个人的社会价值，也不直接具有社会道德的评价含义。任何气质的人，只要通过自身努力，都有可能在不同的领域取得成就。应当注意的是，某种气质的人更容易形成某种性格，性格可以在一定程度上掩饰、改变气质。

二、气质的类型

关于气质类型的研究，主要有四体液病理学说、高级神经活动说、气质模型说、血型说、体质说等。

早在公元前 5 世纪，古希腊医师希波克拉底就提出了四体液病理学说。他认为，人的体内有四种体液：血液、黏液、黄胆汁和黑胆汁，如果这四种体液协调，人就健康，否则人就会生病。根据这四种体液在人体中的比例，可将人的气质划分为四种基本类型：多血质、黏液质、胆汁质和抑郁质。多血质的人，体液比例中血液占优势，黏液质的人黏液占优势，胆汁质的人黄胆汁占优势，抑郁质的人黑胆汁占优势。

人们习惯用四体液病理学说来描述一个人的气质类型和表现特征，但是在现实生活中，单纯属于其中某一气质类型的人并不多，大多数人的气质类型是兼而有之的。有些人是两种气质的混合型，如多血质—胆汁质型、抑郁质—黏液质型，有些人则是三种或四种气质的混合型。

气质类型与个体行为特征如表 5-4 所示。

表 5-4 气质类型与个体行为特征

气质类型	神经活动特点	神经类型	行为特征
多血质	强、平衡、灵活	活泼型	活泼、好动、敏感、反应迅速、喜欢与人交往，但做事缺乏持久性，注意力容易转移
黏液质	强、平衡、不灵活	安静型	安静、稳重、坚毅、反应迟缓、善于克制、情绪不易外露，但容易冷漠、固执、缺乏灵活性
胆汁质	强、不平衡	兴奋型	直率、热情、精力旺盛、容易兴奋，但自我控制能力较差、容易冲动、感情用事、心境变化剧烈
抑郁质	弱	抑制型	孤僻、行动迟缓、敏感多疑、感情脆弱，但想象力丰富、踏实稳重、细心、守纪律、善于观察细节

伊万·彼得罗维奇·巴甫洛夫是俄国著名的生理学家、心理学家和高级神经活动说的创始人。巴甫洛夫从高级神经活动的特点来分析人的气质，他在研究动物的条件反射时，发现大脑神经系统有三个基本特性：强度、灵活性和平衡性。强度是指神经细胞接受强烈刺激的能力或持久工作的能力和耐受力；灵活性是指兴奋过程或抑制过程相互转换的速度；平衡性是指兴奋过程和抑制过程的相对力量大体相同。巴甫洛夫根据三个基本特性的不同组合，将高级神经活动分为四种基本类型，即活泼型、安静型、兴奋型和抑制型，分别与希波克拉底的四种气质类型相对应，四种气质类型即四种基本的高级神经活动类型的行为表现。

三、气质类型与旅游行为

在旅游活动中，不同旅游者具有不同的气质类型，并通过言行举止表现出来。通过分析不同气质类型的旅游者与其行为之间的关系，可以更好地提供个性化的旅游产品和服务。

（一）多血质旅游者

多血质的旅游者活泼好动，比较喜欢参与刺激性强、花样多的活动。他们乐观开朗，对人热情大方，喜欢与他人交往，并能够很快与他人熟悉起来。他们思维敏捷，理解能力强，反应快，比较感性，对各种新闻很感兴趣。但是这种旅游者的感情多变，和他人结成的友谊比较短暂，也不深厚，会给人留下浮躁、缺乏耐性的印象。

在旅游过程中，面对这类旅游者，旅游从业人员应该尽可能地多与其沟通，不能对他们置之不理，但交谈时尽量语句简洁、重点鲜明，否则他们会不耐烦。旅游从业人员在活动中向他们尽量多介绍特色饮食，为他们配备的食谱要有变化，并将旅游目的地的娱乐活动和项目主动介绍给他们。

（二）黏液质旅游者

黏液质的旅游者喜欢清静，很少发脾气，自制力较强，做事有条不紊，生活非常有规律。他们感情很少外露，也不会主动与他人交谈，不容易受感动，对新的环境不容易适应，具有“怀旧”情结，反应比较迟缓。

这类旅游者属于习惯型的顾客，在旅游过程中，旅游从业人员要将他们尽量安排在安静的客房，与他们交谈时注意语速，尽量讲话慢一点，在他们点菜、购物过程中，应当允许他们做比较和进行稍长时间的考虑。

（三）胆汁质旅游者

胆汁质的旅游者对人热情，精力充沛，喜欢与他人交往，讲话直率，语速比较快，喜欢与他人争论，爱打断别人的讲话。他们的喜怒哀乐经常会表露在外，表现得非常活跃，但这种类型的旅游者比较冲动、易感情用事，他们通常比较粗心，容易遗失东西。

在旅游活动中，旅游从业人员尽量不要与这类旅游者发生言语冲突，也不要过于计较他们有时不顾后果的行为或言语，为他们办事时速度尽可能快一点，并在吃饭、入住或出游活动中，适时地提醒他们不要遗留物品。

（四）抑郁质旅游者

抑郁质的旅游者往往敏感、多疑、沉默寡言，自尊心很强，情感很少外露，不喜欢主动与人交往，通常不合群或很羞涩，但是他们心思非常细腻，想象力丰富，情感体验深刻，能注意到一般人不易发现的细节，这种类型的旅游者与他人讲话时语速较慢，反应较迟缓。

在旅游活动中，旅游从业人员要注意尊重他们，主动关心他们，与他们交谈时要清楚明了，不要流露出不耐烦的表情，不要乱开玩笑，以免引起他们的误会和猜忌。一般应把这类旅游者安排在比较清静的单间休息，在出游活动临时调整时，旅游从业人员要耐心解释原因，当他们生病或出现其他意外情况时，旅游从业人员要给予他们特别的关注。

案例分析

如何面对不同气质类型的游客

在出游过程中，习惯上将旅游者按照“二分法”分为“内向型”和“外向型”两类。以爬长城为例，如果不考虑身体方面的原因，第一次爬长城的旅游者会分成两部分：很快就走到前面去的是外向型的，慢慢地走在后面的是内向型的。要注意的是，这里不是以旅游者所达到的高度为标准，而是以旅游者爬长城的速度为标准。要注意旅游者可能有“逆向表现”，就是与平时的表现正好相反。比如，有的人平时不爱说话，不喜欢运动，在旅游中却很喜欢说话，很喜欢动作幅度比较大的活动。

不管用哪种分类方法，都要考虑旅游团队中有没有出现“帮派”，有“帮派”时，不太容易看出旅游者的气质。例如，爬长城时如果“帮派”中外向型的旅游者居多，这些旅游者就会一起跑在前面，但其中也可能有少数旅游者属于内向型；同样，如果“帮派”中内向型的旅游者居多，这些旅游者就会一起走在后面，但其中也可能有少数旅游者属于外向型。在这种情况下，要比较准确地判断旅游者的气质类型，就需要从多方面综合考察。

分析： 气质是人的比较稳定和典型的、反映心理活动的强度、速度、灵活性和指向性的心理特征。我们主要通过观察行为和情绪来判断人的气质。在社会关系稳定、社会角色明确的条件下，人们为了适应社会，有可能改变自己的行为方式，掩盖自己真正的气质，而表现出某种“伪装”的气质。但是，在旅游团特有的群体条件下，旅游者的行为容易表现出他们真正的占主导的气质类型。气质主要与人的生理特点直接有关，不同国家、地区，不同民族，不同语言，不同文化程度的人群中都存在相同的气质类型。导游应该让自己的工作与旅游者的主导气质基本吻合，做到因人制宜，事半功倍。

本章小结

本章主要阐述了个性的概念、特征、影响个性形成的因素，以及旅游者个性中有关气质的内容，系统分析了个性、生活方式、个性结构以及气质类型与旅游行为的关系。

个性是由个人不同于他人的那些稳定的行为特征组成的，人的行为是一种复杂的现象，个性等因素以多种方式对人的旅游行为产生影响。研究个性特征的方法以个人对自己所在环境中重复出现的刺激的反应方式为重点。按照个性类型，可以将旅游者划分为精神中心型和异中心型。不同个性类型的旅游者会偏爱不同的旅游目的地。自我概念法是另一种说明个性如何影响旅游行为的方法。此外，不同的生活方式和个性结构也能够帮助我们更好地理解个性与旅游行为的关系。

气质是指人的心理活动中稳定的心理特征。按照四体液病理学说的观点，可以将人的气质分为多血质、黏液质、胆汁质和抑郁质四种类型。高级神经活动说则将人的气质分为活泼型、安静型、兴奋型和抑制型。人们一般习惯于用四体液病理学说来描述一个人的气质类型和表现特征。

复习思考题

一、判断题

1. 个性是一种复杂的心理现象，客观地存在于每个人的身上。（ ）
2. 个性结构是多层次、多侧面的，主要包括个性心理倾向和个性外在表现。（ ）
3. 个性兼有独特性和共同性，形成了一个人复杂的心理面貌。（ ）
4. 一个人在某种场合偶然表现出对他人冷淡、缺乏关心的态度，我们就可以认为这个人是自私、冷酷的人。（ ）
5. 影响个性形成的因素主要包括遗传、社会环境、教育、个体主观能动性等。（ ）
6. 精神分析论的主要代表人物是弗洛伊德和埃里克森。（ ）
7. 在旅游活动中表现为性情急躁、粗心大意的人属于多血质的旅游者。（ ）
8. 安静型的旅游者喜欢登山活动。（ ）
9. 精神中心型的旅游者一般愿意去那些比较偏僻、不为人知的地方旅游，对新奇的事物有着强烈的渴望。（ ）
10. 个性心理特征包括性格、气质、动机等。（ ）

二、单项选择题

1. 个性的特征不包括（ ）。

A. 整体性　　B. 独特性
C. 复杂性　　D. 稳定性

2. （ ）是个性形成不可缺少的影响因素。

A. 遗传　　B. 社会环境
C. 教育　　D. 个体主观能动性

3. 帕金斯曾把（ ）比喻为“制造人格的加工厂”。

A. 学校　　B. 家庭
C. 社会　　D. 集体

4. 对个性的形成起决定性作用的内因是（ ）。

A. 遗传　　B. 社会环境
C. 教育　　D. 个体主观能动性

5. （ ）旅游者精力充沛、活跃、有进取心、善于交际，对新的经历充满了兴趣。

A. 安宁型　　B. 交际型

C. 历史型　　D. 探奇型

6. 从气质的类型来看，多愁善感的林黛玉属于（　　）。

A. 胆汁质　　B. 抑郁质

C. 多血质　　D. 黏液质

7. 俗话说：“江山易改，本性难移。”这说明气质具有（　　）。

A. 可塑性　　B. 稳定性

C. 两重性　　D. 先天性

8. 在旅游者的气质类型中，活泼型相当于（　　）。

A. 多血质　　B. 黏液质

C. 胆汁质　　D. 抑郁质

9. 黏液质气质类型的人的主要行为特征的是（　　）。

A. 热情、果敢、精力充沛　　B. 执拗、冷淡、动作迟缓

C. 安静、稳重、克制　　D. 活泼、机敏、感情丰富

10. （　　）是表现在心理活动的强度、速度、灵活性和指向性等方面的一种稳定的心理特征，与性格、能力共同构成了一个人的个性心理特征。

A. 气质　　B. 个性

C. 心情　　D. 态度

三、简答题

1. 什么是个性？影响个性形成的因素有哪些？
2. 简述奥尔波特个人特质的三种类型。
3. 简述弗洛伊德的人格结构理论。
4. 一个人的生活方式与旅游行为有什么关系？
5. 个性类型与旅游行为有什么关系？
6. 四种气质类型的人各表现出怎样的行为特征？
7. 根据旅游者的不同气质类型，旅游从业人员应该在旅游活动中注意哪些问题？

四、论述题

1. 联系旅游实际，说明个性结构中的三种自我形态对旅游决策的影响。
2. 试分析埃里克森的人格理论。

五、案例分析题

某天晚上八点多，一位美国客人到某酒店餐厅吃饭。这位客人坐下后，不断和服务员交谈，让服务员给他介绍有什么好吃的。客人对周围的一切都非常好奇，不是欣赏花瓶、餐具，就是研究筷子架，还让服务员教他如何使用筷子。最后，他点了一道中式牛柳和一道青菜。很快，菜就上齐了。客人把牛柳摆在面前，迫不及待地吃了起

来。只见他将一块牛柳放在嘴里嚼了几下，就吐在了骨碟上，接着又吃了几块，都是如此。这时，客人无可奈何地擦了擦嘴，招手让服务员过来。当服务员走到他面前时，他非常幽默地说："小伙子，你们这里的牛一定比我爷爷还老，你看看，我的嘴对此非常不高兴，它对我说能否来一点它感兴趣的牛柳呢？"说完，客人就笑眯眯地望着服务员，等候服务员的回答。服务员说了声对不起，并请客人稍等一会儿，便立即去找主管。主管来了以后对这位客人说："此菜是本酒店奉送的，免费。"主管说完就走开了。这位客人结账时对服务员说："看来今晚要麻烦送餐部了。"

问题：

1. 案例中的美国客人属于哪种气质类型？请从案例中找出根据来。
2. 假设客人是其他三种气质类型的人，他们可能会怎样对待牛柳不好吃这件事？

六、实训题

陈会昌气质测验60题

下面这份问卷是我国心理学家陈会昌编制的气质测验问卷，共计60题，可以帮助测验者大致确定自己的气质类型。在回答这些问题时，认为很符合自己情况的记2分，比较符合的记1分，介于符合与不符合之间的记0分，比较不符合的记-1分，完全不符合的记-2分。

1. 做事力求稳妥，不做没把握的事。
2. 遇到可气的事就怒不可遏，把心里话说出来才痛快。
3. 宁肯一个人做事，不愿很多人在一起。
4. 到一个新环境很快就能适应。
5. 厌恶那些强烈的刺激，如尖叫、噪声、危险的情境等。
6. 在和人争吵时，总是先发制人，喜欢挑衅。
7. 喜欢安静的环境。
8. 善于和人交往。
9. 羡慕那种能够克制自己情感的人。
10. 生活有规律，很少违反作息规律。
11. 在多数情况下，情绪是积极的。
12. 碰到陌生人就会很拘束。
13. 遇到令人气愤的事，也能很好地克制自我。
14. 做事总是有很旺盛的精力。
15. 遇到问题常常举棋不定，优柔寡断。
16. 在人群中从不觉得过分拘束。
17. 情绪高昂时，觉得什么都有趣，情绪低落时，又觉得干什么都没意思。
18. 当注意力集中于一件事时，别的事很难使我分心。

19. 理解问题总比别人快。
20. 碰到危险情境，常有一种极度的恐惧感。
21. 对学习、工作、事业抱有很高的热情。
22. 能够长时间做枯燥、单调的工作。
23. 符合兴趣的事情干起来劲头十足，否则就不想干。
24. 一点小事就能引起情绪波动。
25. 讨厌做那些需要耐心的工作。
26. 与人交往不卑不亢。
27. 喜欢剧烈活动。
28. 感情细腻，喜欢描写人物内心活动的文艺作品。
29. 工作、学习时间长，常常感到厌倦。
30. 不喜欢长时间讨论一个问题，愿意实际动手干。
31. 宁愿侃侃而谈，不愿窃窃私语。
32. 别人说我总是闷闷不乐。
33. 理解问题常比别人慢。
34. 疲倦时只要做短暂的休息就能精神抖擞，重新投入工作。
35. 心里有事时宁愿自己想，不愿说出来。
36. 认准一个目标就希望尽快实现，不达目的誓不罢休。
37. 学习或工作同样一段时间后，常常比别人更疲倦。
38. 做事情有些莽撞，常常不考虑后果。
39. 老师或师傅讲授新知识和技术时，总希望他讲得慢些，多重复几遍。
40. 能够很快地忘记那些不愉快的事情。
41. 做作业或完成一项工作总比别人花的时间多。
42. 喜欢运动量大的体育活动，或者喜欢参加各种文娱活动。
43. 不能很快地把注意力从一件事情转移到另一件事情上。
44. 接受一项任务后，希望迅速完成它。
45. 认为墨守成规要比冒风险强。
46. 能够同时注意几件事物。
47. 当我烦闷的时候，别人很难使我高兴起来。
48. 爱看情节跌宕起伏、激动人心的小说。
49. 对工作抱有认真严谨、始终一致的态度。
50. 和周围人的关系不好。
51. 喜欢复习学过的知识，重复做已经掌握的工作。
52. 希望做变化大、花样多的工作。
53. 小时候背过的诗歌，我似乎比别人记得清楚。

54. 别人说我“出语伤人”，可我并不觉得这样。
55. 在体育活动中，常因反应慢而落后。
56. 反应敏捷，头脑机智。
57. 喜欢有条理而不甚麻烦的工作。
58. 兴奋的事常使我失眠。
59. 常常听不懂老师讲的新概念，但是弄懂以后就很难忘记。
60. 假如工作枯燥无味，马上就会情绪低落。

计算方法

胆汁质：第2、6、9、14、17、21、27、31、36、38、42、48、50、54、58题得分之和。

多血质：第4、8、11、16、19、23、25、29、34、40、44、46、52、56、60题得分之和。

黏液质：第1、7、10、13、18、22、26、30、33、39、43、45、49、55、57题得分之和。

抑郁质：第3、5、12、15、20、24、28、32、35、37、41、47、51、53、59题得分之和。

（1）分别计算出4种气质类型的得分，如果某种气质类型的得分明显高于其他3种，且均高出4分以上，则可定义为该气质类型，如果该气质类型得分超过20分，则为典型型，如果分数在10~20分，则为一般型。

（2）如果两种气质类型得分接近，分值差距低于3分，且该两种气质类型得分明显高于其他两种，并高出4分以上，则可以定义为两种气质类型的混合型。

（3）如果3种气质类型得分均高于第4种，而且该3种气质类型得分接近，则可以定义为3种气质类型的混合型。

第六章　旅游者的情绪与情感

案例导入

某旅行社导游小路带团时很少有游客投诉，还常常收到表扬信。一位同行跟团观察发现，小路带团的诀窍并不在于景观的介绍，而在于她和游客的交往。在一次带团时，有位老先生咳嗽了一声，小路赶紧上前去问老先生是不是感冒了，要不要去医院看一看，小路关切地询问使老先生很感激，周围的几位游客也向小路投来赞赏的目光。不久，旅行社又收到老先生寄来的表扬信。

思考：小路赢得游客认可的主要原因是什么？

学习目标

1. 了解旅游者在旅游活动中的情绪与情感反应，理解情绪与情感对旅游行为的重要影响。

2. 掌握影响旅游者情绪与情感的因素，学会将激发与调控旅游者情绪与情感的一般原理和方法运用于具体的旅游实践之中。

本章重点、难点

1. 情绪与情感的概念、区别与联系。
2. 情绪与情感的外在表现。
3. 影响旅游者情绪与情感的因素。
4. 旅游者情绪与情感的特征。
5. 情绪与情感对旅游行为的影响。

本章重点概念

情绪与情感：是人对客观世界的一种特殊的反应形式，是人对客观事物是否符合并满足自己的需求而产生的态度和体验。

激情：是一种猛烈的、迅速爆发而时间短暂的情绪状态。

心境：是一种平静而又持久地影响人整个精神活动的情绪状态。

应激：是出乎意料的紧张情况所引起的情绪状态。

热情：是一种强有力的、稳定而深刻的情感体验。

道德感：是关于人的举止、行为、意图、思想等符合社会道德行为标准和客观的社会价值而产生的情绪体验。

理智感：是人在智力活动过程中所产生的情感。

美感：是人对客观事物的美的体验。

社会中的人们，每时每刻都在体验着由自身的生理变化和外部客观世界的刺激引起的内心世界的喜悦、得意、悲哀或悔恨等感受，同时人们常观察别人的快乐、愤怒、忧虑或烦恼等情绪与情感的反应。人们在心情愉快的时候能保持较高的工作效率；而恼怒、忧虑会使人丧失信心。因此，学习和研究情绪与情感对于旅游从业人员具有十分重要的现实作用与理论意义。

第一节　情绪与情感概述

一、情绪与情感的概念、区别与联系

（一）情绪与情感的概念

一般认为，情绪与情感是由客观事物是否符合并满足人们的需求而产生的，是人对事物的态度和体验。它反映了客观事物与主体需求之间的关系：能够满足人的需求的事物，会使人产生满意的情绪与情感；不能满足需求的事物，会使人产生否定的情绪与情感。可见情绪与情感是指人对客观世界的一种特殊的反应形式，是人对客观事物是否符合并满足自己的需求而产生的态度和体验。

人之所以对客观现实是否符合自己需求产生态度和体验，是因为在人与客观事物接触的过程中，客观现实与人的需求之间形成了不同的关系。例如，清新的空气、悦耳的歌声、高尚的品德等符合人的需求，使人产生趋向于这些事物的态度，从而产生满意、愉快、喜爱、赞叹等情绪与情感的体验；卑鄙自私、庸俗虚伪、凶恶狠毒等不符合人的需求，使人产生背向于这些事物的态度，从而产生不满意、烦恼、忧虑、厌恶等情绪与情感的体验。

在现实生活中，并不是所有事物都可以使人产生情绪与情感。人们每天都要接触很多事物，其中有些事物会引起我们的爱好与厌恶的情绪与情感，有些事物与我们的需求无关，对我们来说既不讨厌也不喜欢。因此，与人们的需求有关的事物才能引起情绪与情感。

(二) 情绪与情感的区别与联系

尽管有学者主张把这种感情现象统一用“情绪”一词来表述，因为对情绪与情感做出严格区分比较困难，但大多数学者还是将两者作了区分。

首先，情绪与生理需求相联系。情绪是因生理性的需求（如饮食、御寒、运动、休息、躲避危险等）是否得到满足而产生的态度和体验；而情感则是因社会性需求（如对社会的贡献、道德的需求、尊重的需求等）是否得到满足而产生的态度和体验。情感是人类所独有的。

其次，情绪具有较大的情境性、短暂性。情绪是不断变化的，如欣喜若狂、暴跳如雷等，往往随情境或一时的需求而发生，也随着情境的变化和时间的延续而较快地减弱或消失。情感具有稳定性、深刻性，如一个人对祖国的热爱、对英雄的崇敬、对亲人的依恋等属于情感反应，它一旦形成，就比较持久、稳定、深刻。值得注意的是，一旦情境发生改变，情绪会很快消失，而情感是对事物的一种稳定态度，其稳定性与持久性一般不会因环境变化而改变。

再次，情绪带有更多的冲动性和外显性，并伴随着有机体的变化。如高兴时喜笑颜开、悲伤时痛哭流涕、愤怒时虎目圆睁、发愁时唉声叹气等，这都是情绪的外在表现。当比较强烈的情绪发生时，人的身体内部各项生理指标也会发生变化，如人在紧张愤怒的情况下，呼吸急促、心跳加快、血压升高等。而情感比较深沉、内隐，从表面很难观察到，它始终在意识支配的范围内进行。情感的产生是与对事物的深刻认识相联系的，很少有冲动性。

最后，在人的生长过程中，情绪出现在前，情感表现在后。婴儿出生后就产生了情绪反应，而情感是随着婴儿与外界社会的接触慢慢发展起来的，最早的情感应该是婴儿对母亲的依恋，以后随着个体的发展，情感的内容逐渐丰富。

情绪与情感的区别是相对的，它们是同一性质的心理活动，在实际生活中常常紧密地联系在一起。一方面，情绪是情感的外在表现，离开具体的情绪表现，人们的情感也就无从表达。如友谊有时表现为对朋友或同事取得的进步和成绩而欢欣鼓舞，这说明情感是从情绪的反映中表现出来的。另一方面，情绪的变化受情感的倾向性、深刻性制约，那些与人的生理需求相联系的情绪有时会因情感的社会内容而改变原始的表现形式。如在登山旅游过程中一些男士虽然存在尽快登上顶峰的心思，但是会主动把女士和孩子的旅游行李揽到自己身上，这种崇高的责任感、友谊感、集体感改变了人们在负重攀登中的原始表现形式。

人的任何情绪与情感的产生总是在认识的前提下产生并得到强化的，世界上绝没有无缘无故的恨，也绝没有无缘无故的爱。在人际交往和社会生活中，人们通过彼此接触了解才体验到各种情绪与情感的变化，产生各种相对应的情绪与情感反应。如婴儿看到妈妈在亲他或逗他，一般总是表现出特别的兴奋与愉快。因此，人在对外界事物的感知中体验到自己的需求，并在需求的引导下表现并发展着自己的情绪与情感。

（三）情绪与情感的两极性

任何事物总有正反两个方面，对立统一规律是自然、社会和思维发展变化的基本规律，情绪与情感也不例外，其两极性具体有如下几个方面的表现。

1. 肯定与否定的对立

快乐与悲哀、爱与恨总是相伴而生，且存在各种形式，因而肯定与否定之间没有绝对的排斥与对立，往往可以在同一个人心里或同一件事情的态度上相继或同时出现，如一个年轻的母亲对于孩子的说谎行为，一是表现为强烈指责，二是存有深沉的母爱与关怀。

2. 积极与消极的对立

健康愉快的情绪与情感可以提高人的活动能力，使人干劲倍增、心旷神怡，而愁苦伤感的情绪与情感往往使人萎靡不振、不思进取。另外，不同的人在不同的情况下也有不同的表现，失恋的痛苦可能使一个人丧失生活的信心而自怨自艾，也可能使一个人变得坚强刚毅，更加热爱生活。

3. 紧张与轻松的对立

一般而言，某项活动或任务对人越重要，人的情绪与情感就显得越紧张与忧虑，如考试、冒险、竞技比赛等。紧张程度与一个人的心理素质有直接关系，心理素质越差越容易被情绪与情感的反应所左右，而越强则越能较好地控制紧张的情绪与情感。在生活中，紧张感是无法避免的，适度的紧张对人的行为会产生积极作用，但过度的紧张则对人的行为有负面影响，会影响一个人的应激水平，妨碍活动的顺利进行。

4. 激动与平静的对立

激动的情绪与情感和紧张的情绪与情感的反应有所不同，其在表现上往往十分强烈且多具爆发性，存在的时间也较短暂。如欣喜若狂、痛心疾首、悲痛难抑等反应是比较强烈的，但持续的时间不能过长，否则有害于身心健康。此类情绪与情感，大多与事情的重要性有关，一旦自己长久以来的梦想得以实现或出现了与自己愿望相反的结果，人就无法控制自己剧烈的情绪与情感，从而导致各种近似反常的行为出现。

5. 强与弱的对立

很多类别的情绪与情感有强弱的变化，如从愉快到狂喜，从微愠到暴怒，从担心到恐惧等。情绪与情感的强度越大，整个自我被情绪与情感卷入的趋向就越大。情绪与情感的强度取决于引起情绪与情感的事件对人的意义以及个人的既定目的和动机是否能够实现和达成。

二、情绪与情感的分类

情绪与情感作为对事物的一种反应形式，构成了人与客观世界之间关系的丰富多样性。根据不同的划分标准，有如下分类。

（一）根据性质分类

1. **快乐**

快乐往往是盼望的目的达到后随之而来的紧张解除时的情绪与情感体验。快乐的程度取决于愿望满足的程度，目的突然达到和紧张一旦解除便会引起巨大的快乐。快乐有不同的程度，如满意、愉快、狂喜等。

2. **愤怒**

愤怒是由于遇到与愿望相违背的情况或愿望不能达到并一再受到妨碍而逐渐积累的紧张所产生的情绪与情感体验。它可以历经轻微不满—生气—怒—激愤—大怒。特别是在所遇到的挫折是人为恶意造成的时，愤怒最容易发生。如旅游行程中交通工具出故障，飞机、火车晚点等，如果不及时处理，可能会导致旅游者情绪激化，引起旅游者的愤怒。

3. **恐惧**

恐惧是企图摆脱、逃避某种情景的情绪与情感体验。恐惧往往是由缺乏处理或摆脱可怕情景或事物的力量或能力造成的。例如，熟悉的情景发生了变化，失去了掌握和处理它们的办法时，就会产生恐惧。奇怪、陌生也可能引起恐惧。比如，一个人到人迹罕至的地方去探险，中途迷路或遇到可怕的情景，就会引发恐惧。

4. **悲哀**

悲哀是指所热爱的事物失去以及所盼望的东西幻灭时产生的情绪与情感体验。悲哀的强度依存于失去的事物的价值。悲哀所带来的紧张的释放会产生哭泣。悲哀按其程度表现为遗憾、失望、难过、悲伤、哀痛。

5. **喜爱**

喜爱是指对象满足需求后产生的情绪体验。很多事物可以成为人们喜爱的对象。喜爱表现为接近、参与、欣赏或获得。

（二）根据发生的强度、速度、持续时间分类

1. **心境**

心境是一种平静而又持久地影响人整个精神活动的情绪状态，如心情舒畅、闷闷不乐、烦躁不安等。当一个人产生某种心境后，他往往会以同样的情绪与情感看待一切事物，他的言语、行动、思想和所接触的事物都染上同样的情绪与情感色彩。例如，当心情舒畅时，说起话来和颜悦色，做起事来轻快利落，遇到什么事情都感到满意；当闷闷不乐时则觉得一切东西都笼罩着一层“灰色”情调。“忧者见之而忧，喜者见之而喜”“感时花溅泪，恨别鸟惊心”，这些都是心境的表现和写照。可见心境不仅具有特定的对象性，而且有扩散的特点。

引起心境变化的原因多种多样。工作或学习的顺利与否，人际关系的和谐与否，事业的成败，健康状况，甚至自然环境的影响，都可能成为引起某种心境的原因。过去的片段回忆、无意间的浮想有时也会导致与之相联系的心境重现。虽然人并不能清楚地意识到引起心境变化的每一个原因，但它总是由一定的原因引起的。

心境对人的生活有很大的影响。积极、良好的心境有助于主观积极性的发挥，提高工作、学习效率；消极、不良的心境会使人厌烦、消沉、郁郁寡欢，妨碍工作，影响身心健康。因此，克服消极的心境是很有意义的，它与性格和意志的培养有关，是个性修养的组成部分。

案例分析

生理状态对情绪的影响

两位英国心理学家设计了一个试验。有三个温度不等的房间：热室，室温33℃，使人感到较热；正常气温室，室温20℃左右；冷室，室温7℃左右。将自愿受试者分别安置在三个房间中，然后对他们提出一系列问题，并要求他们以书面形式回答，当受试者回答完问题后，由一个十分挑剔的主考人员通过一扇大窗对他们的答案做出评价，包括带有侮辱性的、讽刺性的评价。每个房间都装有一个电动按钮，受试者被告知，若按电钮，主考人员将会受到电击，以此对主考人员进行惩罚，实际上电钮只是连接着一架录有人的惨叫声的录音机。结果热室的人不停地按电钮，甚至不管主考人员的评价是好还是坏；冷室的人只对做出不公正评价的主考人员按电钮；正常室温的人没有进行任何报复行为。

分析：这个试验说明，人的情绪是受其生理状态影响的，如果生理上不舒服或痛苦，则容易产生负面情绪。

2. 激情

激情是一种猛烈的、迅速爆发而持续时间较短的情绪状态。如暴怒时，拍案大叫，暴跳如雷，火冒三丈；恐惧时，毛骨悚然；狂喜时，捧腹大笑，手舞足蹈；绝望时，心灰意懒，头脑昏沉。暴怒、恐惧、狂喜、绝望等情绪会突然而来，但持续时间较短。激情总是伴随有明显的生理变化和明显的外部表现。

激情往往是那些对人有重大意义的强烈刺激引起的，而且这些强烈刺激的发生常常出乎人的意料。在激情状态下，人的认识活动范围往往会缩小，被引起激情体验的认识对象所局限，理智分析能力受到抑制，自我控制的能力减弱，往往不能约束自己的行为，不能正确评价自己行动的后果和意义。激情有积极的和消极的两种。消极的激情对机体活动具有抑制作用或会引起冲动行为；而积极的激情与理智和坚强的意念相联系，它能激励人们克服艰险，成为行动的巨大动力。

3. 应激

应激是出乎意料的紧张情况所引起的情绪状态。在突如其来的危险条件下，在必须迅速地、几乎没有选择余地地做出决定的时刻，容易出现应激状态。例如，司机在驾驶过程中遇到危险情况时，或人们在遇到巨大的自然灾害时，需要在一瞬间迅速地判断情形，做出决定。在应激状态下，人们可能有两种表现：一种是使活动得到抑制或完全紊乱，突如其来的刺激可能使人做出不完全适应的反应，甚至可能发生感知、记忆的错误；另一种是在一般的应激状态下所表现的情绪状态，即把各种力量集中起来，应对眼下的境况，这时思维特别清晰、明确。

案例分析

负面情绪对健康状况的影响

国外有一位学者做过这样一个实验：他把同胎所生、健康状况良好的两只羊羔放在两种不同的环境中。一只羊羔旁边拴一只恶狼，让这只羊羔一天到晚总是感到自己周围有威胁，结果这只羊羔处于极度的恐惧状态下，寝食难安，日渐消瘦，不久就夭折了；另一只羊羔则在正常的环境中生活，旁边没有任何威胁，它一直活得很健康。

分析：负面情绪对健康状况有较大影响。

4. 热情

热情是一种强有力的、稳定而深刻的情感体验。它控制人的整个身心，影响人的整个思想行为，是鼓舞人们行动的巨大力量。热情总是与明确的目的性和积极的行动紧密联系，它强有力地鼓舞人们从事某种活动，并对这种活动产生满意愉快、积极肯定的情感，它具有一种稳定而深厚的持续性。因此，热情能使人坚持不懈地去完成艰巨的任务。

（三）根据社会性需求分类

情感是在人类社会历史发展过程中形成的高级社会性情感。人的情感多种多样，主要包括道德感、理智感和美感。

1. 道德感

道德感是关于人的举止、行为、意图、思想等符合社会道德行为标准和客观的社会价值而产生的情绪体验。在社会生活中，人们认识、理解、掌握道德规则，并把它内化成个人的道德需求，当体验到情感对象和道德需求间的关系时，才能逐步形成稳定的道德感。例如，当自己的言行符合社会道德标准时，就会感到愉快、舒畅，反之，就会感到内疚和不安。当看到别人的言行符合社会道德标准时，就会对他肃然起敬，反之就会蔑视和愤怒。

2. **理智感**

理智感是人在智力活动过程中所产生的情感。它是和人的认识活动、求知欲、认识兴趣的满足以及对真理的探求相联系的。在人认识世界的过程中，理智感的表现形式是多种多样的。例如，对新异对象的好奇感，对不理解事物的怀疑感与惊讶感，做出判断时因所需证据不足而感到的不安感等，都属于人的理智感。

3. **美感**

美感是人对客观事物的美的体验。它是人根据自己的审美标准对外界事物做出评价时而产生的一种肯定、满意、愉快、爱慕等的情感。美感是由一定的对象引起的，美感的对象包括自然界的事物和现象、社会生活和社会现象以及各种艺术活动和艺术品。如大自然的美景使人心旷神怡，喜剧艺术使人在笑声中享受美的欢乐，悲剧艺术使人在悲哀痛苦的同时享受特有的凄美之感。美感是人对对象的一种主观态度，因而随个人需求、立场、观点不同以及客体和主体的关系不同，其体验也就不同。旅游是一种综合性的审美活动，能极大地满足旅游者的审美需求。虽然旅游者在文化背景、文化水平、社会地位及生活阅历等方面存在较大差异，但其审美心理总是伴随旅游活动的全过程。

三、情绪与情感的生理机制与外在表现

了解情绪与情感的生理机制是了解人类情绪产生的途径之一，对于把握人类情绪与情感的产生和变化以及表达方式具有重要的借鉴价值。多年来，一些生理学家与心理学家基于情绪与情感的外部反应及其与自主神经系统的联系，进行了许多研究，建立了许多学说。

（一）情绪与情感的生理机制

关于情绪与情感的生理机制，形成了以下几种理论。

1. **詹姆斯—朗格情绪理论**

美国心理学家詹姆斯（William James，1842—1910）和丹麦生理学家朗格（Carl Georg Lange，1834—1900）各自独立地分别于1884年和1885年提出了观点基本相同的理论，后来被人们称为詹姆斯—朗格情绪理论。詹姆斯把机体变化说成是产生情绪的原因。按照一般的说法：人哭是因为伤心，笑是因为快乐，战栗是因为恐惧。詹姆斯对情绪的解释却持相反的观点，他认为，我们悲伤，因为我们哭泣；我们恐惧，因为我们战栗；我们高兴，因为我们发笑。在詹姆斯看来，哭泣、战栗、发笑就是产生情绪的原因。

朗格的情绪理论基本上与詹姆斯的说法一致，不过朗格特别强调循环系统，如心跳等，他认为情绪是一种内脏反应。简单地说，朗格认为，从感受器到大脑皮层（如

看见老虎，知道是老虎，会联想到老虎可能吃人等），这只是认识。而由此引起的骨骼肌收缩（如逃跑、上树等）和内脏、腺体的变化，通过内导神经再传回大脑皮层，才有了情绪的体验或情绪的意识。他以饮酒和药物的作用为例，说明这些因素之所以引起人的情绪变化，是因为酒精和药物影响了血管活动的结果。他认为植物性神经系统支配作用的加强和血管舒张的结果，就是产生愉快；而植物性神经系统活动减弱，血管收缩和器官痉挛的结果，就是产生恐惧。

詹姆斯和朗格看到了情绪与机体变化的直接联系，但片面地夸大了自主神经系统对情绪的作用，忽略了中枢神经对情绪的作用，没有看到在情绪产生过程中中枢神经的调节作用，从而否认人的态度对情绪的决定意义。因此，詹姆斯—朗格的情绪理论在情绪与情感的生理机制理论的发展史中虽然开创了研究人类情绪的先河，但是在解决情绪的实质问题上有很大的局限性。

2. 坎农—巴德情绪理论

美国生理学家坎农（Walter Bradford Cannon，1871—1945）在1927年提出对詹姆斯—朗格情绪理论的质疑，1938年坎农的学生菲利普·巴德（P. Bard）运用实验的方法进行了验证。他们认为詹姆斯—朗格情绪理论所谓的情绪经验“起于身体生理变化的论点”是错误的。他们根据实验研究的结果提出了如下三点理由。

（1）出现情绪状态时身体上会产生生理变化虽然是事实，但个体并不能单靠对生理变化的知觉，就辨别自己发生了什么样的情绪。这是因为在很多情绪下，个体的生理变化是一样的。以心跳为例，恐惧时会心跳加剧，愤怒时也会心跳加剧，人怎么能仅凭心跳的感觉就确定自己是在恐惧呢?

（2）有些生理变化会产生，但人并不完全了解人体的生理变化，如虽然知道恐惧或愤怒时心跳会发生变化，但对于出现情绪状态时可能引起的内脏收缩及各种内分泌的变化，人们并不知道。

（3）情绪的产生并不在生理变化之后，事实上两者是同时发生的。如路遇强盗，神经系统会迅速将此信息传递给大脑和身体，大脑马上知觉到刺激情景的性质，同时出现生理上的反应（如心跳加快、血压升高等）。

坎农—巴德情绪理论认为，情绪的中心不在周围神经系统，而在中枢神经的丘脑。

3. 阿诺德情绪认知理论

美国心理学家阿诺德（M. B. Arnold）在20世纪50年代提出：情绪与个体对客观事物的评估相互联系。她给情绪下的定义为：情绪是对趋向知觉为有益的东西、离开知觉为有害的东西的一种体验倾向，这种体验倾向伴随有一种相应的接近或退避的生理变化模式。这种生理变化模式在不同的情绪中是不同的。很显然，她强调来自外界的影响要经过人的评价与估量才产生情绪，这种评价与估量是在大脑皮层产生的。例如，在森林里看到一只熊会引起恐惧，而在动物园里看到一只关在笼子里的熊就不会引起恐惧。这个区别明显在于对情景的认知和评估。这种评估的实质是刺激情景对人具有什么意义，它是否符合人的需求、愿望或渴求。阿诺德阐明她的理论时，把大脑皮层与皮层下的活动联系在一起。她认为情绪反应包括机体内部器官和骨骼肌的自主变化。阿诺德情绪认知理论和詹姆斯—朗格情绪理论的相同之处在于，他们都认为对周围神经系统变化的反馈是情绪意识的基础。阿诺德情绪认知理论和詹姆斯—朗格情绪理论的不同之处在于：詹姆斯—朗格情绪理论的反应序列为"情景—机体表现—情绪"，而阿诺德情绪认知理论则认为这个序列应当是"情绪—评估—情绪"。

（二）情绪与情感的外在表现

人的情绪与情感随着外界环境的刺激会发生各种各样的变化，同时会产生相应的外在表现。情绪与情感发生变化时表现在身体外部的生理变化叫作表情。

关于表情，进化论的创始人达尔文（Charles Robert Darwin，1809—1882）曾有过比较细致的观察。他在《人类和动物的表情》一书中用进化论的观点来阐释表情的效用。他认为表情是动物参与竞争与适应环境的手段之一。按照达尔文的观点，动植物的形态结构或机能，都是有利于它们个体生存和种族延续的。例如，植物的形状、颜色，动物的动作，都有利于它们适应环境。凡是无利的方面，就逐渐被淘汰；而有利的方面，则越来越发达。他认为表情也是如此。表情不是一种无关紧要的、偶然的附带现象，它和动物的相关活动一样，有生存竞争的意义。

人类的表情目前还有动物表情遗留的痕迹，虽然和动物的表情一样都具有传递信息的特点，但两者的本质是不同的，人类的表情更具社会性，对适应环境起直接作用。人类的表情复杂而且细腻，不仅可以表达种种心理内容，还可以表达言语所不能表达或不便表达的心理活动。和人的情绪与情感变化有关的表情有以下几种。

1. 面部表情

人的面部表情在人际交往中起着十分重要的作用，它能反映出一个人的情绪与情感状态，表现出一个人的性格，还可表现出人们的肯定或否定态度。所谓"察言观色"就是指以面部表情来判断其情绪与情感状态。面部表情主要指眼神、眉毛、嘴巴和面部肌肉的变化，尤其是眼神。常言道：眼睛是心灵的窗户。一个人处于什么样的情绪与情感状态，通过其面部表情可以观察出来。

下面是不同情绪与情感状态下的面部表情：

高兴的表情——眉开眼笑、眉飞色舞；

羞怯的表情——面红耳赤、眼光避开；

愤怒的表情——横眉冷对、青筋暴起；

悲哀的表情——愁眉苦脸、眉头紧锁。

面部表情可以通过眼睛传达，也可以通过面部大肌肉群的运动来表现。仅眼光就可以分为很多种：友好的眼光、温和的眼光、探究的眼光、怀疑的眼光、贪婪的眼光、放肆的眼光等。比如当旅游者看到自己所在旅游团的导游时，透出欣慰的目光，说明导游深受旅游者的欢迎；反之，当旅游者看到所在旅游团的导游时，透露出反感或厌恶的表情，说明其对导游的服务不满意。面部表情可以通过锻炼进行控制，所以面部表情只是了解人的情绪与情感状态的一个主要方面。

2. **姿态表情**

姿态表情是通过姿态表达情绪与情感的一种方式，以手、足的动作最为明显。例如：

高兴时——手舞足蹈，拍手叫好；

懊恼时——捶胸顿足；

狂喜时——捧腹大笑；

焦急时——抓耳挠腮；

激动时——摩拳擦掌。

手的动作主要指手势。手势是人们使用最多的一种姿态表情，它能起到很强的传递信息的作用。通常情况下，语言和手势是同时进行的，也有手势是单独进行的，如跟人打招呼或表示欢迎时的招手，与人再见或告别时的挥手，表示友好或热情时的握手以及表示不同意意义的摆手等。需要指出的是，不同民族、不同的文化背景，手势的运用具有不同的含义。旅游工作人员开展工作时要特别注意，不要因为手势运用不当致使旅游者误解和不满。

除了手的动作，体姿也是传递信息的重要方式。体姿指的是身体的各种姿势，舞蹈、哑剧等是用体姿来表现的。体姿能够反映人的真情实感，如紧抱双臂或紧叠双腿往往是心理紧张的表现，身体不断地变换姿势则表示不耐烦等。

3. **言语表情**

情绪与情感会体现在言语的音调、强度、节奏和速度方面，此即言语表情。说话时细声细语、有气无力或高声大嗓，表现出的情绪与情感状态不同。例如：

高兴时——言语的音调比较高，说话速度比较快，语调高低差别比较大；

悲哀时——言语的音调低，说话速度缓慢，语调高低差别比较小；

愤怒时——言语的音调比较高，说话速度特别快。

在人际交往中，言语常常是人们用来表达心理、交流感情的重要手段。一般来说，言为心声，但由于种种原因，很多情况下，人们言不由衷，因此听人讲话是一种艺术，不仅要听懂说出来的言语，而且要听懂没有说出来的言语，即言外之意。言语表情作为一种辅助的沟通手段，在社会生活中也起着重要的作用，它使人们的交往变得更加有声有色，提高了交往的效果。

第二节　旅游者的情绪与情感概述

旅游行为是旅游者满足某种需求的社会性活动。旅游者的情绪与情感影响着旅游者的行为，同时旅游者的行为也影响着旅游者的情绪与情感，两者之间是相互制约的关系。

一、旅游者情绪与情感的特征

旅游者在旅游活动过程中的情绪具有以下几个方面的特征。

（一）兴奋性

从某种意义上说，旅游是人们暂时离开自己的日常生活，到别处去过一段不同于日常生活的生活。因此，外出旅游给旅游者带来一系列的改变：环境改变、人际关系改变、生活习惯改变、社会角色改变等。这种改变在给旅游者带来新奇的同时，还给他们带来情绪上的兴奋。这种兴奋性常常表现为“解放感和紧张感两种完全相反的心理状态同时高涨”。

外出旅游使人们暂时摆脱了单调又紧张的日常生活，现实生活对人的种种监督和控制，在某种程度上也有所减轻，这给人们带来了强烈的解放感。另外，到异地旅游会接触到陌生人和新鲜事物，对未知事物和经历的心理预期使人感到缺乏把握感和控制感，人们难免会感到紧张。解放感和紧张感的共同特征是兴奋性增强，外在表现为兴高采烈和忐忑不安。

（二）感染性

旅游活动是一种高密度、高频率的人际交往活动。在这种交往活动中，既有信息的交流和对象的相互作用，也有情绪与情感状态的交换。旅游服务的情绪与情感含量极高，在旅游活动中，旅游者和旅游从业人员的情绪与情感能够互相影响，产生相同的情绪与情感。这是因为在与别人交往的过程中，一个人的言语、姿态、面部表情会影响别人。比如，旅游中导游讲解时表现出激动、兴奋、惊奇等情绪，旅游者就会对导游的讲解对象表现出极大的兴趣；导游表现得厌倦、无精打采，旅游者也会觉得索然无味。反过来也一样，旅游者的情绪与情感也会影响导游的情绪与情感。旅游者之间的情绪与情感也会互相影响：美的景观会令所有旅游者兴高采烈，长时间处于亢奋状态；不愉快的事情会让所有的旅游者心情低落，甚至对美景和美食的情绪和情感也大打折扣。

（三）易变性

在旅游活动中，旅游者随时会接触到各种各样的刺激源，人的需求又具有复杂多变的特点，因而旅游者的情绪与情感很容易发生变化。比如，旅游者开始的时候对某个景物可能感到新奇，兴致很高。当到达情绪与情感的顶点之后，便由激动趋向于平静，兴致逐渐减退。之后如果感到疲劳的话，甚至会感到厌倦。因此，导游为了尽可能地满足每个人的需求，使旅游者的情绪与情感保持积极的状态，必须随时观察旅游者情绪与情感的变化。

（四）敏感性

旅游者外出旅游，面对的是陌生的人和陌生的环境，这会让旅游者对周围的一切更为敏感，甚至有时会充满疑虑。再者，旅游需要做时空上的转移，跨越的距离越远，时间越长，越会给旅游者带来生理上的不适和心理上的紧张不安，这往往会使旅游者变得比平时更敏感，对外界刺激的反应更强烈。

二、影响旅游者情绪与情感的因素

（一）需求是否得到满足

人们外出旅游就是为了满足某种需求，比如，为了身体健康的需求、为了获得知识的需求、为了得到别人的尊重的需求等。需求是情绪与情感产生的主观前提。人的需求能否得到满足，决定着情绪与情感的状态。如果旅游能够满足人们的需求，旅游者就会产生积极肯定的情绪与情感，如高兴、喜欢、满意等。如果旅游者的需求得不到满足，旅游者就会产生否定的、负面的情绪与情感，如不满、失望等。

（二）活动是否顺利

需求是动机的基础。为了满足需求，人们在动机的支配下产生行动，不仅行动的结果影响情绪与情感，而且行动过程是否顺利也会引起不同的心理体验。在整个旅游过程中，如果一切活动顺利，旅游者就会产生愉快、满意、轻松等情绪与情感；如果活动不顺利，旅途或游览过程中出现这样或那样的差错，旅游者就会产生不愉快、紧张、焦虑等情绪与情感。旅游从业人员应当特别注意旅游者在旅游过程中的情绪与情感表现，因为旅游活动进程本身就是一个激励因素，会刺激情绪与情感的产生，并反过来影响旅游活动。

（三）客观条件

客观条件是一种外在刺激，它引起人的知觉，从而使人产生情绪与情感体验。旅游活动中的客观条件包括旅游资源、社会环境、交通、通信等状况。此外，地理位置、气候条件等也是影响旅游者情绪与情感的客观条件。比如，优美的自然景色和整洁的环境使人心情愉快。

（四）团体状况和人际关系

旅游者所在的旅游团队的团体状况和团体内部的人际关系也能对旅游者的情绪与情感产生影响。团体成员之间互相信任、团结和谐，就会让人心情舒畅，使人处于积极的情绪与情感中；如果互不信任、互相戒备，则会使人随时处于不安全的情绪与情感之中。

（五）身体状况

旅游活动需要一定的体力和精力。身体健康、精力旺盛，有利于产生愉快的情绪与情感。身体欠佳或过度疲劳，容易产生负面情绪与情感。因此，旅游从业人员应该随时注意旅游者的身心状态，使其保持积极愉悦的情绪与情感，以保证旅游活动的正常进行。

（六）旅游接待设施条件和旅游从业人员素质

旅游接待设施条件也会影响旅游者的情绪与情感。如某著名景区在旅游旺季接待的旅游者数量远远超过了其接待能力，但仍然对外宣传有足够的住宿条件，致使旅游者给旅行社交足了住宿费，却没有地方住宿。旅游者觉得被欺骗了，怒不可遏，集体向有关单位进行了投诉。

旅游从业人员的素质也影响着旅游者的情绪与情感。常言道："出门看天色，进门看脸色。"旅游业中还有这样一个口号："让我们的游客觉得自己来对了！"如果不能让旅游者看到亲切的笑容，那就等于告诉旅游者"这不是你待的地方"，不能给旅游者以亲切的旅游服务，肯定不是优质的旅游服务。

亲切感建立在人与人之间互相坦诚、关爱的基础上。真诚的感情是一份超值的"经历产品"，只有那些富于爱心、善解人意的优秀旅游从业人员才能为旅游者提供一种真正能够"打动人心"的情感服务，也才能留住旅游者。

三、情绪与情感对旅游行为的影响

情绪与情感对旅游行为的影响，主要表现在以下几个方面。

（一）对旅游者动机的影响

动机是激励人们从事某种活动的内在动力。人的任何行为都是在动机的支配下产生的。因此，要促使人们产生旅游行为，就要激发人们的旅游动机。而喜欢、愉快等情绪与情感可以增加人们活动的动机，增加做出选择决定的可能；负面的情绪与情感则会削弱人们从事活动的动机。

（二）对活动效率的影响

人们的一切活动，都需要有积极、适宜的情绪与情感状态，才能取得最大的活动效率。从情绪与情感的性质来讲，积极的情绪与情感，如热情、愉快，可以激发人们的潜力，提高活动效率；而负面的情绪与情感，如烦恼、悲哀、恐惧等，则会降低人们的活动效率。从情绪与情感的强度讲，过高或过低的情绪与情感水平都不会产生最佳的活动效率，因为过低的情绪与情感水平不能激发人们的潜力，而过高的情绪与情感水平会对活动产生干扰。

（三）对人际关系和心理气氛的影响

人们在积极的情绪与情感状态下，会增加对人际关系的需求，对人际交往表现出更大的主动性，并且容易被别人接纳。因此，在旅游活动中，旅游从业人员应该细心观察旅游者的情绪与情感变化，主动引导他们的情绪与情感向积极的方向发展，并利用情绪与情感对旅游行为的影响，协调旅游者的人际关系，使之创设积极的心理气氛。

四、旅游者情绪与情感的激发与调控

根据影响旅游者情绪和情感的因素，可采取相应的措施来激发旅游者积极的情绪和情感，调控负面的情绪和情感。

（一）激发积极的情绪与情感

激发积极的情绪与情感要做好下列工作。

1. 设计开发符合旅游需求的旅游产品

旅游产品设计开发必须以旅游需求为基本出发点，旅游需求兼有复杂性、层次性、个性化的特点。旅游需求从构成上看，既包括物质产品需求，也包括精神产品需求；从层次上看，既包括低层次的生理性需求，也包括高层次的社会性需求和精神性需求；从不同的旅游个体看，旅游需要呈现个性化的倾向。这些特点要求旅游产品必须具备构成上的两重性、层次上的丰富性和形式上的多样性。另外，旅游消费的随意性要求旅游服务在操作上具有一定的灵活性。

2. 注重旅游服务，提高服务质量

旅游服务是为满足旅游者的需求而提供的服务，它是有形的物与无形的服务的综合体。在为旅游者提供服务的过程中，应创造一种和谐的气氛，以此触动旅游者的情感，唤起旅游者的心理共鸣，使旅游者愉快、满意。

很多旅游企业力图在服务方面打造自己的特色，其中大多企业注重在打动旅游者方面下功夫。具体体现在从细节入手、从游客的利益出发开展工作。细节，对旅游者而言实质上是旅游者事前没有预料到的一种意外、一种惊喜。利用好这种意外、惊喜，就能为旅游者提供一种正向情绪，能提高旅游者的满意度。细节正因为小，很容易被人忽视，也因为小，在被恰当地实施时，会出现奇效。要提供恰到好处的细节服务，需要旅游从业人员有热爱服务的工作意识，有热忱的工作态度以及细致扎实的工作作风。

3. 提供准确有效的旅游信息

旅游者对旅游信息的了解是形成旅游期望的基础，但并非旅游期望越高越好，因为旅游者的满意度取决于期望所得与实际所得之间的契合程度，当实际所得与期望所得相契时，旅游者会感到满意；当实际所得比期望所得大时，可以激发旅游者更大程度的满意；而当实际所得与期望所得不契合时，旅游者会不满意，而且不满意的程度随两者不契合程度的增加而增加。因此，为旅游者提供的信息要真实可靠，符合事实，千万不能为了吸引旅游者而言过其实，弄虚作假。

拓展阅读

导游与游客的情感共振

情感共振是指导游在接待工作中，将工作表情、动作、语言进行融合，使自己的整体情感与游客的情感趋于同步，使游客感到导游的情感和他们自己的情感处在同一个频率上，即导游用自身表情、动作作为烘托气氛的工具，使想表达的思想或在答复游客问题等诸多场合下，符合游客当时的情感和情感变化。导游与游客之间的感情频率如若不同或相去甚远，则不易引起感情共振。

当游客被某一自然景致所吸引时，情感随之启动，随着景物的变化，情感也不断变化，这是旅游审美的共性，往往不需要语言解释。但在这一过程中，特别是涉足人文旅游资源的景观时，游客通常不满足于眼前的直观享受，会产生一种“知源”的强烈愿望。因此，导游的讲解与情感共振就显得尤为重要。

导游很难被自己所熟悉的美丽的自然旅游风光和灿烂的人文旅游文化所触动，也就是说，导游往往处在“情感厌倦”或“情感麻痹”的状态中。如果将这种情感直接暴露在游客面前，会使游客在观光审美过程中产生“生疏感”，甚至会破坏游客的审美情绪。

我们强调导游应在正确的工作动机下完成服务性的工作，这就要求导游必须面对“情感厌倦”的现实，找出解决办法。例如，要有意识地调动表情。即使在某些场合，自己的表情与内心情感不在同一频率上，也要要求自己，至少自己的表情要符合游客的情感变化，符合不同场所的礼仪要求。当游客的情绪受景物与解说词的影响而不断高涨时，导游亦应表现出一种“兴奋状态”，既有声，又有色，从而达到与游客的情感共振。如果仅仅是有声而无色，则无异于往游客高涨的情绪上泼冷水，造成事倍功半的效果。一个没有生机的人，不论做什么事情，都会冷淡枯燥。一个活泼热烈的人，会用火焰一样的热情让一切复活。

当游客受某种因素影响而情绪低落时，导游则应表示理解并进行安慰，否则会给游客留下“事不关己，不负责任”的印象。如果导游的情感没有与游客的情感相契合，“情感距离”越拉越大，导游的工作效果也会降低。

知道了情感共振，并不等于导游会提升接待工作的质量。更重要的是，导游要有一个积极的“角色心理”。从形式上看，导游是服务于游客的被动角色，但在调控全团的情感上，导游应该视自己为主导，把全部的接待艺术实施于具体工作，使游客在情感低落时转向平稳，使游客在“兴奋过度”时转向理智。总之，要使游客的情感跟着导游预计的轨迹移动，这样工作才不会陷于被动，接待质量才会更高。

一个好的导游应该能够调动并指挥游客的情感与情绪的转移，而不仅限于把游客的感情、情绪调动起来。

（二）调控负面的情绪与情感

处于正面情绪与情感中的旅游者，积极、友好、自信，保持有乐观、开朗的心境，这种状态有益于顺利开展旅游行为。但是负面情绪总是难以避免的，工作上的不顺利、亲人朋友间的不理解、身体上的不舒适等，都会破坏旅游者的正面情绪与情感，使旅游者产生负面情绪与情感。旅游者处于负面情绪与情感而不能调解时，会导致心情抑郁，严重时会引起心理及生理的疾病。处于强烈的负面情绪与情感当中时，人通常会失去理性，失去自我控制力，从而做出令自己后悔的举动。

那么应当如何调控旅游者的负面情绪与情感呢？调控负面情绪与情感不是消灭负面情绪与情感，其目的是让情绪与情感的表达合乎常理、合乎常情，并控制在一定的程度和范围内。

下面给出一些调控旅游者负面情绪与情感的小策略。

（1）注意力转移法。把注意力从导致旅游者不佳情绪与情感的事情上移开，如转移话题、带领旅游者做其感兴趣的事等，使情绪与情感得以缓解，帮助旅游者摆脱负面情绪与情感的影响。也可以带领旅游者到室外散步、与其聊聊家常、逛逛街等。

（2）合理发泄法。找一个合适的场合和合适的对象，以合适的方式将负面情绪与情感发泄出去。如大哭一场、向信任的朋友或家人诉说，找到情绪与情感的发泄口；或者进行跑步、打球、游泳等体育活动，以生理上流汗、心率加快的反应代替情绪与情感引起的生理刺激。

旅游从业人员应该学会给游客提供发泄不满情绪与情感的机会，待游客调控好情绪与情感后再进行下一项活动。例如，旅游者对旅游活动中的某一细节不满或者产生误会，往往会产生挫折感。通常只有让旅游者叙述完受挫的经过，才能使其情绪与情感恢复稳定，旅游者才能接纳致歉，补救措施才能切实解决旅游者的实际问题，让旅游者满意。但是也要注意发泄要适度和开诚布公，不要让旅游者没头没脑地把自己的坏情绪发泄在别人身上。

拓展阅读

林肯制怒

有一天，美国陆军部部长斯坦顿来到林肯的办公室，气呼呼地告诉林肯，一位少将用侮辱的话指责他，且那位少将所说的并非真有其事。林肯并没有安慰斯坦顿，而是建议斯坦顿写一封内容尖刻的信回敬那家伙。

“必要的话你可以狠狠地骂他一顿，”林肯说。

斯坦顿立刻写了一封措辞激烈的信，然后拿给林肯看。

“对了，就这样，”林肯高声叫好，“要的就是这种效果！好好教训他一顿，斯坦顿。”

当斯坦顿把信折好装进信封里时，林肯叫住他，问道：“你想干什么？”

斯坦顿有些摸不着头脑，“寄出去呀。”

“不要胡闹，”林肯大声说，“这封信不能寄，快把它扔到炉子里去。凡是生气时写的信，我都是这么处理的。这封信写得好，写的时候你已经消了气，现在感觉好多了吧，那么就把它烧掉，如果还没有完全消气，就接着写第二封吧。”

（3）改变认识法。改变对引起负面情绪与情感的事物的看法，以改变旅游者的负面情绪与情感。当旅游者遇到不顺心的事情时，旅游从业人员在同情的前提下，要转移他的注意力，使其转向积极的情绪与情感，尽快投入旅游活动。如果旅游者对服务感到不满意，要了解原因并想办法为他们提供更好的服务。可能就会减轻或排除旅游者的不满情绪，并对旅游从业人员表现出合作而不是抗拒的态度。

（4）意志控制法。当旅游者与别人发生争执，暴怒甚至失去理智时，旅游从业人员要在第一时间制止事态的发展，告诫旅游者这样做很危险，帮助他做到“忍”；同时采取其他方法排解旅游者的负面情绪与情感。

（5）情绪升华法。旅游者由于劳累、疲乏、恐惧等因素，产生害怕、厌恶等负面情绪，旅游从业人员要将旅游活动与旅游者的成就感联系起来，制造“无限风光在险峰”“会当凌绝顶，一览众山小”“不到长城非好汉”等情绪与情感，激励旅游者振作精神，克服困难，实现目标。

（6）感情投资法。旅游从业人员通过关心、爱护、体贴旅游者，转化旅游者的消极心理，获得旅游者的支持。在旅游服务过程中要处处体现对旅游者的尊重，当旅游者的自我尊重得到最大的满足时，旅游过程中的负面情绪与情感才能有效排除。

案例分析

有一个来自福建的旅游团，一路上出了许多问题，误机、误餐，软卧列车空调又坏了，游客怨声载道。到北京时，换了一位“十佳导游”来接待这个团，他看到游客一个个怒气冲天，就找话题，想给游客们一点心理上的满足。他走到一位中年女士面前和气地问道：“太太，您是从福建什么地方来的？”女士回答：“小地方，说了你也不知道。”“您说说看，也许我知道呢。”女士说了她家乡的名称，果然是不知名的小地方。但这位导游知道，还知道那儿的风俗和特产。那位女士一听导游十分了解自己的家乡，就兴奋地与他攀谈起来。旁边的一位先生也参与进来：“那您知道我的家乡吗？”

导游说起那里的一个著名的亭子，又背诵了上面的一副对联，背得一字不差。于是，车内气氛缓和了，感情融洽了。借这种良好的氛围，导游说道："女士们、先生们，我真是十分感动，各位一路上遇到了许多麻烦，却仍然毫无怨言，情绪饱满。我想，在北京一定要让大家玩好。"

旅游团在北京期间，这位导游尽职尽责，努力满足游客的各种需求，不仅化解了游客的不满，还赢得了游客的赞美。

分析：由于某些客观原因和服务的缺陷导致游客集体处于负面的情绪与情感中，新到的这位"十佳导游"在排除游客负面情绪与情感的过程中，通过与游客攀谈，建立游客感兴趣的话题，转移游客注意力，拉近了与游客的距离，转化了游客的负面情绪。

本章小结

情绪与情感是指人对客观世界的一种特殊的反应形式，是人对客观事物是否符合并满足自己的需要而产生的态度和体验。情绪与情感的两极性有以下表现：①肯定与否定的对立；②积极与消极的对立；③紧张与轻松的对立；④激动与平静的对立；⑤强与弱的对立。

情绪和情感的分类：①按照性质可以分为快乐、愤怒、恐惧、悲哀、喜爱；②按照发生的强度、速度、持续时间可分为心境、激情、应激和热情；③按照社会性需求可分为道德感、理智感和美感。

了解情绪与情感的生理机制是了解人类情绪产生的途径之一，相关理论有詹姆斯—朗格情绪理论、坎农—巴德情绪理论、阿诺德情绪认知理论。

情绪与情感的外在表现主要包括面部表情、姿态表情和言语表情。了解旅游者情绪与情感的外在表现，是了解和把握旅游者情绪与情感变化的重要途径。

影响旅游者情绪与情感的因素有：①需求是否得到满足；②活动是否顺利；③客观条件；④团体状况和人际关系；⑤身体状况；⑥旅游接待设施条件和旅游从业人员素质。

情绪与情感对旅游行为的影响有：①对旅游者动机的影响；②对活动效率的影响；③对人际关系和心理气氛的影响。

激发旅游者积极的情绪与情感，具体措施有：①设计开发符合旅游需求的旅游产品；②注重旅游服务，提高服务质量；③提供准确有效的旅游信息。调控负面的情绪与情感，具体措施有注意转移法、合理发泄法、改变认识法等。

复习思考题

一、判断题

1. 在现实生活中，所有事物都可以使人产生情绪与情感。（　　）

2. 情绪具有较大的情境性、短暂性。（　　）

3. 一旦情境发生改变，情绪很快就会消失，情感也是如此。（　　）

4. 在人的生长过程中，情感出现在前，情绪表现在后。（　　）

5. 情绪与情感具有两极性。（　　）

6. 在生活中，紧张感是可能通过训练完全避免的。（　　）

7. 情绪与情感根据性质分类，有快乐、愤怒、恐惧、悲哀、喜爱。（　　）

8. 心境是一种平静而又持久地影响人整个精神活动的情绪状态。（　　）

9. 人的面部表情能反映出一个人的情绪与情感状态。（　　）

10. 人在悲哀时，言语的音调低、速度缓慢，语调高低差别比较小。（　　）

二、单项选择题

1.（　　）是指对象满足需求而产生的情绪体验。

A. 喜爱　　B. 恐惧
C. 悲哀　　D. 愤怒

2. 旅游从业人员的情绪与情感能够影响旅游者情绪与情感。这是指旅游者的情绪与情感具有（　　）。

A. 兴奋性　　B. 感染性
C. 易变性　　D. 稳定性

3. 情绪与情感的两极性不包括（　　）。

A. 肯定与否定　　B. 积极与消极
C. 紧张与轻松　　D. 快乐与悲哀

4.（　　）是人在智力活动过程中所产生的情感。

A. 理智感　　B. 道德感
C. 成就感　　D. 美感

5.（　　）是通过姿态表达情绪的一种方式，以手、足的动作最为明显。

A. 言语表情　　B. 姿态表情
C. 面部表情　　D. 手势表情

6. 影响旅游者情绪与情感的因素，不包括（　　）。

A. 需求是否得到满足　　B. 活动是否顺利
C. 团队成员是否彼此熟悉　　D. 旅游接待设施条件和旅游从业人员素质

7. 旅游产品设计必须以（　　）为基本出发点。

A. 旅游资源　　B. 旅游需求
C. 旅游者　　D. 旅游经营

8. 下面（　　）不是调控旅游者负面情绪与情感的方法。

A. 转移话题　　B. 做感兴趣的事情

C. 大哭一场　　D. 将坏情绪发泄在别人身上

9. 情绪与情感对旅游行为的影响，不包括（　　）。

A. 对旅游者动机的影响　　B. 对活动效率的影响

C. 对旅游者身体健康的影响　　D. 对人际关系和心理气氛的影响

三、简答题

1. 什么是情绪与情感？
2. 情绪与情感两极性的具体表现是什么？
3. 情绪与情感的分类有哪些？
4. 影响旅游者情绪与情感的因素有哪些？
5. 情绪与情感对旅游行为的影响表现在哪些方面？
6. 调控旅游者负面情绪与情感的方法有哪些？

四、案例分析题

某饭店前厅服务员接待一位因饭店叫醒失误而耽误飞机的客人。

客人怒气冲冲地来到前厅。

服务员：先生，您好，请告诉我发生了什么事情？

客人：什么事你自然知道，我耽误了飞机，你们要赔偿我的损失！

服务员：您不要着急，请坐下来慢慢说。

客人：不着急，你别站着说话不腰疼，换你试试！

服务员：如果这事发生在我身上，我肯定会冷静的。因为着急是没有用的，所以我希望您也能冷静。

客人：你来教训我？我们没有什么好说的，去叫你们经理来！

服务员：您可以叫经理来，但您应该对我有起码的尊重，我是来解决问题的，不是来受气的。

客人：你不是来受气的，难道我花钱是来受气的？真是岂有此理。

服务员：……

问题：

1. 案例中服务员对有负面情绪与情感的客人的投诉处理存在哪些不足？
2. 若你是这名服务员，该如何处理？

五、实训题

导游在带团过程中，发现旅游者对某项旅游活动感到恐惧，应当如何合理排除旅游者的恐惧感？

第七章　社会群体与旅游行为

案例导入

某家夫妇两人商量带一家人去北京旅游，但上中学的儿子提议到云南西双版纳去旅游，家中的亲友、熟人、同事、同学也积极推荐他们一家人到云南旅游，介绍云南的风光和民俗风情，并建议他们在另一季节到北京旅游。于是女主人决定近期先到云南旅游，下次再到北京旅游。

请问，通常影响旅游者决策的相关群体有哪些？

学习目标

1. 掌握社会群体的含义和特点。
2. 理解社会群体对个体旅游者消费心理的影响。
3. 了解社会群体的心理效应。
4. 掌握家庭作为旅游者的行为特点。
5. 熟悉家庭结构对旅游行为的影响。
6. 了解少年儿童、老年人、中青年、农民群体的旅游行为特征。

本章重点、难点

1. 社会群体的含义、特点；家庭结构对旅游行为的影响。
2. 社会群体对个体旅游者消费心理的影响。

本章重点概念

社会群体：是指为了实现某个特定的目标，由两个或更多的相互影响、相互作用、相互依赖的个体组成的人群集合体。

从众：个体在社会群体的压力下，在心理与行为上表现出与社会群体中多数人一致的现象。

服从：是指按照他人命令去行动的行为，也是人际互动的基本方式之一。

家庭生命周期：每个家庭都有不同的成员构成，即不同的结构类型，使得不同的家庭在旅游行为上呈现不同的特点。家庭生命周期可以表示家庭发展的不同阶段。

第一节　社会群体对旅游行为的影响

人作为社会的一员，生活在社会中。社会群体对个体的行为有明显的影响。旅游者的旅游决策、旅游行为都与社会群体的影响紧密相关。

一、社会群体的含义和特点

（一）社会群体的含义

社会群体是指为了实现某个特定的目标，由两个或更多的相互影响、相互作用、相互依赖的个体组成的人群集合体。

群体具有任务活动、相互作用和情感活动三个基本要素，且这三个基本要素是相互联系的。在所参与的任务活动中，人们的行为相互作用，而这种相互作用包含着人们的情感活动。简言之，群体的显著标志是群体成员在心理上是否有一定的联系，是否有共同的需求和共同的目标。例如，旅游团虽然是临时组成的，但旅游团成员在心理上有着共同的旅游目的和旅游需求，因此旅游团是服从一定的群体规范，且相互依赖、相互支持的社会群体。

（二）社会群体的特点

（1）给成员以心理上的归属感。同一社会群体的成员在共同的活动中会表现出观念与行为的一致性，当与其他社会群体相比较时，成员就会产生一种属于自己群体的感觉，这就是归属感（情感方面的影响）。

（2）使成员具有认同感。同一社会群体中的成员对重大事件和原则问题的认识倾向于保持一致。当个人对外界情况不明时，这种认同就会产生很大的作用，有时甚至会使人盲目（认知方面的影响）。

（3）使成员获得社会性支持。当个体的思想与行为符合社会群体的要求时，个体就会受到社会群体的赞许与鼓励，使个体获得社会性支持，从而强化个体与社会群体的一致性（行动方面的影响）。

二、社会群体对个体旅游者消费心理的影响

在旅游者群体中，个体旅游者的消费心理常受到社会群体及其成员的影响。这种影响主要通过个体角色、榜样群体、社会群体规范和压力以及信息沟通形成。

（一）个体角色对旅游者消费心理的影响

个体角色即旅游者在社会群体中所扮演的角色。每个旅游者都归属于某些社会群体，因而他在每一社会群体中，担任一定的角色，具有相应的责任、权利和义务，从而形成旅游者的个体角色。

个体角色对旅游者消费心理的影响有以下三点。

第一，个体角色在一定程度上反映了旅游者的社会地位，并因此影响其消费心理。例如，非常成功的企业家和零售摊贩在旅游及消费时会有明显的差异。

第二，个人角色会影响旅游者的社会交往（包括交往对象、交往方式等），迫使其消费心理发生变化。在现实生活中，人们通常是按照自己的地位来选择交往对象的，一旦和自身角色不同的对象交往，人们的消费心理将发生显著变化。比如，当角色相仿时，双方的心理处于平衡状态；然而当一方比另一方地位高或低时，双方的心理则会不平衡。

第三，同一个人可能从属于多个社会群体，因此个体角色具有多样性，而不同角色又具有不同的角色规范，因而在行为过程中往往形成多重角色矛盾，导致角色冲突，进而影响消费心理。如年轻的女警察在旅游中购买服装时，作为女性其有求美求新的时尚消费心理，但受其职业影响，其对服装有方便、实用的要求，这种矛盾体现在消费行为上则为犹豫不决。

（二）榜样群体对个体旅游者消费心理的影响

榜样群体是依据个体旅游者对社会群体所持态度而形成的，专指被个体旅游者用以指导自己旅游消费行为的群体，是个体旅游者心目中的偶像。榜样群体会对个体旅游者消费心理产生经常性的直接影响，并通过信息传递来实现这种影响。例如“不到长城非好汉”使很多个体旅游者选择游览长城，这就是榜样群体对个体旅游者消费心理影响的典型表现。由于对榜样群体的选择受个体旅游者主观因素的影响，人们尤其是年轻人的判断能力、审美能力、鉴别能力等存在差异，因此在模仿榜样群体的行为活动过程中，个体表现出较大的选择的主观性、行为的盲目性、心理的趋同性以及个性的差异性。

（三）社会群体规范和压力对个体旅游者消费心理的影响

社会群体规范是每个社会群体成员都必须严格遵守的思想、信念和行为的准则。社会群体规范对社会群体成员具有比较和评价的作用，可为社会群体成员提供认知标准和行为准则，用以调节、制约社会群体成员的思想和行为，还可作为社会群体成员彼此认同的依据。

任何一个社会群体都有一定的规范。这些规范是约定俗成的非正式的行为准则或是社会群体共同商定的以正式形式确定的行为准则。旅游团也有旅游团的规范。通常情况下，旅游者会自觉遵守旅游团的规范。

社会群体规范会使个体旅游者产生助老、助弱、从众、社会顾虑倾向等心理，使旅游者行为发生变化。而社会群体规范对个体旅游者消费心理的影响主要通过社会群体的内在一致性、屈从一致性、信息一致性和鉴别一致性等。具体表现在以下两个方面。

第一，社会群体规范通常会转化为一种无形的心理压力，迫使社会群体内部的个体旅游者按照一定的社会群体规范开展消费活动。在这种情况下，个体旅游者原来所固有的某些消费心理就会受到抑制，代之以社会群体规范推崇的新的消费心理，以此求得与社会群体的一致性，即屈从一致性。例如，以提倡节约、反对铺张浪费作为社会群体规范，这对经济条件好的旅游者无疑是一种约束，可能使他们原有的求名、求美、求新等消费心理被强行改变，或压抑于隐性状态，而旅游者依旧努力使自己的行为尽量符合社会群体规范，以避免自己承受社会群体的压力，或成为众矢之的。

第二，当社会群体规范顺应个体旅游者的消费心理特点时，个体旅游者会产生安全感，其内心平静，乐观、自信，其原有的消费心理随之进一步强化；当社会群体规范与个体旅游者的消费心理不相符时，个体旅游者便会产生危机感，原有的消费心理迅速发生变化，或积极迎合或逆反抵抗，呈现极为复杂的消费心态。当这种现象多次在旅游消费过程中出现时，个体旅游者就会失去旅游消费的自信，进而产生强烈的自卑感，以至伤害身心健康。

（四）信息沟通对个体旅游者消费心理的影响

任何社会群体都离不开信息沟通，信息沟通对社会群体的存在和发挥作用有着极其重要的意义。在数字信息时代，信息沟通有内部信息沟通和外部信息沟通两种形式。信息沟通的内容对个体旅游者的消费心理有着重要影响，其中社会群体内部信息沟通的影响更大。

社会群体内部信息主要包括旅游者行为信息、旅游者态度信息等，这些内容无不与社会群体内个体旅游者的消费心理及行为相关联。特别是在初级社会群体内，一个旅游者的行为和态度必将引起其他旅游者的关注，甚至成为其他旅游者刻意模仿或参照的对象。比如，在家庭这样一个初级社会群体中，父母的旅游消费行为会对孩子产生重要的影响，成为孩子刻意模仿或参照的对象。

信息沟通的及时性和时效性是影响个体旅游者消费心理的重要因素。由于个体旅游者普遍存在求美、求新、求奇、求实、求廉、求好等消费心理，因此任何一则有价值或对其有利的信息，都能引起个体旅游者的兴趣，激发个体旅游者的消费需求。信息沟通是否及时，信息是否具有一定的时效，信息是否引领了时代潮流，对个体旅游者就显得更加重要了。

三、社会群体的心理效应

（一）从众

个体在社会群体的压力下，在心理与行为上表现出与社会群体中多数人一致的现象叫作从众。由从众现象产生的对个体的作用叫从众效应。从众在日常生活中可以表现为对特定的或临时的情境中的优势观念和行为方式的采纳，如跟随潮流、人云亦云等；也可以表现为对长期性的占优势地位的观念和行为方式的接受，如顺应风俗习惯等。

从众行为从心理上可以分为两种不同的形式，一种为表面上顺从，另一种为内心真正地接受。前者只是行为上的顺从，并非发自内心，甚至在心中还会反对自己的从众行为，因此是一种假从众。后者是指个体完全放弃了自己原有的态度或行为方式，自愿接受了大多数人的主张，因此是一种真正的从众。

从众对于个体的社会化过程具有积极的影响，例如在社会中大多数人的观点保持一致，有利于社会的正常运转。导游带旅游团时，应利用社会群体的心理效应，在第一次与旅游团正式见面时，就宣布旅游团纪律，并强调每位旅游者必须遵守，以保证接待任务的顺利完成。一个人的知识和能力总是有限的，因此，当他能够与社会中的大多数人保持一致时，才能更好地适应社会。同时，从众也具有消极影响，例如人们为了避免受到伤害而与大多数人保持一致，放弃自己原来的正确主张，这不利于个体的健康发展。

（二）服从

服从是指按照他人命令去行动的行为，也是人际互动的基本方式之一。

服从与从众有着本质的不同。在从众的情况下，个体虽然没有按照自己的本意行动，但是自愿的；而在服从的情况下，个体则完全是在不自愿的情况下，应别人的要求去行动。服从包括两个方面：对权威人物命令的服从，在有一定组织的社会群体规范影响下的服从。

关于服从的经典研究是由美国社会心理学家米尔格兰姆（Stanley Milgram，1933—1984）于1963年在耶鲁大学进行的。这项研究是社会心理学领域最具影响力的实验之一。实验结果表明，正常人对权威的服从程度和普遍性远远超出人们的想象。

影响服从的因素主要有三个方面：

①命令发出者，如他的权威性，他对执行命令者是否关心、爱护，他是否监督命令执行的全过程等；

②命令的执行者，如他的道德水平、人格特征以及文化背景等；

③情境因素，如是否有人支持自己的拒绝行为，周围人的榜样行为怎样，奖励结

构的设置情况，自己拒绝或执行命令的行为反馈情况等。

社会心理学家认为个体会有服从行为的主要原因有两个。

第一，合法权利。人们通常认为，一定情境下，社会赋予了某些社会角色更大的权力，而个体有服从他们的义务。比如学生应该服从教师，病人应该服从医生等；在旅游团中，旅游者应该服从导游。

第二，责任转移。一般情况下，人们对自己的行为有责任意识，但如果人们认为造成某种行为的责任不在自己，特别是当有指挥官主动承担责任时，人们就会有从众行为。

第二节　家庭与旅游行为

家庭，既是旅游者个人最重要的归属社会群体和相关社会群体，又是重要的旅游者社会群体。因此，家庭对旅游行为有着重大的影响。

一、家庭作为旅游者的消费特点

家庭作为旅游者的消费特点主要有以下几点。

（一）广泛性

在我国，家庭旅游消费具有广泛性。近年来，我国家庭旅游的发展成效显著，中国旅游研究院相关数据显示，2017 年我国国内旅游和出境旅游中家庭旅游的出游比例为 50%~60%，游客满意度较高，家庭旅游已成为旅游消费市场的重要组成部分。相关数据显示，约有 96. 5%的受访者表示渴望家庭旅游，其中近七成的受访者表示非常渴望家庭出游，对家庭旅游表示无所谓的受访者仅占 3. 1%。可以说，家庭旅游已经成为人民对美好生活向往的重要组成部分。

（二）阶段性

处在不同家庭生活周期的家庭，其人口数量、年龄结构、经济收入和消费支出不同，旅游消费的策略和支出方式也必然不同，因此家庭的旅游消费在不同阶段呈现不同的特点，具体特点见“家庭结构对旅游行为的影响”。

（三）差异性

家庭的生活目标不同，其旅游消费的内容和目的不同。大部分家庭都有 3 种生活目标，即社会目标、团体目标和个人目标。据此可以把家庭分为 3 种基本类型。

（1）以家庭为中心的家庭。这类家庭追求家庭生活的和睦，重视家庭财富积累，重视孩子的教育和前途。在选择旅游产品时，其主要考虑对孩子的教育意义，比如，增长孩子的见识。

（2）以事业为中心的家庭。这类家庭的主人事业心很强，精力和时间大量投放于事业的发展，消费支出中作为家庭地位象征的支出、用于社交活动的支出比较多。在选择旅游产品时，其主要考虑对事业的发展和社交的需求。

（3）以消费为中心的家庭。这类家庭追求的是物质享受，注重不断提高目前的消费水平。在购买旅游产品时，其多选择购物类旅游产品和度假类旅游产品。

（四）相对稳定性

非基本旅游消费支出的高低是衡量一个国家旅游业发达水平的重要标志。在旅游业发达的国家，非基本旅游消费支出达60%以上，而基本旅游消费支出则控制在30%~40%。

艾媒咨询相关数据显示，2019年中国居民旅游支出在消费总支出中占比升至21.9%，达到自2015年以来的历史新高。从2015年的19.2%到2019年的21.9%，中国居民旅游支出在消费总支出中的占比总体上有了一定的提升。

拓展阅读

小长假“旅游超市”爆棚

2018年“五一”小长假的第一天，市民出游热情高涨，镇江市旅游集散中心发出了28个旅行团分赴江、浙、沪、皖，与去年同期相比呈“井喷”态势。

镇江市旅游集散中心原是旅游行政管理部门为方便游客到各地旅游而设立的服务平台。随着散客成为旅游市场主力军，镇江市旅游集散中心成为集散客自助旅游、单位团队旅游、旅游信息咨询、旅游集散换乘、景点大型活动、客房预订、票务预订等多种功能于一体，满足市民个性化旅游需求的“旅游超市”。

镇江市旅游集散中心负责人董兵介绍，2018年“五一”旅游市场启动较早，从4月中旬开始，各家旅行社推出“五一”短途游线路并接待市民报名，市民在旅行社报名后，旅行社将散客转到“旅游超市”，组团出发。昨天镇江市旅游集散中心发出了28个旅游团，今天要发出26个旅游团，明天已报满16个旅游团，目前仍在接受报名。

短线游主要有一日游、两日游、三日游3个品种。一日游最受市民欢迎。昨天发出的28个旅游团中，三日游只有1个旅游团，两日游有8个旅游团，一日游有19个旅游团。一日游有水乡线、乐园线和山水线。乐园线有常州嬉戏谷、上海欢乐谷、芜湖方特欢乐世界等线路，是市民亲子游的主要选择项目。年轻人比较偏爱山水线，无锡三国城、杭州、西塘、天目湖等都十分受欢迎，老年人选择水乡线的比较多。

市民在双休日、小长假出游热情高，催生了多种多样的短途游产品。2017年“旅游超市”仅有20余种短线产品，2018年推出了41种短线产品。董兵介绍，今年4月2

日至23日，镇江市旅游集散中心共组织发出了128个旅游团，而去年4月只有45个旅游团。“旅游超市”选用的是45座、49座、53座、57座的大巴士，今年发出的旅游团几乎都是满座。“今年，我们增加了周四发团，市场十分火爆，周四像周末一样，周末就像小‘五一’。”

短线游的市场预期还在看涨。董兵分析，旅游已经从高端消费变成了市民家庭的“一般消费”，尤其是短线游，优势十分明显。不需要专门请假安排假期，旅游费用也不高，很适合家庭旅游消费。很多家庭将短线游纳入了年度家庭消费计划，计划一年旅游几次。

资料来源：《小长假“旅游超市”爆棚》，有改动。

二、家庭结构对旅游行为的影响

每个家庭都有不同的成员构成状况，即不同的结构类型，使得不同的家庭在旅游行为上呈现不同的特点。家庭生命周期可以表示家庭发展的不同阶段。家庭生命周期清晰地显示出家庭的成员构成状况，对传统家庭类型进行了较为完善的归纳。处于不同家庭生命周期的家庭，其旅游行为有不同的特点。

（一）单身期——年轻单身者

年轻单身者指在经济上自立，身体状况通常为一生中最佳状态的人群。他们的需求以求学、娱乐、交友、健身、求新、求奇等为主。而旅游恰好有利于满足以上几种需求，故可将此类人群视为开展旅游行为的主力军。尤其是旅游行为发展至今，一些新型的旅游项目如探险、攀岩、蹦极和自助游等更适合年轻单身者。总体来看，由年轻单身者组成的群体是旅游潜力巨大的消费群体。

（二）新婚期——年轻夫妇无子女家庭

在许多发达国家，旅游与年轻人结婚几乎是相伴而行的，许多人会把旅游纳入结婚计划之中，称为蜜月旅行。在中国，蜜月旅行已被大多数地区的年轻人所接受。而对于经济不够宽裕的年轻人，新婚期是比任何时期都更有可能去旅游的时期，因为他们习惯于把旅游看作奢侈消费，而新婚期正是奢侈一把的好时机。

这类家庭的消费欲望强，因此旅游对他们来说是既有精力又有能力的行为。由于现代年轻人家庭观念有所改变，他们并不是一结婚就准备生育孩子，新婚期的时间越来越长，因此这类家庭也是消费潜力巨大的旅游者群体。

（三）满巢期Ⅰ——有6岁以下儿童家庭

这类家庭的主要消费行为集中在满足孩子吃、用、玩的需求方面。年幼的孩子使得家庭的远距离出行极为不便，大部分家庭只在附近的公园、动物园等地进行休闲娱乐，且频率较高。这期间，举家远距离出游的情况不多，但不排除夫妇一方因商务活动等原因而外出旅游的可能性。

（四）满巢期Ⅱ——有6岁以上儿童家庭

在这类家庭中，孩子进入学龄期，教育成了家庭的主题。旅游也成了对孩子进行教育的一个重要途径。家长会有意识地趁节假日带孩子外出旅游。这时，家庭对旅游目的地的选择非常慎重，多以博物馆、纪念地、历史文化名城等为选择对象，旅游方式多是一家人同时出游。

（五）满巢期Ⅲ——年龄较大夫妇与已自立的孩子组成的家庭

在这类家庭中，孩子已自立，父母也多有收入来源，因此，这类家庭消费水平较高、购买能力较强，外出旅游的可能性较大。

这类家庭的旅游消费行为会受到其消费观念的影响。先攒钱后消费、父母“应帮孩子成家立业”等观念还普遍存在，所以在这类家庭中，父母会有较为强烈的储蓄意识。虽然我国已采取多项刺激消费的相关措施，但只有当人们的观念彻底改变时，潜在的旅游消费需求才会变为现实。

满巢期Ⅲ的家庭具备旅游成员搭配比较灵活的特点。全家集体出游、年轻人单独出游、父母出游、父母之一与孩子一起出游等方式都很常见。

（六）空巢期——老年夫妇无子女家庭

从消费需求水平和结构来看，这类家庭的需求较为单调，多以日常生活必需品和医疗保健品为主要内容，加之我国老年人一向崇尚节俭，他们的消费支出较少。

结合旅游活动的特点来看，旅游是适宜“有闲+有钱”人士的活动。而在所有年龄阶段的人群中，最符合这一条件的就是城市离退休人员。

综合我国居民收入持续增长及人均寿命不断延长两种趋势，老年人旅游无疑具有较大的开发潜力。

（七）孤独期——单身老人家庭

这类家庭的消费特点除与空巢期家庭有多方面相似，还有两个方面的特点，一是老年人讲究夫妇间老来相伴，一方的去世必然会影响另一方的出行积极性，因此，孤独期家庭的老人会比空巢期家庭的老人出游的积极性低；二是中国具有尊老爱幼的传统美德，如果家里只剩下老父或老母一人，晚辈就会加倍关照。与长辈不在一座城市的子女，会主动邀请长辈到自己居住地旅游及生活；与长辈同在一地的子女也会主动陪伴长辈外出旅游。从这个角度看，孤独期老人出游的可能性反而更大。

（八）日趋增多的几类新型家庭

家庭生命周期只能反映出传统的家庭类型，随着社会的发展，我国出现了一些新的家庭类型，且这些背离传统家庭类型的家庭在所有家庭中所占比例呈日趋上升之势。这些家庭的旅游行为有很大的独特性，足以引起人们的关注。这些新型家庭有以下几种。

（1）独身主义者家庭。单身人群是一个自我意识极强、崇尚消费、享受生活的群体。在传统观念面前，他们从自己的生活体验出发做出单身与否的选择。单身并没有给他们带来过多的压力，与之相反，他们对自己的单身生活感觉良好。他们一身轻松，来去自由，是各类旅游活动的积极参加者。

（2）具有生育能力的夫妇自愿不生育孩子，就构成了人们所说的“丁克家庭”。当今中国已有不少丁克家庭。有关数据显示，中国的丁克家庭数量已经突破了100万。根据专业调研机构的调查，超过10%的育龄夫妇主动选择不育。丁克家庭比重的上升有其深刻的社会、经济、文化原因。大多数选择不生育的夫妇由于受过良好的教育，且社会地位较高、收入稳定丰厚、对自身的价值评价较高，因此比较重视生活质量和精神消费。他们比较喜欢出外旅游，希望通过旅游达到休闲娱乐并促进夫妻关系健康发展的目的。旅游市场应该格外关注这类家庭的旅游需求。

（3）单亲家庭，即由父亲或母亲一方抚养孩子的家庭。绝大多数中国的单亲家庭由离婚造成。2020年9月，国家统计局发布了最新的婚姻动向，根据相关数据可以看出，从2005年开始，中国的离婚率一直呈上升趋势。相应地，单亲家庭的数量也有所增加。相对而言，单亲家庭收入较少但开支很大，生活压力也较大，其成员的旅游愿望和旅游机会可能略低。但随着单亲家庭数量的增多，其必将成为未来社会中的一个重要群体。因此，旅游企业应积极寻找有效途径来拓展针对这类家庭的旅游市场。

单亲家庭在旅游方面有较大的随意性。这类家庭是否参与旅游，问题在于时间和金钱，这往往受个人性格、兴趣等的影响。有的人离异后会成为旅游的积极参加者，并把旅游视为满足其社交等需求的一种重要途径；有的人离异后离群索居，对旅游毫无兴趣。

三、家庭收入对旅游行为的影响

收入水平决定着一个潜在的旅游者能否实现旅游行为及其旅游消费水平的高低。然而一个家庭的收入并不能全部用于旅游，因此决定其能否实现旅游的家庭收入水平，实际上指的是其家庭的可自由支配收入的水平。如果一个家庭的恩格尔系数很高，即投入购买食品和生活必需品的费用很高，则这个家庭出游的可能性很小。许多相关研究表明，当一个家庭的收入不足以购买基本生活必需品时，该家庭很少会外出旅游。然而，一旦这个家庭的收入水平超过某一临界点，该家庭用于旅游的消费便会迅速增加。

旅游消费的观念、旅游动机的产生、旅游消费方式的选择、旅游消费内容的取舍无不与家庭的收入状况相关。具体来说，家庭收入对旅游行为的影响主要体现在以下几个方面。

1. 影响旅游消费观念

据有关资料显示，人们对旅游的看法因家庭收入的不同而有所差异。高收入家庭往往把旅游看成是显示身份、地位，以及追求与众不同的生活方式和实现自我的重要途径；中等收入家庭普遍把旅游看成是调节身心、教育子女、开阔眼界的良好途径；低收入家庭通常受教育程度、认识能力的影响，把旅游看成是奢侈浪费的行为，同时他们要为温饱而辛苦工作，没有时间也没有金钱参加旅游活动。

2. 影响旅游动机

需求是动机产生的源泉，只有当人的旅游需求同旅游目标结合时，才会产生旅游动机。人的旅游需求的产生必须具备相应的经济条件、时间条件和社会政治条件，如社会政治环境稳定等。当然，如果没有可自由支配的收入，旅游动机是产生不了的。

人们外出旅游与家庭收入水平有着直接的关系。有资料表明，在美国，年收入在15000美元以上的家庭外出旅游的可能性，比年收入低于这一水平的家庭外出旅游的可能性大2倍；年收入在25000美元以上的家庭外出旅游的次数更多。

3. 影响旅游消费水平、内容和方式

为什么有的人去欧洲旅游，有的人去澳大利亚旅游，有的人去新加坡、马来西亚、泰国旅游，甚至有的人还去太空旅游，而有的人总在国内及周边地区旅游？同样是带孩子出去旅游，为什么有的家庭乘坐火车或加入旅行社组织的旅行团，而有的家庭自己开车或乘坐飞机？同样是住宿，为什么有的旅游者住五星级宾馆，而有的旅游者住普通的宾馆？这些无不说明，旅游消费的水平、内容和方式都受到家庭经济状况的影响。一般来说，较富有的家庭会在食、住、购、娱等方面花较多的钱，从而使交通费用在其全部旅游消费中所占的比例缩减；而经济条件次之的旅游者消费构成中，交通费用所占的比例较大，其原因在于食、住、购、娱等方面节省开支比较容易，而在交通方面省钱则比较困难。

四、家庭消费观念对旅游行为的影响

家庭消费观念是指家庭对待消费的基本态度，从根本上指导着家庭具体的消费行为。从以下几种家庭消费观念可以看出，不同的消费观念对旅游行为的影响有着明显的差别。

1. 对储蓄与消费的不同观念对旅游行为的影响

重储蓄、轻消费的家庭认为，只有将大部分的收入存入银行才是最明智和最安全的，他们不重享受，对旅游持消极态度。与之相反，重消费、轻储蓄的家庭认为，只要生活愉快，不管银行里有没有存款，都可以去旅游，甚至愿意借贷旅游，超前消费，他们是旅游活动的积极参与者和倡导者。

2. 对子女、父母的不同观念对旅游行为的影响

重子女、轻父母的家庭往往把增进孩子的知识、拓宽孩子的视野、强健孩子的体魄、培养孩子的勇气等作为旅游动机，对食、住、行、游、购、娱的安排以孩子为中心。而重父母、轻孩子的家庭则相反，他们在旅游目的地、旅游内容和旅游消费方式的选择上，主要从适应老人的特点和需求出发，小孩的需求则往往处于从属地位。当然，在现实生活中，大多数的家庭会兼顾老人和孩子的需求。

3. 对衣、食的不同观念对旅游行为的影响

有些家庭认为只要能吃好就是生活好；还有些家庭则认为只有穿好才能显得体面。这两种观念是从温饱型家庭向小康型家庭过渡阶段的家庭所普遍持有的观念。持有这两种观念的家庭一般对旅游没有什么认同感，认为旅游是“花钱买罪受”。

第三节　几种典型社会群体的旅游行为特征

一、少年儿童旅游者群体的旅游行为特征

少年儿童群体是由0~14岁的少年儿童组成的群体。根据第七次全国人口普查结果，全国人口中，0~14岁人口约2.53亿，占总人口的17.95%。少年儿童作为中国家庭的下一代，构成了一支庞大的旅游消费大军，形成了具有特定心理和行为的旅游者群体。

少年儿童天真活泼，好奇心强，对新鲜事物充满热情，对游乐设施特别感兴趣。他们的旅游动机多以求知、娱乐为主，探险、修学为辅。他们大多对游乐场较为感兴趣，其次是郊野。

求知是少年儿童外出旅游的主要目的。旅游一方面反映了少年儿童对知识的渴求早已突破了单纯课本知识的界限，他们乐于向社会和生活学习；另一方面显示了少年儿童人生价值观念的变化。

少年儿童的旅游行为，一般是听从其父母的安排。对于10岁以上的少年儿童来说，他们已有自己的主见，会主动要求出去旅游。他们之所以有旅游的动机，主要是因为听到了别人的宣传或描述。如老师在讲课的时候给他们穿插了一些旅游景点的介绍，同学出游以后在班里讲自己精彩的经历等。他们听到这些以后，出于好奇，会对外出旅游充满渴望。

少年儿童的好奇心非常强，对那些自己未曾见过的事物总是充满渴望。他们喜欢新颖奇特的事物。他们在成长的过程中总是在不断地接受新事物，但他们也会很快对熟悉的事物失去兴趣。针对少年儿童的旅游产品要不断出新，让他们每次出游都有惊喜。

虽然少年儿童在生活上还没有独立，没有经济来源，但是在我国，孩子一般是家庭的主要培养对象，父母会不惜一切为孩子创造可以学习的机会。绝大多数家长已不再把孩子的旅游活动看作浪费时间或金钱的活动，相反，有的家长积极鼓励、支持孩子在旅游中获取知识。

拓展阅读

“六一”儿童节将来临——孩子去哪旅游好?

2019 年，刚过去的母亲节引发了一场“妈妈旅游”经济，陪妈妈出游成为一时时尚。不少市民在接受采访时表示，节日送礼是常规，送“游”则更有意义。正是这种观念主导了“情感”旅游的出现及升温。紧随母亲节之后的儿童节、父亲节，将继续提升旅游市场温馨指数。

对于即将来临的“六一”儿童节，市区各旅行社已迫不及待地推出相关旅游产品。据调查，近年来，少年儿童在旅游族群中所占比例渐增。2019 年，据途牛旅游网监测数据显示，14 岁以下的游客在清明小长假期间占到总出游人数的 7.2%，而在刚刚过去的“五一”小长假期间，少年儿童游客比例趋近 10%。“现在，已经有不少市民前来咨询儿童节旅游产品的相关事宜。我们相信，儿童节前后将掀起亲子游小高潮。”大方旅游相关负责人告诉记者。

资料来源:《“六一”儿童节将来临——孩子去哪旅游好?》，有改动。

二、中青年旅游者群体的旅游行为特征

青年是指由少年向中年过渡时期的人群，中年是指由青年向老年过渡时期的人群。不同国家地区由于自然条件、风俗习惯、经济发展水平不同，中青年的年龄范围也不一致。根据我国情况，青年旅游者的年龄阶段为 15~35 岁，中年旅游者的年龄阶段为 36~64 岁。处于 15~64 岁的旅游者群体，被称为中青年旅游者群体，这个群体也是现代旅游市场的主力军。青年旅游者群体和中年旅游者群体在旅游行为上又表现出不同的特征。

（一）青年旅游者群体的旅游行为特征

1. 青年旅游者群体的特点

青年旅游者群体具有较强的独立性和购买潜力。进入这一时期的旅游者，已具备独立购买商品的能力，具有较强的自主意识。尤其是参加工作有了经济收入的青年旅游者，没有过多的负担，独立性更强，其购买旅游产品的意愿更加强烈。因此，青年

是旅游消费潜力巨大的消费者群体。

青年旅游者群体购买旅游产品的行为具有扩散性，会对其他各类旅游者产生深远影响。他们不仅具有独立的购买能力，其购买意愿也多为家庭所尊重。例如，新婚夫妇的蜜月度假不仅吸引未婚青年效仿，而且对已婚家庭产生极大的旅游诱惑。孩子出生后，父母的旅游消费观念和消费方式会影响下一代的旅游消费行为。这种高辐射力是任何其他年龄阶段的旅游者所不及的。因此，青年旅游者群体应成为旅游企业积极争取的对象。

2. 青年旅游者群体的心理与旅游行为特征

（1）追求时尚，表现时代。青年旅游者典型的心理特征之一就是思维敏捷、思想活跃，对未来充满希望，具有冒险和献身精神。任何新事物、新知识都会使他们感到新奇、渴望。他们追求新颖与时尚，力图站在时代前沿，领导新潮流。青年旅游者往往是旅游新产品、新消费时尚的追求者、尝试者和推广者。例如，对于蹦极、攀岩、滑翔、漂流、潜水、探险等刺激性的活动，青年旅游者往往是率先尝试的群体，从而成为旅游消费的领导者，引领旅游消费潮流。

（2）追求个性，表现自我。青年旅游者自我意识强，追求个性独立，希望确立自我价值，并树立完美的个性形象，因而非常喜爱个性化的旅游产品，并力求在旅游活动中充分展示自我。例如，个性化的自驾游、体验性的自助游等旅游方式备受青年旅游者群体的青睐。

（3）追求实用，表现成熟。青年旅游者的旅游倾向趋于稳定和成熟，因而在追求时尚、表现个性的同时，也注重旅游产品的实用性和科学性，要求旅游产品经济实惠，货真价实。由于青年人大多具有一定的文化水平，接触到的旅游信息较多，因此在选择与购买旅游产品时比较谨慎，购买动机及购买行为表现出一定的成熟性。

（4）注重情感，冲动性强。青年旅游者处于少年到成年的过渡阶段，思想倾向、志趣爱好等还不完全稳定，行动易受感情支配。这些特征反映在旅游活动中，即青年旅游者易受客观环境的影响，情感变化剧烈，经常发生冲动性购买行为。同时，直观选择旅游产品的习惯使他们往往忽略综合选择的必要性，时尚、个性、体验、价格等因素都能成为青年旅游者购买旅游产品的理由，这也是冲动购买的一种表现。

（二）中年旅游者群体的旅游行为特征

1. 中年旅游者群体的特点

（1）处于购买商品的决策者位置。他们决定了家庭日常生活用品的购买，包括旅游产品的购买。

（2）可自由支配的收入高。中年旅游者群体是家庭经济来源的主要提供者，其可自由支配的收入高，而且购买活动多有计划性。出于家庭及事业的发展需求，其对旅游产品的购买具有很大选择性。例如：为了子女的教育，选择夏令营旅游产品；出于对父母的孝敬，选择夕阳红旅游产品；为了自己事业的发展，选择商务旅游产品等。

2. 中年旅游者群体的心理与旅游行为特征

中年旅游者消费观念成熟稳健，旅游行为形成了一定的模式，养成了一定的消费习惯。他们的购买行为一般有如下特征。

（1）注重旅游产品的实用性和价格的合理性。中年旅游者人生经验比较丰富，对旅游产品的实用性与性价比更为关注，对华而不实的宣传不感兴趣。

（2）注重旅游产品的便利性。中年旅游者工作紧张、繁忙，还要抚养子女，照顾老人，劳动量较大，社会压力较大。由于事业、家庭和经济收入比较稳定，因此双休日外出短途旅游对于他们来说是享受生活、提高生活质量和保持身心健康的理想方式。

（3）理性购买多于冲动性购买。中年旅游者心理成熟、稳定，购买旅游产品时既考虑家庭需求，又考虑经济安排，计划性较强。他们在购买旅游产品时有自己的消费习惯，多根据节假日来选择自己出游的时间。对于旅游企业而言，这是一部分忠实的顾客。

三、老年旅游者群体的旅游行为特征

老年旅游者群体，一般指65岁以上的旅游者。老年人一般拥有充裕的时间。大多老年人想通过外出旅游开阔眼界、陶冶情操，这既有益身体健康，又能调整情绪、改善心理状态。近些年，老年旅游市场蓬勃发展，老年人成为旅游业不可忽视的目标人群。

老年人由于阅历、年龄、身体状况、经济方面等的原因，在旅游活动中表现出自身的旅游行为特征。

（1）与其他年龄的旅游者相比，老年人进行旅游决策时更为慎重。老年人在进行旅游决策、购买旅游产品的时候，较多地表现出理智型消费者的特征。他们会对旅游线路及活动安排、旅游价格、旅游目的地、旅行社服务质量等事项进行反复考察、比较、评估，然后才做出决定。

（2）老年人多以观光游览、健身疗养为目的，具有“传统旅游”的特征。老年人在整个旅程中以纯旅游活动为主，购物活动较少。

（3）在时间安排上，老年人的自由度相对较高，希望避开旅游高峰期，多选择淡季出游。这样既可以躲过高峰期旅游者过于集中所带来的交通、食宿紧张，景区拥挤和不便，又能够享受到各种价格优惠，降低旅游成本。

（4）老年人对出游的安全保障要求高。在出游方式上，大多数老年人选择结伴出游，如加入旅游团，在家人的陪同下出游。交通工具的选择则以汽车和火车为主，两者相加所占的比例约为74.9%。近年来，由于航空客运的普及，机票价格的不断下降，更多的老年人有了乘飞机出行的愿望，他们呼吁，希望能开辟“夕阳游专机”，以缩短旅游途中所耗费的时间。

(5) 老年人出游对配套服务要求多。由于年龄的因素，旅游行程除了要轻松平缓，还要提供特殊服务，如配备随队医务人员、食宿安排尽量适合老年人特点等，即所谓“行要缓、食要软”。

(6) 老年人外出旅游时，十分注重物有所值。随着老年旅游者出游热情的高涨，其在旅游上的花销投入占比越来越大。以上海老年旅游者跟团游为例，2016 年老年旅游者人均消费为 4027 元，到 2018 年，这一数值上升至 4989 元。

四、农村居民的旅游行为特征

中国超 14 亿人口中农村人口就占了一半以上，把握时机巧妙地引导农村居民参与旅游将会为中国旅游市场注入新活力。农村居民旅游市场是中国旅游市场的重要组成部分。正确地引导农村居民参与旅游，有可能使农村居民消费市场成为中国最大的旅游消费市场。

然而，由于我国的特殊国情，农村居民旅游还处于旅游发展的起步阶段，当前我国农村居民的旅游行为呈现以下几个特征。

(一) 农村居民旅游规模总体上呈扩大趋势，但相对规模较小

近年来，我国农村居民旅游人数基本上保持了一定速度的稳定增长，这表明当前农村居民旅游热情高涨，我国农村居民旅游消费总量在不断增加；然而，与城镇居民旅游消费情况相比，农村居民人均旅游花费相对规模仍较小。另外，相对于城镇居民，农村居民旅游花费主要以交通费、参观游览费为主，旅游购物、娱乐、住宿、餐饮、通信等非基本旅游消费支出相对较小，导游服务等劳务消费支出过少。

(二) 出游目的较为单一，热衷选择大中发达城市以及周边邻近的热点旅游目的地

我国农村居民旅游发展还处在起步阶段，农村居民出游的目的主要是探亲访友、旅游观光、宗教朝拜，而以旅游度假、商务、文体、疗养为出游目的的情况较少。在选择目的地时，农村居民也比较倾向诸如北京、上海、广州等大城市，这些城市旅游业发达、商业繁华，正好满足了其以到过大城市为荣的心理。再者，受经济、消费观念等因素的影响，他们大多热衷于周边邻近的热点旅游目的地，不愿意去较远的旅游景点和一些刚刚开发的新旅游点。

(三) 旅游人数分布结构不合理

虽然外出旅游的农村居民人数在稳步增长，但是相对于庞大的农村人口，农村居民旅游的普及率还很低，分布不合理。就全国范围来讲，我国参加旅游活动的农村居民大多来自在京津地区，长三角和珠三角等沿海地区的农村；就区域范围来讲，参加旅游

活动的农村居民大多集中在大中城市周围的农村。全国大部分农村居民，尤其是中西部农村居民，还未参与到旅游活动中来。

（四）农村居民出游的方式以散客为主

受到各种条件的影响，我国农村居民的旅游方式多以散客出游为主，参加旅游团出游的只占一小部分。

农村居民的旅游行为之所以呈现这种特点，主要是因为以下几个方面。

1. 农村居民收入增长相对缓慢

农村居民收入增长相对缓慢是限制农村居民旅游消费水平的主要原因。2020 年中国农村居民人均可支配收入达到 17131 元，比上年增长 6.9%。但城乡居民收入差距还在增大，区域间收入差距依然明显。

2. 我国各地区农村居民收入水平相差悬殊

我国各地区农村经济发展水平不平衡，农村居民收入相差悬殊，这也是影响农村居民旅游消费水平的一个重要因素。虽然改革开放以来我国农村居民人均收入水平得到了大幅度的提高，但是有些偏远地区的农村居民刚刚解决温饱问题。这导致我国农村居民旅游分布不均衡，制约了全国农村居民人均旅游消费水平的提高。

3. 农村居民旅游消费环境不健全，市场潜力未被充分挖掘

长期以来，旅游经销商及政府对农村居民旅游市场的不重视，导致我国农村居民旅游环境不健全，尤其是在广大的中西部地区，交通不完善、通信服务落后、旅游宣传力度不大、农村居民生产活动季节和旅游旺季重叠等严重阻碍了农村居民旅游的发展，延缓了农村居民旅游动机转化为消费行为的进度，一部分市场潜力未被挖掘。

4. 中国传统文化思想的影响

几千年来，社会所积攒的“存钱”模式在大部分的农村居民心里根深蒂固，再加上子女教育投资的增加、养老以及其他一些不稳定因素，存钱的观念加剧。农村居民一贯的勤俭节约导致他们很难接受在其心中认为是挥霍浪费的旅游消费行为。

总之，我国农村居民旅游的发展还不够成熟，农村居民旅游的质量还不高，有待旅游企业进一步开发。

本章小结

本章主要介绍了社会群体对旅游行为的影响。社会群体是指为了实现某个特定的目标，由两个或更多的相互影响、相互作用、相互依赖的个体组成的人群集合体。在旅游者群体中，个体旅游者的消费心理常受到社会群体及其成员的影响，这种影响主要通过个体角色、榜样群体、社会群体规范和压力以及信息沟通形成。

个体在社会群体的压力下，在心理与行为上表现出与社会群体中多数人一致的现象叫作从众，由从众现象产生的对个体的作用叫从众效应。

家庭作为旅游者的消费特点有广泛性、阶段性、差异性、相对稳定性。以家庭生命周期为线索，不同的家庭结构类型在旅游行为上呈现不同的特点。家庭收入和家庭消费观念对旅游行为均有影响。

不同年龄阶段的社会群体在旅游行为上呈现不同的特征。尽管我国农村居民旅游的规模在不断扩大，但是农村居民旅游的质量还有待提升。

复习思考题

一、判断题

1. 信息沟通对社会群体的存在和发挥作用有着极其重要的意义。（　　）

2. 从众是指个体在社会群体的压力下，在心理与行为上表现出与社会群体中多数人一致的现象。（　　）

3. 家庭结构对旅游行为的影响不大。（　　）

4. 非基本旅游消费支出的高低是衡量一个国家旅游业发达水平的重要标志。（　　）

5. 满巢期家庭是旅游活动的主力军。（　　）

6. 收入水平决定着一个潜在的旅游者能否实现旅游行为及其旅游消费水平的高低。（　　）

7. 求知是少年儿童外出旅游的主要目的。（　　）

8. 在旅游者群体中，旅游者个体行为不会受到群体及其成员的影响。（　　）

9. 农村居民旅游规模总体上呈扩大趋势，且消费结构合理。（　　）

二、单项选择题

1. 在我国，青年旅游者的年龄为（　　）。

A. 15~35 岁　　B. 16~15 岁

C. 18~35 岁　　D. 20~40 岁

2. （　　）人生经验比较丰富，对旅游产品的实用性与性价比更为关注。

A. 青年旅游者　　B. 老年旅游者

C. 中年旅游者　　D. 女性旅游者

3. （　　）在进行旅游决策时，较多地表现出理智型消费者的特征。

A. 青年旅游者　　B. 老年旅游者

C. 中年旅游者　　D. 女性旅游者

4. 个体在社会群体的压力下，在心理与行为上表现出与社会群体中多数人一致的现象称为（　　）。

A. 暗示　　B. 模仿

C. 从众　　D. 服从

5. 社会群体的特点不包括（　　）。

A. 给成员以心理上的归属感　　B. 使成员具有认同感

C. 使成员获得社会性支持　　D. 使成员享受群体成果

6. 社会群体的心理效应包括（　　）。

A. 从众　　B. 顺从

C. 赞同　　D. 支持

7. 影响服从的因素不包括（　　）。

A. 命令发出者　　B. 命令的执行者

C. 情境因素　　D. 外部环境

8. 家庭旅游消费的特点（　　）。

A. 广泛性　　B. 阶段性

C. 差异性　　D. 以上都是

9. 家庭收入对旅游行为的影响主要体现在（　　）。

A. 旅游消费观念　　B. 旅游动机

C. 旅游消费水平　　D. 以上都是

三、简答题

1. 怎样理解社会群体？社会群体对个体旅游者消费心理的影响包括哪些方面？

2. 家庭作为旅游者在旅游消费中主要有哪些行为特点？

3. 家庭收入对旅游行为的影响主要体现在哪些方面？

4. 青年旅游者群体的心理与旅游行为特征表现在哪些方面？

5. 中年旅游者群体的旅游行为有什么特征？

四、案例分析题

主题式夏令营的名字越来越“炫”，形式与内容也渐趋多样化。

每年夏季，以强化英语学习为卖点的研学游会适时出现在旅行社的菜单上，目标锁定澳大利亚和新西兰两国，10 天的“学费”在 15000 元至 20000 元。此外，一系列形式新颖的夏令营也将投放暑期高端市场，如在北京某国旅推出的“酷夏德国行”足球夏令营中，小队员可在贝肯鲍尔（Franz Beckenbauer）的故乡接受国际专业教练的培训，并将造访慕尼黑 1860 俱乐部，观摩球队训练，与效力于该队的中国球员合影留念。暑期市场上还将有更多主题鲜明的夏令营供孩子选择。

业内人士指出，随着我国旅游市场的不断细分，长达两个月的暑期旅游市场越来越被旅行社重视。对于“利润第一”的旅行社而言，应该在加强特色产品开发的基础上，多替学生准备些“精神食粮”，同时在主拼高端市场的前提下，也应适时开发一些利薄但社会效益显著的主题产品，进一步树立旅行社的品牌形象。

问题：

1. 针对寒暑假学生研学旅游市场，你认为应该开发什么样的旅游产品？
2. 你认为应该怎样开发学生旅游市场？

五、实训题

调查当地旅行社，了解并分析当地农民旅游消费状况。

第八章　旅游企业个体管理心理

案例导入

小贾是公司销售部的一名员工，为人比较随和，和同事的关系处得都比较好。但是，前一段时间，不知道为什么，同一部门的小李总是处处和他过不去，有时候还成心在别人面前指桑骂槐，对需要合作的工作任务也有意让小贾多做，甚至还抢了小贾的好几个老客户。

起初，小贾觉得都是同事，没什么大不了的，忍一忍就算了。但是，看到小李如此嚣张，小贾一赌气，告到了经理那儿。经理把小李批评了一通，从此，小贾和小李成了绝对的冤家。

分析：小贾所遇到的事情在工作中常常出现。在一段时间里，同事小李对他的态度大有改变，小贾应该留心是不是哪里出了问题。但小贾只是一味忍让。这个忍让不是一个好方法，更重要的应该是多沟通。

小贾应该考虑是不是小李有了一些什么想法，有了一些误会，才让他对自己的态度变得这么恶劣，他应该主动、及时地和小李进行一次真诚的沟通，比如问问小李是不是自己什么地方做得不对，让他难堪了之类的。任何人都不喜欢与人结怨。他们之间的误会和矛盾在比较浅的时候，通过及时沟通能够化解。但结果是，小贾到了忍不下去的时候，选择了告状。

其实，找主管来处理一些事情，不能说方法不对，关键是怎么处理。在这里，小贾、部门主管、小李三人犯了一个共同的错误，那就是没有坚持“对事不对人”，主管做事也过于草率，没有起到应有的调节作用，他的一番批评直接加剧了二人之间的矛盾。

正确的做法是，通过加强员工之间的沟通，化解双方的误会和矛盾。主管要公平公正，了解整件事的真实情况，小贾和小李应开诚布公，接受调解。

我们每个人都应该学会主动地沟通，真诚地沟通，有策略地沟通，如此一来就可以避免很多工作与生活中完全可以不发生的误会和矛盾。

学习目标

1. 了解旅游企业员工个体差异及相应的管理对策。
2. 掌握能力、性格、激励的概念。
3. 了解激励理论及其在旅游企业管理中的应用。
4. 了解疲劳的概念及其表现形式。

本章重点、难点

1. 根据旅游企业员工的能力、气质、性格方面的差异，采取相应的管理措施。
2. 掌握旅游企业员工的压力来源及应对措施。

本章重点概念

能力：是指顺利完成某种活动所必需的并直接影响活动效率的心理特征。

性格：是指一个人对客观现实的态度和行为方式中比较稳定的、具有核心意义的心理特征。

激励：由动机演化而来，有激发、鼓励之意，是指激发人的动机的心理过程。

工作设计：又叫岗位设计，是指为了有效地达到组织目标与满足个人需求而进行的工作内容、工作职责和工作关系的设计。

疲劳：人们连续学习或工作后效率下降的一种现象。可以分为生理疲劳和心理疲劳两种类型。生理疲劳是疲劳在生理上的反应，心理疲劳是疲劳在心理上的反应。

压力：是压力源和压力反应共同构成的一种认知和行为体验过程。

心理健康：从广义上讲，心理健康是一种高效而满意的、持续的心理状态。从狭义上讲，心理健康是指人的基本心理活动的过程内容完整、协调一致，即认知、感情、意志、行为、个性完整和协调，能适应社会，与社会保持同步。

管理心理学是心理学的一个分支，主要是研究组织中人的心理现象、心理过程及其发展规律，最大限度地调动个体积极性的一门学科。旅游者能否获得满意的旅游经历取决于旅游从业人员的素质和表现，旅游企业的管理人员如果能够充分了解企业员工在能力、气质、个性方面的差异，激励企业员工，采取有效措施缓解企业员工的压力，充分调动企业员工的积极性和创造性，形成和谐的内部氛围，就能实现企业“人尽其才”“才尽其用”的管理目标，提升整体管理水平。

第一节　旅游企业员工个体差异与管理

旅游企业员工之间的个体差异主要体现在个性心理特征方面，包括能力、气质、性格三个方面，本节就从这三个方面来阐述旅游企业员工的个体差异及相应的管理对策。

一、能力差异与旅游企业管理

（一）能力

能力是指顺利完成某种活动所必需的并直接影响活动效率的心理特征。能力总是和人完成一定的活动联系在一起，离开了具体的活动既不能表现出人的能力，也不能发展人的能力。例如，从事外交工作，要具有灵活而敏捷的思维、较好的语言表达、较强的记忆等能力；从事管理工作，要具备一定的组织、交际、宣传说服等能力；从事饭店接待工作，要具有熟练的操作技能、语言表达能力等。只有在能力上足以胜任工作，才能取得良好的工作绩效，否则工作就不能顺利进行。

人和人之间在完成某种活动时表现出来的能力有明显的差别。要想成功地完成一项活动，仅仅依靠某一方面的能力是远远不够的，通常需要将多种能力综合在一起才能完成。例如，导游在工作中不仅要有较好的口头表达能力，还要有较强的记忆力、良好的沟通能力、应对突发事件的应变能力和良好的心理素质。如果在一项活动中能够很好地结合各种能力，那么完成任务的效率就会大大提高。

（二）能力的分类

1. 一般能力与特殊能力

能力根据结构可分为一般能力和特殊能力。一般能力是人们在基本活动中都会表现出来的能力，包括观察力、创造力、记忆力、注意力、想象力、抽象思维能力等，适用于广泛的活动范围，其中抽象思维能力是能力的核心，创造力是能力的高级表现形式。特殊能力是指人们从事某些特殊的职业或专业需要的能力，适用于狭窄的活动范围，如在数学、音乐、绘画、计算机、文学等方面的能力。人们在任何一项活动中既需要一般能力，也需要特殊能力，二者是相互联系、相互促进的有机整体。

2. 再造能力和创造能力

根据创造程度的不同，能力可分为再造能力与创造能力。再造能力也叫模仿能力，是指通过观察别人的行为活动，快速地学习知识、适应环境，然后按照相同的模式做出反应的能力。例如，孩子会模仿父母的说话方式、面部表情。创造能力是指具有独特、创新、变通和超越常规思维的能力，这种能力符合创造活动的要求。能力是在运用智力、知识、技能的过程中，经过反复实践而获得的。再造能力与创造能力有着密切的关系，模仿是创造的前提和基础，人们通常是先模仿，再进行创造。

3. 流体能力与晶体能力

能力根据人一生中的发展趋势可分为流体能力与晶体能力。流体能力是指在信息加工和问题解决过程中所表现出来的能力，如对关系的认识，类比、演绎、推理能力，形成抽象概念的能力等。流体能力对文化和知识的依赖较少，会随着年龄的衰老而减退。晶体能力是指以学到的知识为基础的认知能力，它与后天的教育、文化和知识密切相关，不会随着年龄的增长而减退。晶体能力的发展会伴随人的一生，只是到 25 岁以后其发展速度逐渐缓慢。

4. 认知能力、操作能力和社交能力

能力根据功能可分为认知能力、操作能力和社交能力。认知能力是指人脑加工、储存和应用信息的能力，如观察力、想象力、记忆力、注意力等。人们主要依靠认知能力来认识客观世界，获取各种知识。操作能力是指操纵肢体完成各项活动的能力，如劳动能力、运动能力、表演能力、实验操作能力等。操作能力和认知能力是紧密联系、共同发展的。社交能力是指人们在社会交往活动中表现出来的能力，如组织管理能力、语言感染能力、判断决策能力等。

（三）影响能力的因素

能力的形成与发展受多种因素的影响，既受先天的遗传因素影响，也受后天的环境与教育、社会实践、个体等因素的影响。

1. 遗传因素

遗传因素是指先天的解剖生理特征，包括神经系统、感觉器官、运动器官以及大脑的特性等。遗传因素是能力形成和发展的自然前提和物质基础，离开了这个基础，任何能力都无从产生，如天生的盲人不大可能会成为画家。但是，先天的遗传因素只能为能力提供形成与发展的可能性，并不能预测或决定能力的发展方向，如有人生来手指就短，但是这并不能排除其成为钢琴家的可能性。此外，同样的遗传因素可能会发展出多种不同的能力，这取决于后天的环境与教育、社会实践、个体等因素的影响。

2. 环境与教育因素

环境与教育因素包括产前环境、营养状况、家庭环境、学校教育、生活方式等因素。胎儿出生前在母体中的成长环境对其生长发育和智力有重要的影响。研究表明，如果母亲怀孕期间服药、生病、营养不良等，会不同程度地影响孩子的智力。美国心理学家布卢姆（Benjamin Bloom，1913—1999）在《人类特性的稳定性与变化》中提出，5 岁以前是儿童智力发展最迅速的时期，如果将 17 岁时人所达到的智力水平定为 100%，那么人在出生后前 4 年就已经获得了 50%的智力。因此，得当的早期教育有助于孩子智力的提高。日本学者也提出了类似的智慧发展递减规律，即人一出生就具有

100分的能力，人们的能力会随着接受教育时间的增长呈递减趋势。一个人朝什么方向发展，发展水平的高低、速度的快慢，主要取决于后天的教育因素，特别是学校教育在个体能力发展中起着非常重要的作用，通过有计划、有组织、有目的的教育，不仅能使个体掌握知识和技能，还能促进个体能力的发展。

3. 社会实践因素

社会实践是人与客观世界相互作用的过程，是人所特有的积极主动的运动形式。虽然遗传、教育、环境等因素是影响能力形成的重要因素，但是这些因素只有在社会实践中才能发挥作用，只有社会实践才是能力形成与发展的关键因素。东汉思想家王充就提出过“施用累能”和“科用累能”的观点，前者是说能力是在使用中积累的，后者是说从事不同职业活动可以积累不同的能力。因此，人的各种能力是在长期的社会实践中逐渐形成的，脱离了具体的社会实践，人的能力是无从提高和发展的。

4. 个体因素

环境与教育是能力形成与发展的外部条件，外因必须通过内因起作用。一个人要想发展能力，除了必须积极地投入到社会实践中，还要充分发挥自身的主观能动性。理想和信念是个人能力发展的强大动力，兴趣和爱好会促使人们进一步探索实践，而主观上的勤奋则是提升能力的必由之路。

（四）能力的差异

人的能力是有个体差异的，这主要表现在能力的发展水平和发展速度等方面。

1. 能力发展水平的差异

能力发展水平的差异主要表现在智力、体质、情绪等方面。对智力的检测通常采用智力测验量表进行。

法国心理学家比内（Alfred Binet，1857—1911）和医生西蒙（T. Simon，1873—1961）在1905年编制了世界上第一个智力测验量表，即“比内—西蒙智力量表”。1916年，美国斯坦福大学心理学家推孟（Lewis Madison Terman，1877—1956）对该量表进行了修订，编制了斯坦福—比内量表，量表题目按照年龄进行编排，但是该量表对年龄超过15岁的人并不适用。随后，美国心理学家韦克斯勒（David Wechsler，1896—1981）在1939年制定了新的量表，包括韦氏成人智力量表、韦氏儿童智力量表和韦氏学前儿童智力量表。

研究表明，在全世界的人口中，智力水平基本呈正态分布，即两头小，中间大。但智力水平分布的两侧并不是完全对称的，智力水平分布的左端比右端范围大，即智力低的人比智力高的人略多。这是因为人类智力还受疾病等影响。

2. 能力发展速度的差异

能力发展速度的差异是指在不同的年龄段，人的能力存在个体差异。有些人很早就表现出非凡的天赋，如美国著名的数学家维纳（Norbert Wiener，1894—1964）

15 岁大学毕业，18 岁获得哈佛大学哲学博士学位，后来成为控制论的创始人。唐代诗人白居易 1 岁开始识字，5~6 岁就会写诗，9 岁已精通声韵。但是有些人则属于大器晚成者，如中国著名的药医学家李时珍 61 岁时编写完成《本草纲目》。达尔文在 50 岁时写出《物种起源》，而摩尔根（Thomas Hunt Morgan，1866—1945）发表基因遗传理论时已经 60 岁。学者通过对大量的科学家、艺术家、文学家等的年龄与成就的相关性进行研究，发现 25~40 岁是成才的最佳年龄，从事不同工作的人最佳成才年龄是不同的。

（五）能力与旅游企业管理

现代心理学研究表明，能力确实存在个体差异，因此，在旅游企业施行管理的过程中，必须考虑个体差异以及不同性质的工作对个人能力的不同要求，要把合适的人放到恰当的工作岗位上。

1. 合理招募人才，量才录用

每个人的能力是不同的，旅游企业中不同类型的岗位对员工能力的要求也是不同的，因此，企业在招募人才的时候，应该明确每个岗位的用人标准，从工作性质、责任大小、劳动强度、工作环境、上下关系、任职资格等方面确定各岗位所需要的人才，为人员招聘和选拔提供科学的依据。此外，在企业管理方面的全才并不多，在某一方面有专长的人却不少，因此在选拔人才的时候，应该量才录用。

2. 能力与工作的匹配

在旅游企业施行管理的过程中，应当对企业员工的能力进行全面的了解，根据员工个体能力的差异，进行科学分工和合理安排，做到人尽其才。不同的工作对能力的要求不同，员工能力和工作不匹配，一般分为两种情况：如果员工的能力低于工作的要求，员工时常会因为完不成工作任务而产生压力和挫折感；如果员工的能力远远超过了工作要求，员工往往会因为工作的局限性而失去兴趣，降低对工作的满意度。因此，企业应当根据员工的具体情况，安排适合他们特长的工作，使他们的能力得到充分发挥。

3. 研究工作岗位之间的相关性

虽然旅游企业中的各类工作，因为分工不同而对员工的要求也不同，但是各岗位之间存在正相关、负相关或不相关的关系。具有相关性的岗位对员工的知识和能力等方面有相似的要求。管理人员可以通过对各岗位之间相互关系的研究，根据岗位之间的相关方向和程度，编制岗位系列图，帮助企业管理部门对员工进行合理安排，如在进行人员调整时，就可以把员工调到与其岗位正相关的新的工作岗位上，还可以指导企业管理部门做好对员工的晋升工作。

4. 注意能力差异的互补性

在旅游企业的管理中，员工的能力差异是客观存在的，在安排工作时需要注意并利用这种差异性。在一个团队中，应该注意将有不同能力的人进行合理的搭配，形成互补效应，以发挥团体协作作用。例如，有的人具有较强的组织协调能力、应变能力和语言表达能力，可以把他们放在领导者的位置上；有的人思维敏捷，在某些方面具有特长，可以把他们放在专业技术岗位上。各类员工通力配合，取长补短，才能使企业的管理更加合理和高效。

5. 做好员工的教育培训工作

在旅游企业的管理过程中，对具有不同能力的员工可以分别给予不同层次的职业教育和培训，在知识快速更新的时期，这是十分必要的举措。通过这种有针对性的教育培训，可以进一步提高员工的专业技能和管理水平。

二、气质差异与旅游企业管理

气质是人的心理特征之一，关于气质的相关内容可以参考本书第五章第二节。巴甫洛夫认为："气质是个人最一般的特征，是个人神经系统最基本的特征，而这种特征在每一个人的一切活动中都会留下一定的痕迹。"

气质虽然没有好坏之分，但是不同的气质类型既有积极的一面，也有消极的一面。例如，多血质的人头脑灵活、反应快，但缺乏持久性，兴趣容易转移；抑郁质的人在工作中孤僻多疑，但做事细心，能观察到别人不易察觉的细节。同样，胆汁质和黏液质的人在工作中也各有优缺点。因此，气质不能决定一个人的社会价值和工作成就，但是工作的性质和内容对员工的气质是有一定要求的，一种气质类型的员工适合做这份工作，但换一个另一种气质类型的员工未必适合。在旅游企业的管理中，要考虑员工气质类型的差异性，恰当地为其安排工作。

（一）尽可能使员工的气质与工作要求相一致

一个人的气质虽然不能决定一个人能干什么，不能干什么，但不能否认，当一个人的气质特点与工作要求相符时，这个人做起事来就比较轻松，反之就比较费劲。因此，旅游企业管理人员要善于掌握员工的气质类型和特点，尽可能把员工安排在与他们气质特点相匹配的岗位上。

一般来说，旅游巴士司机需要灵活机敏，比较适合多血质的人；饭店的前厅工作要求工作人员具备反应迅速、热情活泼、善于交际等特点，比较适合多血质和胆汁质的人，而黏液质和抑郁质的人则较难适应这类工作；饭店的客房服务和保洁工作要求持久、细致，黏液质和抑郁质的人更适合做这样的工作。

即使两个人的文化素养、专业技能相差无几，如果一个人是多血质，一个人是黏液质，仅凭两人的事业心和责任感，都能够很好地承担饭店的采购或会计工作，但是可以设想，多血质的人担当会计一职，需要克服粗心大意，培养细心、谨慎、稳重的作风，他需要比黏液质的人经受更多的磨炼，而黏液质的人承担饭店的采购工作，每天需要与形形色色的人打交道，需要培养交际能力，他也需要比多血质的人付出更多的努力。

由此可见，不同气质类型的人从事相同的工作，要么付出同样的努力，而工作效果不同；要么工作效果相同，付出的努力却不一样。作为旅游企业的管理人员，应当善于发现员工的气质特长，使员工的气质与其工作相符，这样既能够发挥员工气质中积极的一面，又可以取得较好的工作效果。

（二）在工作中尽可能考虑员工的气质互补性

不同的气质类型既有积极的一面，也有消极的一面。在旅游企业中，很多工作既需要稳定的注意力，又需要一定的灵活性，但对于一个人来说，两种气质很难同时兼顾。在具体的工作中，将具有不同气质类型的员工组成一个群体，就可以实现气质互补，让各员工取长补短以适应工作。例如，有些员工属于黏液质，他们的注意力具有稳定性，但缺乏灵活性，有些员工属于多血质，行为特征正好与黏液质气质员工的行为特征相反，如果让两者合作，发挥彼此气质的互补作用，就可以更好地提高工作绩效。因此，旅游企业的管理人员在组建团队时，应当考虑员工的气质，尽可能按个人的气质特征适当编排组合，发挥员工气质间的补偿作用，达到更好的工作效果。

三、性格差异与旅游企业管理

（一）性格

性格是重要的心理特征，个体之间的差异首先表现在性格上。性格是指一个人对客观现实的态度和行为方式中比较稳定的、具有核心意义的心理特征。性格主要体现了人们对现实和周围世界的态度及所采取的行为举止。一个人的性格受一定的思想品质、意识、信仰、世界观、人生观、价值观的影响和制约，其中占主导地位的是具有道德评价含义的思想品质，它突出、鲜明地反映出一个人的性格，并直接地反映出一个人的道德风貌。性格是在社会生活中逐渐形成的，同时也受个体生物学因素的影响，因此每个人的性格会有不同的特征，如有人腼腆，有人粗暴，有人刚强，有人懦弱。性格具有独特性和相对的稳定性，为预测人的态度和行为提供了可能性，但是受环境和社会生活的影响，人的性格会不断改变。按照性格的结构，性格的特征主要表现在以下四个方面。

1. 性格的态度特征

性格的态度特征是指一个人在处理各种社会关系时表现出来的一般特征，包括一个人对待社会、集体、他人的态度，对待劳动、生活、学习的态度，对待劳动产品的态度以及对待自己的态度。这些态度特征表现为正直或虚伪，富有同情心或冷酷无情，勤奋认真或粗心懒惰，锐意创新或墨守成规，谦虚谨慎或骄傲自大等。

2. **性格的理智特征**

性格的理智特征是指个体在感知、想象、记忆、思维等认知活动中表现出来的心理特征。如在感知方面是属于主动观察型还是被动观察型，是细节分析型还是整体综合型，是快速感知型还是精确感知型；在想象方面是主动想象还是被动想象，是广泛想象还是狭隘想象；在记忆方面是主动记忆还是被动记忆，是善于形象记忆还是善于抽象记忆；在思维方面是能独立思考还是依赖他人等。

3. **性格的情绪特征**

性格的情绪特征是指个体在情绪表现方面的心理特征，包括情绪的强度、稳定性、持久性及主导心境等方面。情绪在强度方面表现为一个人的情绪受控的难易程度，在稳定性方面表现为情绪起伏和波动的程度，在持久性方面表现为情绪持续的时间以及对工作、学习的影响程度，而在主导心境方面主要表现为有的人经常情绪饱满，有的人则经常郁郁寡欢。

4. **性格的意志特征**

性格的意志特征是指个体在调节自己的心理活动时表现出来的心理特征，包括自觉性、坚定性、果断性、自制力等方面。

（二）性格的类型

1. **机能类型**

按照理智、情绪和意志在人身上更占优势的情况，可以将性格划分为理智型、情绪型和意志型。理智型的人通常用理智来衡量一切并支配自己的行动；情绪型的人情绪体验深刻，言行举止易受情绪左右；意志型的人具有较明确的活动目标，行为活动具有目的性、主动性、持久性和坚定性。

2. **优越型与自卑型**

奥地利精神病学家阿尔弗雷德·阿德勒（Alfred Adler，1870—1937）创立了个体心理学，用精神分析的观念来划分性格类型。他根据个人竞争性的不同把性格划分为优越型和自卑型两种。前者恃强好胜，不甘落后，总是想胜过别人；后者甘愿退让，不与人争，缺乏进取心。

3. **独立型与顺从型**

美国心理学家威特金（Herman Witkin，1916—1979）长期从事场依存性的研究，他把人的性格划分为独立型和顺从型两种。独立型的人善于独立思考，不易受他人的暗示和其他因素的干扰，但是有时比较武断。顺从型的人缺乏主见，容易受他人的暗示和其他因素干扰，常不加分析地接受他人的意见，应变能力较差。

4. **社会文化类型**

德国教育学家和哲学家斯普兰格（Isaac Sprangle，1882—1963）从人类社会文化生活的角度，将性格分为理论型、经济型、审美型、社会型、宗教型和权力型。理论型的人追求真理，善于思考与决断，如理论家、思想家等；经济型的人追逐利润，重视经济观和价值观，如商人等；审美型的人不大关心实际生活，追求艺术美的体验，如艺术家等；社会型的人愿意为社会、为他人谋利益，如社会活动家等；宗教型的人如宗教徒等；权力型的人总想指挥别人，如掌权者等。

拓展阅读

性格类型测定

瑞士一个心理学家根据人在交往中的表现特点，把性格分为四种类型，即敏感型、感情型、思考型和想象型。如果你想了解自己性格的类型，请按自己的真实表现回答下面的问题。

每个问题都有 4 个答案，请在最符合你情况的选项前填写“4”，其次填写“3”，再次填写“2”，最不符合你情况的选项前填写“1”。

1. 我给别人留下的印象可能是：

A. 经验丰富

B. 热情友善

C. 灵敏快捷

D. 知识丰富

2. 当我按计划工作时，我希望这计划能够：

A. 取得预想效果，不要浪费时间和精力

B. 有趣，并能和有关的人一起进行

C. 计划详细而精确

D. 能产生有价值的新成果

3. 我的时间很宝贵，所以总是首先确定要做的事情：

A. 有无价值

B. 能否使人感兴趣

C. 是否安排妥当，按计划进行

D. 是否考虑好下一步的计划

4. 对我来说，最满意的情况是：

A. 比原来的计划要求做得更多

B. 对别人有帮助

C. 经过思考解决了问题

D. 把一个想法和另一个想法联系起来

5. 我喜欢别人把我看成是一个：

A. 能完成工作任务的人

B. 充满热情和活力的人

C. 办事胸有成竹的人

D. 有远见卓识的人

6. 当别人对我无理时，我会：

A. 立即表示出不快

B. 心情不快，但很快能消除

C. 谴责对方

D. 不去理他，考虑自己的事

计分标准：

测试完后，把6个问题中A、B、C、D 4项的分数分别相加，得出4个总分数。分数最高的一项，就是测试者性格的基本类型。

A. 敏感型：这类性格的人精神饱满，好动不好静，办事喜欢速战速决，但是行为常带有一定的盲目性。这种人在人际交往中会使出全部的热情，但受挫时又容易消沉和失望。这类性格的人最多，约占总人数的40%。

B. 感情型：这类性格的人感情丰富，喜怒哀乐溢于言表，别人很容易从其表现中了解其经历。他们不喜欢单调的生活，喜欢刺激，爱感情用事，在生活中喜欢鲜明的色彩，对新鲜事物有浓厚的兴趣。这类性格的人其人际交往特点是容易冲动，有时反复无常，傲慢无礼。这类性格的人约占总人数的25%。

C. 思考型：这类性格的人善于思考，逻辑思维能力强，有较成熟的观点，一切以事实为依据，决定一经做出，就能持之以恒。生活工作有规律，爱整洁，时间观念强。重视调查研究及其精确性。这类性格的人的缺点是有时思想僵化，墨守成规，爱纠缠细节，缺乏灵活性。这类性格的人约占总人数的25%。

D. 想象型：这类性格的人想象力丰富，爱憧憬未来，喜欢思考问题，不太重视细节，对那些不能立即了解其想法价值的人往往很不耐烦，有时行为刻板，难以相处。这类性格的人较少，约占总人数的10%。

（三）性格与气质的关系

1. 性格与气质的相互联系

气质和性格都是重要的心理特征，二者是不同的概念，既有联系又有区别。气质可以影响性格形成和发展的速度，如黏液质的人容易形成自制力，而胆汁质的人则需要付出更大的努力才能够自制。气质可以影响性格，从而使性格具有独特的色彩。性格也会影响气质，在一定程度上掩盖和改造气质，使气质积极的方面得到发展，同时抑制消极方面，使其更好地符合社会实践的要求。例如，一名胆汁质的导游，从事的工作性质要求他沉着、有耐心和细致，那么他在工作中就会逐渐向这种性格靠近。

2. 性格与气质的区别

从形成机制来看，气质的形成较多地受个体生理条件，主要是高级神经活动类型的影响，具有较强的稳定性，并无好坏之分。性格主要是在后天生活环境的影响下形成和发展起来的，更多地受社会生活条件的制约，有好坏之分，可以用一定的道德标准进行评价。从表现上看，气质形成得早，表现得早，可塑性小，不易改变。性格形成得晚，表现得晚，具有相对的稳定性，但会随着社会环境的变化而改变，可塑性较大，变化较快。从性质上看，性格是指人对客观现实的态度和其行为方式所表现出来的心理特征，因此在不同的社会条件下，人们的性格有明显的区别。但是气质在不同的社会条件下，可以表现出相同的特征。

（四）性格差异与旅游企业管理

在旅游企业进行人力资源管理时，工作重点首先应该放在了解和掌握不同员工的某种性格特征上，并预见其未来的行为倾向，依此作为企业管理员工的依据，针对不同性格特征的员工采取不同的管理方法；其次应该积极创造条件，培养员工良好的职业性格。

1. 注意员工性格类型与工作岗位相匹配

人和人之间的性格差异是非常明显的。对于旅游企业的管理人员来说应该借助一定的方法，了解员工的性格特征，根据员工的性格特征安排工作岗位，这样才能激发员工潜能，提高工作效果。

对于性格的测试方法有很多，迈尔斯—布里格斯类型指标（Myers-Briggs Type Indicator，MBTI）是当今世界上应用最广泛的性格测试工具之一。MBTI 是一种迫选型、自我报告式的性格评估测试，用来衡量和描述人们在获取信息、做出决策、对待生活等方面的心理活动规律和性格类型。布里格斯（Katharine Cook Briggs）和她的女儿迈尔斯（Isabel Briggs Myers）根据荣格的心理类型理论，经过长期的观察和研究，最终研制了迈尔斯—布里格斯类型指标。

这个指标以荣格划分的 8 种类型为基础，经扩展形成了 4 个维度，即外倾（E）—内倾（I）、感觉（S）—直觉（N）、思维（T）—情感（F）、判断（J）—知觉（P）。每个维度各有两个方面。4 个维度如同 4 把标尺，每个人的性格都会落在标尺的某个点上，这个点靠近哪个端点，就意味着个体就有哪方面的偏好。MBTI 的 4 个维度及性格特征如表 8-1 所示。

表 8-1　　MBTI 的 4 个维度及性格特征

维度	倾向	性格特征
外倾—内倾	外倾型（Extraverts）	偏向专注于外在的人和事，倾向将能量往外释放
	内倾型（Introverts）	专注于自己的思想、想法及印象，倾向将能量流往内部

续 表

维度	倾向	性格特征
感觉—直觉	感觉型（Sensing）	喜欢着眼于当前事物，惯于先使用五官来感受世界
	直觉型（Intuition）	着眼未来，着重可能性及预感，从潜意识及事物间的关联来理解世界
思维—情感	思维型（Thinking）	偏好用“是—非”及“如果……就”的逻辑分析结果及影响，或做决定
	情感型（Feeling）	偏好使用价值观及自我中心的主观评价来做决定
判断—知觉	判断型（Judging）	倾向于井然有序及有组织的生活，而且喜欢安顿一切事物
	知觉型（Perceiving）	倾向于自然发生及有弹性的生活，对任何意见都持开放态度

美国心理学家霍兰德（John Holland）提出了职业兴趣理论。他认为，个体之间在性格方面存在本质的差异，而职业也具有不同的类型，当人的性格与其所从事的职业相匹配时，就会产生最高的满意度和最低的流动率。霍兰德根据人的心理素质和择业倾向，将人划分为社会型（S）、企业型（E）、常规型（C）、现实型（R）、研究型（I）、艺术型（A），人如果找到了适合的职业岗位，其才能和积极性才会很好地发挥出来。霍兰德职业兴趣理论模型如图 8-1 所示。霍兰德性格类型与职业匹配如表 8-2 所示。

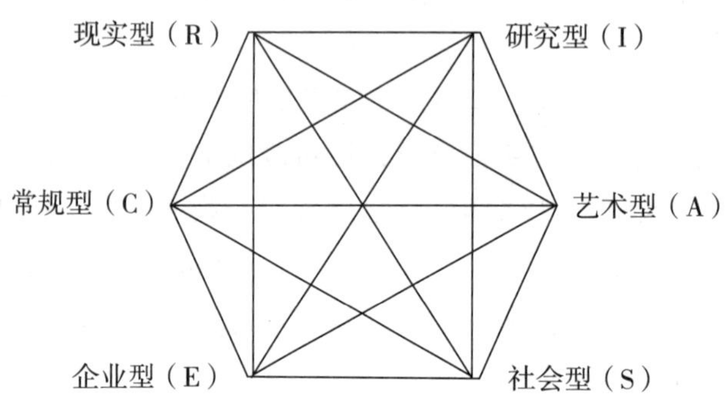

图 8-1 霍兰德职业兴趣理论模型

表 8-2 霍兰德性格类型与职业匹配

类型	性格特征	职业
现实型	偏好需要技能、力量、协调性的具体活动，害羞、真诚、持久稳定、顺从、实际	维修工、装配工等
研究型	偏好需要思考、组织和理解的活动，理性、有好奇心，喜欢独立分析，富有创造性	生物学家、物理学家等
艺术型	偏好需要创造性表达的、模糊且无规则可循的活动，富有想象力、理想化、情绪化	画家、演员等

续 表

类型	性格特征	职业
社会型	偏好能够帮助和提高别人的活动，性格友好、合作、理解、有责任感	教师、护士等
企业型	偏好能够影响他人和获得权力的活动，自信、进取、精力充沛、盛气凌人	公关、市场营销等
常规型	偏好规范、有序、清楚明确的活动，顺从、高效、实际、有条理，缺乏想象力和灵活性	秘书、会计、业务经理、出纳等

2. 注意将不同性格类型的员工进行合理搭配

旅游企业的管理人员在进行人员选拔和组合的时候，要考虑性格的差异性，把不同性格类型的员工放在一个团队中，使其发挥各自的特长。性格既有积极的一面，也有消极的一面，通过科学合理的搭配，可以使组织中的成员发挥性格特长，克服性格中的消极面，形成优势互补，使整个企业的管理更加高效。

3. 注意培养员工良好的职业性格

性格通过后天的培养是可以变化的，旅游企业的管理人员应该利用这一规律，为员工创造一定的环境条件，使员工的性格向好的方向发展。如培养导游热情、亲切、自信、开朗、富有幽默感的性格，培养前台人员热情、细致、耐心等性格。

第二节　激励理论

一、激励概述

（一）激励的界定

激励是管理心理学的核心。现代旅游企业的管理人员可以通过各种有效的激励机制调动员工的积极性和创造性，使员工努力完成组织任务，实现组织的既定目标。那么什么是激励呢？有学者认为，一切内心要争取的条件、希望、愿望、动力构成了对人的激励，它是人类活动的一种内心状态。在心理学中将激励定义为：激励（motivation）由动机（motive）演化而来，有激发、鼓励之意，是指激发人的动机的心理过程。激励的本质就是激发人动机的过程，人的一切行为都是由某种动机引起的。动机是一种精神状态，对人的行为起激发、推动和加强的作用。图 8-2 体现了激励的心理过程。在工作中调动员工的积极性，激发全体员工的创造力，是旅游企业人力资源管理的最高目标。

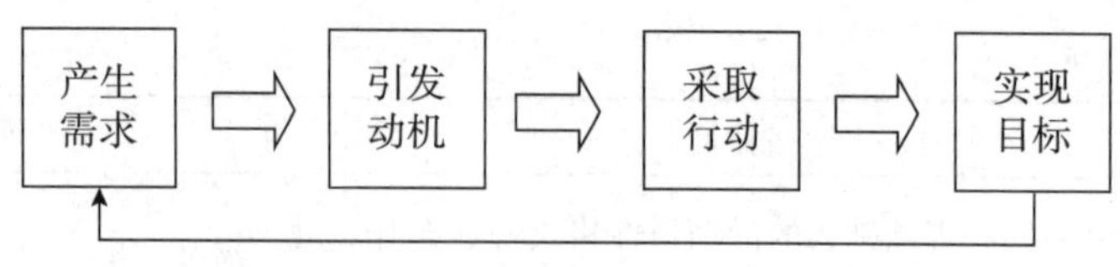

图 8-2　激励的心理过程

（二）激励的功能

1. 吸引人才

现在旅游企业的市场竞争进一步加剧，而我国的旅游业是一个人员流失率非常高的行业。高素质的旅游人才是旅游企业发展必不可少的条件。旅游企业可以通过有效的激励机制招募和吸引人才，以推动企业发展。

2. 充分激发员工潜能

美国哈佛大学的威廉·詹姆斯（William James）教授在对员工激励的研究中发现，按时计酬的分配制度仅能让员工发挥 20%~30%的能力，如果受到充分激励的话，员工的能力可以发挥出 80%~90%，两种情况之间的差距就是有效激励的结果。管理学家的研究表明，员工的工作绩效是员工能力和受激励程度的函数，即绩效 = F（能力×激励）。如果制定激励制度时把员工的创造性、主动性等因素考虑进去，那么激励制度对员工工作绩效的影响会更大。因此，对于旅游企业的管理人员来说，应该创造一个鼓励员工发挥创新性和自主性的宽松环境，营造活跃和自由的氛围，建立正确的评价和激励机制，并让员工了解工作行为的实际效果，以此来激发员工的积极性。

3. 造就良性竞争环境

科学的激励机制包含一种竞争精神，它的运行能够创造出一种良性的竞争环境，形成良性的竞争机制。在具有竞争性的企业环境中，组织成员会受到外在的压力，这种压力会转变为员工努力工作的动力。正如麦格雷戈（Douglas McGregor，1906—1964）所说，个人与个人之间的竞争，才是激励的主要来源之一。对于旅游企业来说，通过强化企业内的竞争机制，可以激励员工去研究新动向、新问题，并使员工的个人目标和组织目标保持一致。

二、激励理论

（一）需求层次理论

马斯洛的需求层次理论也适用于激励，关于这一理论可以参考第三章的内容。该理论认为人类的需求具有多样性、层次性、潜在性和可变性，揭示了需求—激励—行为之间的关系，五个需求层次中后两个高级需求更能激发人的动机。没有一种需求会得到完全的满足，但是只要得到部分的满足，人就会转而追求其他方面的需求。如果想激励某人，就必须了解此人目前所处的需求层次，然后着重满足这一层次或在此层次之上的需求。例如，一个4岁的孩子更渴望得到漂亮的玩具，而对一本很厚的专业书籍毫无兴趣。

（二）X理论和Y理论

1960年，麦格雷戈在《企业的人性面》中提出了X理论和Y理论。这是一对完全对立的假设理论，X理论认为人们工作的原动力是消极的，Y理论则认为是积极的。

1. X理论

X理论的主要观点是：一般人的本性是懒惰的，他们尽可能逃避工作；多数人没有雄心壮志，不愿意负任何责任，心甘情愿被领导；多数人的个人目标与组织目标是矛盾的，必须用强制、惩罚的办法，才能迫使他们为实现组织目标而努力；激励只在生理需求和安全需求层次上起作用，只有金钱和地位才能鼓励人们努力工作；绝大多数人只有极少的创造力。

2. Y理论

Y理论与X理论根本对立，其主要观点是：工作中投入体力和脑力，就像游戏或休息一样是自然的，大部分人并不抗拒工作；外界的控制和惩罚并不是实现组织目标的唯一方法，人们在工作中能够自我指导和自我控制；在适当的条件下，一般人不仅愿意接受责任，而且会主动寻求责任；许多人具有相当高的想象力、智谋和创造力；在现代工业条件下，一般人的潜力只利用了一部分。

管理人员对不同的假设会采取不同的激励措施。X理论告诉管理人员，只有使用“胡萝卜加大棒”的激励措施，才会激发员工的积极性。Y理论告诉管理人员，管理人员的职责是为员工创造有利的工作环境，充分地尊重和相信员工，发掘员工的潜能，调动员工的工作积极性，在满足其自我实现需求的同时完成组织目标。一般来说，X理论更适合底层的需求得不到满足的情况，而Y理论更适合底层的需求已经得到满足的情况。在企业管理过程中，X理论和Y理论只是给管理人员提供了思考问题的角度，要根据实际情况灵活应用。

（三）双因素理论

双因素理论又叫“激励—保健因素”理论，由赫茨伯格（Fredrick Herzberg，1923—2000）提出。20世纪50年代末期，赫茨伯格和他的助手对美国匹兹堡地区的200多名工程师、会计进行调查访问，结果发现，使员工感到满意的都属于工作本身或与工作内容有关的因素，使员工感到不满的都属于工作环境或与工作关系有关的因素。他把前者叫作激励因素，后者叫作保健因素。

赫茨伯格发现保健因素主要包括10种：公司的政策和制度、技术监督、与上级之间的人事关系、与同事之间的人事关系、与下级之间的人事关系、工资、工作安全性、个人生活、工作条件、职位。这些因素改善了，不能使员工变得更满意，也不能直接激发员工的积极性，但是能消除员工的不满，使其维持工作现状，因而称为保健因素。

赫茨伯格发现激励因素包括：成就感、工作上的认可、工作本身富有挑战性、工作上的责任感、个人成长和个人发展。这些因素的改善能够极大地激发员工的积极性和创造性，但是这些因素解决不好，也不会引起员工的不满，影响较小。赫茨伯格的调查结果如图 8-3 所示。

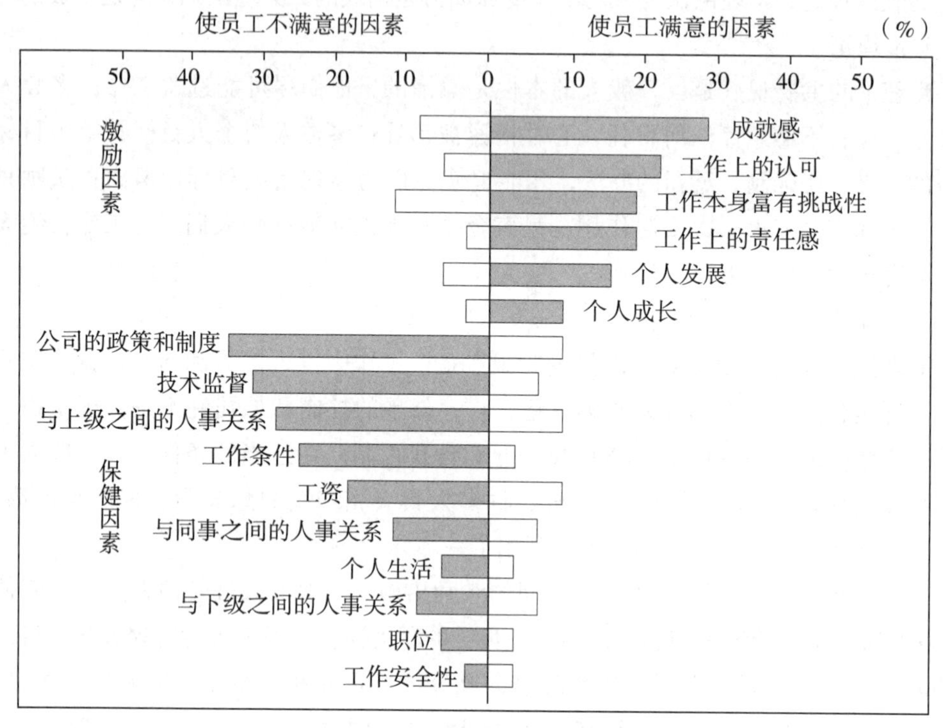

图 8-3 赫茨伯格的调查结果

赫茨伯格认为，人有两种不同类型的需求，他们之间彼此独立，但以不同的方式影响人的行为。满意的对立面是没有满意，而不是不满意，同样不满意的对立面是没有不满意，而不是满意。满足各种需求所需的激励程度和激励效果是不一样的，企业采取某种激励措施后并不能一定带来满意。调动员工的积极性，不仅要注重物质利益和工作条件等外部因素，更要注重内部因素。

（四）ERG 理论

阿德弗基于马斯洛的需求层次理论，提出了 ERG 理论，关于这一理论可以参考第三章的内容。人在同一时期可能有不止一种需求起作用，当一种较高层次需求的满足受挫时，那么人们对较低层次需求的渴望会变得更加强烈。利用这一理论，也可以恰当地激励员工。

（五）需求理论

美国心理学家麦克利兰（David McClelland，1917—1998）等人经过大量深入研究发现，从根本上影响个人绩效的并非人们通常所说的智商、技能、经验，而是诸如“成就动机”“人际理解”等，他把这些需求分为成就需求、权力需求和亲和需求。成就需求就是对成就的强烈愿望和对成功及目标实现的执着；权力需求即想要影响和控制他人的愿望或驱动力；亲和需求即希望与周围的人和谐相处。

麦克利兰认为：高成就者在独立承担责任、可获得信息反馈与适度风险的环境中可以被高度激励。权力需求与亲和需求和管理工作的成功与否密切相关，优秀的管理人员往往是权力需求很高而亲和需求很低的人。对于一般员工，可以通过培训来激发其成就需求。

（六）期望理论

美国心理学家弗罗姆在 1964 年提出了期望理论，关于这一理论可以参考第三章的内容。有效的激励取决于个体对完成工作目标以及接受预期奖赏的期望，如果其中一个变量为零，激励的效用就等于零。弗罗姆认为，在进行激励时要处理好三种关系，即努力与绩效的关系、绩效与奖赏的关系、奖赏与个人目标的关系。

（七）强化理论

强化理论是美国心理学家斯金纳（Burrhus Frederic Skinner，1904—1990）等人提出来的，也叫操作条件反射理论或行为修正理论。斯金纳认为，行为的结果对行为本身具有强化作用，只看员工的行为和结果之间的关系，而不是突出激励的内容和过程，如果这种结果对他有利，这种行为就会重复出现，若对他无利，这种行为就会减弱直至消逝。斯金纳将这种强化作用分为两种类型，即正强化和负强化，正强化就是从物质或精神方面激励符合组织目标的行为，使之得到加强；负强化就是惩罚不符合组织目标的行为，使之削弱甚至消失。

（八）公平理论

美国心理学家亚当斯（John Stacey Adams）在 1965 年提出了公平理论。这一理论认为：员工的工作积极性与个人的实际报酬相关，与报酬分配得是否公平关系更为密切。人们总会将自己付出的劳动和所得到的报酬与他人付出的劳动和所得到的报酬进行比较，以此判断是否公平。公平感会直接影响员工的工作动机和行为。公平理论可以表达为：$Op/Ip=Oa/Ia$，其中 Op 为自己对所获得报酬的感觉；Ip 为自己对个人所付出劳动的感觉；Oa 为自己对他人所获得报酬的感觉；Ia 为自己对他人所付出劳动的感觉。

（九）目标设置理论

美国的心理学家洛克（Edwin Locke）在1967年最先提出目标设置理论，该理论认为：目标本身就具有激励作用，目标能把人的需求转化为动机，使人的行为朝着一定的方向努力，并与既定的目标相对照，从而实现目标。这种将需求转化为动机，再由动机支配行动来完成目标的过程就是目标激励。目标激励的关键在于所设置的目标应合适恰当，这取决于两方面：一方面要了解目标并知道达成目标的方法，另一方面是员工愿意接受目标。

三、激励的原则

（一）目标结合原则

激励的起点是满足员工的需求，因此组织目标的设置必须建立在深入了解员工需求层次的基础上，使组织目标与满足员工的需求保持一致，有针对性的目标本身对员工来说就是一种激励。对于旅游企业来说，设置组织目标是一个关键环节，首先要有明确的组织目标，让员工知道需要做什么和怎么做。其次要直观，即明确规定奖励与惩罚的方式，使每个员工都能够为组织目标而努力。

（二）合理性原则

激励的合理性原则包括两层含义：一是激励措施要适度，二是奖惩要公平。适度是指要根据员工实现组织目标本身的价值大小来确定激励程度，即奖惩的次数和力度。激励程度是激励机制的重要因素之一，会直接影响激励的效果。如果激励不足量，会使员工产生失落和不满情绪，挫伤工作的积极性；如果激励过量，员工就会感到缺乏挑战性，失去前进的动力，可能导致企业中机会主义和短期行为盛行。公平是指激励的方式、方法和手段要体现公平。员工的工作动机和积极性，不仅受绝对报酬的影响，还受相对报酬的影响。古人所说的“不患寡而患不均”就体现了公平的重要性。在激励过程中，坚持机会均等、奖惩公平，才能充分调动员工的积极性。

（三）时效性原则

激励的时效性体现了强化理论。在实施激励措施时，要把握激励的时机，“雪中送炭”和“雨后送伞”的效果是完全不同的。激励越及时，对员工的行为越能起到强化作用；惩罚越及时，员工改正的效果就会越好。

（四）多种激励措施相结合原则

人的需求是多样的，单一的激励措施并不一定就能让员工满意，因此在激励的内容上，应该将物质激励和精神激励相结合，物质激励是基础，精神激励是根本。在激励的形式上，应该将正激励与负激励相结合，对员工符合组织目标的行为进行奖励，对违背组织目标的行为进行惩罚。

（五）整体性原则

整体性原则就是强调激励对象的整体性，即强调团队的重要性。这有助于加强团队内部信息交流，强化人际关系，增强凝聚力。因此，在建立企业的激励机制时，要避免以少数人的高层次需求作为激励目标，注意激励的整体性，要充分调动个体和群体、少数与多数的积极性，形成奋发向上、充满活力的工作氛围。

四、激励措施

旅游企业的管理人员可以运用相关的激励理论，采取不同的激励措施，激发员工的动机和积极性。比较常见的激励措施有目标激励、物质激励、强化激励、参与管理、情感激励、榜样激励、弹性工作制以及工作设计。

（一）目标激励

1954 年，现代管理学之父德鲁克（Peter Ferdinand Drucker，1909—2005）在其著作《管理实践》中提出了目标管理理论。目标激励主要是运用目标管理的方法来激发人的动机，即用自我控制的管理替代别人统治的管理，使个人需求与组织目标紧密地联系在一起，激发出员工的积极性、主动性和创造性。目标激励不是为了实现组织目标而进行管理，而是把组织目标作为一种激励手段。合适的组织目标其本身就具有诱发、导向和激励的功能。组织目标管理的关键在于组织目标设置的科学性与合理性。组织目标的设置要注意 SMART 原则，即 Specific（具体）、Measurable（可衡量）、Attainable（可实现）、Relevant（相关性）和 Time bound（时限性）。

（二）物质激励

物质激励是指通过满足员工物质上的需求，调动其积极性、主动性和创造性。物质激励的出发点是关心员工的切身利益，不断满足员工日益增长的对美好生活的需求。一方面，科学合理的物质激励应该与企业的管理制度相结合，通过配套制度的运行保证物质激励能达到预期的目标，减少不必要的内耗。另一方面，物质激励必须公平公正，但不能搞“平均主义”，否则会影响物质激励的效果。

（三）强化激励

强化激励来源于斯金纳的强化理论，是指激励不能仅局限于行为前的刺激，更重要的是行为后的结果，也就是说激励来自行为结果的强化。当员工的行为结果达到组织目标时，就给予肯定和奖励；当行为结果未达到组织目标时，就给予否定或惩罚。旅游企业的管理人员在使用强化激励措施时，要注意几点：企业的强化激励应当以正强化的方式为主，要慎重采用负强化的方式；注意强化的时效性，一般强化越及时效果越好；强化激励的措施要因人而异，同时利用信息反馈增强强化的效果。

（四）参与管理

参与管理是指企业要创造各种机会，让员工在不同程度上参与组织的决策过程以及各级管理工作。一般来说，企业每一项制度或工作，参与设计或充分理解的人越多，其成功实施的机会就越大。员工通过参与管理可以感到自己受重视、被信任，从而体会到自己的利益与组织发展密切相关，进而产生强烈的责任感。此外，参与管理为员工提供了一个获得重视的机会，从而促使员工产生成就感，这符合阿德弗的 ERG 理论和麦克利兰需求理论的观点。

（五）情感激励

心理学研究发现，一个人平常表现的工作能力水平与激励后达到的水平存在 50%左右的差异，因此，对于旅游企业的管理人员来说，除了做好各种刚性管理，还要与员工多进行情感的交流与互动，发挥“情感激励”的作用。情感是人们对客观事物态度的一种反映，积极的情感可以营造积极的心态，提高工作效率。企业人力资源管理的一项重要工作就是使员工尽可能保持积极的情感，消除、抑制负面情感。这需要管理人员增强与员工之间的情感联系和思想沟通，满足员工的心理需求，从而形成和谐融洽的工作氛围。

（六）榜样激励

榜样激励就是给员工树立一根行为标杆，用模范人物的行为指导和激励员工。一般来说，在任何一个组织中，管理人员都是员工的镜子，从管理人员对待工作的态度就可以了解员工的工作态度。因此，在企业管理过程中，管理人员要以身作则，身先士卒，塑造精明强干的榜样形象，成为员工的模仿对象，并起到激励作用。

（七）弹性工作制

弹性工作制是指在完成规定工作任务的前提下，员工可以灵活地、自主地进行具体的工作时间安排，以替代统一、固定的上下班时间的制度。弹性工作制比传统的固定工作时间制度更适合现代的工作环境和员工。从现代管理学的角度来看，弹性工作制使员工在工作时间上有了选择的空间，使员工感到个人权益得到了保障，从而促使员工提高工作的积极性。此外，弹性工作制还可以减少企业的缺勤率、迟到率和员工流失率，提高工作绩效。

（八）工作设计

工作设计又叫岗位设计，是指为了有效地达到组织目标与满足个人需求而进行的工作内容、工作职责和工作关系的设计。工作设计是在工作分析的基础上，研究和分析工作如何做才能促进组织目标的实现，以及如何使员工在工作中得到满足从而调动其积极性。工作设计直接决定了员工在其所从事的工作中干什么、怎么干，有无机动性，能否发挥主动性、创造性，有没有可能形成良好的人际关系等。良好的工作设计有助于员工从工作本身寻找意义和价值，使员工体验到工作的重要性，了解到自己所承担的责任，从而产生高度的内在责任感，形成高质量的工作绩效及对工作的高度满足感，达到最佳的激励水平。为充分发挥员工的主动性和积极性创造条件，组织才能形成具有持续发展的竞争力。

拓展阅读

海底捞——员工激励案例分析

四川海底捞餐饮股份有限公司成立于1994年，是一家以经营川味火锅为主，融各地火锅特色于一体的优质火锅品牌。海底捞虽然是一家火锅店，但它的核心业务不是餐饮，而是服务。在将员工的主观能动性发挥到极致的情况下，“海底捞特色”日益丰富。海底捞的员工激励措施与效果主要概括为以下几点。

一、良好的晋升通道

海底捞为员工设计了在本企业的职业发展路径，并清晰地向他们阐明了该发展途径及待遇。每位员工入职前都会得到这样的承诺，海底捞会为每位员工提供公平公正的发展空间，如果你诚实、勤奋，并且相信“用自己的双手可以改变命运”这个理念，那么海底捞将成就你的未来。该措施满足了员工对自我实现的需求，激励了员工对美好未来的追求。

二、独特的考核制度

海底捞对管理人员的考核非常严格，除了业务方面的内容，还有创新、员工激情、顾客满意度、后备干部的培养等，每项内容都必须达到规定的标准。

对于这几项不易评价的考核内容，海底捞有自己衡量的标准。例如对于“员工激情”，总部会不定期地对各个分店进行检查，观察员工的注意力是不是放在客人的身上，观察员工的工作热情和服务的效率。如果有员工没有达到要求，就要追究店长的责任。海底捞通过独特的考核制度，既规范了管理人员的管理行为，又使得管理人员可以通过不同的措施，激励员工的工作热情。

三、尊重与关爱，创造和谐大家庭

海底捞的管理层多是从基层提拔上来的，他们有切身的体会，能了解员工的心理需求。这样，他们才能发自内心地关爱员工，并且给予员工工作与生活上的支持和帮助，同时也得到员工的认可。

在海底捞，尊重与善待员工始终被放在首位。海底捞实行“员工奖励计划”，给优秀员工配股。此外，海底捞的管理人员与员工都住在统一的员工宿舍，并且所有宿舍都是正式小区或公寓中的两居室、三居室，不是地下室，所有房间配有空调、电视、电脑，且有专门人员管理、保洁，员工的工作服、被罩等也统一清洗。若是某位员工生病，宿舍管理员会陪同他看病、照顾他的饮食起居。同时，海底捞的所有岗位，除了基本工资，都有浮动工资与奖金，作为对员工良好工作表现的鼓励。在尊重与善待员工的问题上，海底捞还有不少“创意”。例如，将发给先进员工的奖金直接寄给他的父母。

这些激励措施既满足了员工的基本需求，也满足了员工的尊重需求与自我实现的需求，激发了员工的主人翁意识。

在我们看来，海底捞的服务是取胜的关键，但是如何做到将服务差异化战略成功灌输给所有员工，激励每个员工共同努力才是真正至关重要的。要做到真正让顾客满意必须将标准化的流程、制度和服务员的判断力和创造力结合起来。员工的创造力不是管理出来的，而是通过一整套系统激励出来的。这些激励系统提升了员工的满意度，满意的员工就会带来优质的服务，进而可以提高顾客满意度以及降低许多餐饮企业很头痛的浪费和损耗等隐性成本。海底捞更多依靠的是对餐饮业服务员的理解，而不是生搬硬套一些书本上的先进理论。在实际操作中，恰恰是其激励机制符合了海底捞自身的实际，满足了员工各个层次的需求，使员工最大限度地发挥了个人潜力，才使得海底捞在激烈的市场竞争中站稳了脚跟，并得到了稳步发展。

从海底捞的例子我们可以看出，餐饮企业应当充分意识到，在各个阶段都应该根据员工的特点采取适当有效的激励措施，保证员工的积极性，消除他们在工作中的各种负面情绪，增强他们在企业中的成就感和归属感，并使之形成工作动力。

资料来源：《海底捞——员工激励案例分析》，有改动。

第三节　疲劳

在现代旅游企业的管理中，有一个问题困扰着管理人员，为什么工资、福利在不断提高，有的员工的工作热情却不升反降？这种现象逐渐影响企业的管理绩效，甚至出现部分员工频繁递交辞呈的现象。在研究员工劳动心理时，学者发现外部环境、工作条件、激励机制、个人能力及心理因素等会不同程度地影响员工的积极性和工作效率。本节主要探讨劳动心理学中一个关键的问题——疲劳问题。

一、疲劳概述

（一）疲劳的界定

疲劳是人们连续学习或工作后效率下降的一种现象，可以分为生理疲劳和心理疲劳两种类型。生理疲劳是疲劳在生理上的反应，心理疲劳是疲劳在心理上的反应。

（二）疲劳的类型

1. 生理疲劳

生理疲劳能够客观地测量，因而又叫作客观疲劳，表现为肌肉酸痛、疲倦、无力等。生理疲劳会使人在工作中出差错，严重时会造成工伤事故。

2. 心理疲劳

心理疲劳是指人们长期从事一些单调、机械的工作活动，伴随着生理机能的变化，中枢神经由于持续紧张而受到抑制，致使人对工作、生活的热情和兴趣明显降低，直至产生厌倦情绪。心理疲劳一般带有主观体验的性质，并不完全是客观生理指标变化的反映。心理疲劳多表现为情绪烦躁、注意力不集中、思维不敏捷、反应迟钝、心境压抑、百无聊赖、倦怠等。

（三）产生疲劳的原因

关于疲劳的本质，心理学家有以下几种观点。一是疲劳物质积累论，认为肌肉关节的持续活动会使体内产生的新陈代谢增多并累积起来，从而导致人产生疲劳。二是能量消耗论，认为人们在劳动中由于能量消耗过多而表现出疲劳。三是物理化学变化协调论，认为疲劳是人体内物质的分解与合成不协调所致。四是中枢神经论，认为疲劳是中枢神经失调引起的。

企业员工产生疲劳的原因很多，学者将产生疲劳的原因分为一般原因和心理原因两类。

产生疲劳的一般原因有：

①不熟练；

②睡眠不足或休息不足；

③通勤时间过长；

④连续作业时间过长；

⑤作业强度过大；

⑥作业条件或环境差；

⑦疾病及体力下降等。

产生疲劳的心理原因包括：

①工作热情降低或兴趣丧失；

②工作不安定，有危机感；

③拘束、有束缚感；

④人际关系方面的种种摩擦；

⑤生产责任过大；

⑥种种不满（对待遇等不满）等。

（四）疲劳的表现形式

疲劳是一系列复杂现象的综合体，对于疲劳时的表现主要可以从三个方面来分析，一是从主观方面来看，疲劳是一种心理状态；二是从生理机制方面来分析；三是从工作效率降低方面分析。心理学家列维托夫认为疲劳是多种感受的体验，其中包括以下几点。

1. 无力感

无力感是当劳动生产率还没有下降的时候，员工已经感到劳动能力有所下降、紧张、缺乏信心，员工感到无法按照规定的要求继续工作下去。

2. 注意失调

注意失调是指注意力容易分散、怠慢、少动或者好动、游移不定。

3. 感觉方面的失调

感觉方面的失调是指在疲劳的影响下，参与活动的感觉器官发生功能紊乱。如果一个人不间歇地长时间读书，那么他可能会说眼前的字开始变得模糊。听音乐的时间过长，可能会丧失对曲调的感知能力。做手工时间过长，可能会导致触觉和运动觉敏感性减弱。

4. 动觉方面的紊乱

动觉方面的紊乱是动作滞缓或者忙乱，动作不准确、不协调，动作自动化程度降低。

5. 记忆和思维故障

记忆和思维故障是在过度疲劳的情况下，员工可能忘记技术规程，把自己的工作岗位弄得杂乱无章，与此同时，对与工作无关的东西反而熟记不忘。脑力劳动造成的疲劳，尤其有损于思维过程，然而在体力劳动造成疲劳的情况下，工人也经常抱怨自己理解能力降低和头脑不够清醒。

6. 意志衰退

意志衰退是在疲劳状况下，人的决心、耐性和自我控制能力减退，缺乏坚持不懈的精神。

7. 睡意

睡意可能是由过度疲劳引起的，这种情况下睡意是保护性抑制的反应。人在工作得疲惫不堪时，对睡眠的要求较强烈，以致在任何姿势下都有可能入睡。

疲劳的程度会随疲劳的强度而改变。过度疲劳必然会导致工作效率下降，对心理的影响也是很明显的。列维托夫根据疲劳的动因将疲劳分为三个阶段。第一阶段，倦怠感相对轻微，工作效率一般不会降低或稍有降低；第二阶段，工作效率的下降是可以察觉的，并且下降的趋势会愈演愈烈，但是这一阶段的下降只涉及质量问题，数量一般不会下降；第三阶段，过度疲劳产生的倦怠感非常强烈，工作进度可能很快，但不能稳定下来，最终劳动动作发生紊乱，员工甚至无法继续工作。

（五）消除疲劳的措施

人们不可能长时间地以同样的状态、同样的效率工作，从事任何工作都避免不了疲劳。要提高工作效率，就必须同疲劳做斗争，但是打消耗战、拼体力、拼时间都不是明智的选择。只有采取有效的措施，减轻或消除疲劳，积蓄能量，才能高效地完成工作。消除生理疲劳最好的方法就是合理安排休息时间，适当地参加体育活动，劳逸结合，体脑结合。下面主要探讨预防和消除疲劳的方法。

1. 合理、有效地消耗能量，实行休息制度

首先，在工作过程中，员工要有效地、合理地消耗能量，及时休息，才能尽快恢复。一般来说，一个人用一定的能量完成工作，逐渐消耗这种能量完成的工作要比快速消耗能量完成的工作有效率。但是当人们有很多能量可用时，往往倾向于快速工作，这可能会导致过度疲劳，从而降低工作效率。因此，企业在管理过程中要让员工明白，有效地、合理地消耗能量才能缓解疲劳。

其次，科学的工作时间、充足的休息和合理的休息方式，也可以降低和消除疲劳。弹性工作制不仅可以作为对员工的激励措施，也可以用于克服疲劳。科学的工作时间可以使员工情绪饱满，工作高效。心理学家的研究表明，工间休息是在工作中减轻疲劳，提高工作效率较好的方法，但是工间休息的长短、次数以及在工作日内的分布，则要根据工作性质等具体条件来决定。

2. 科学设计工作方法

工作的方式和内容是导致疲劳的重要原因，具体来说就是工作的强度、速度、时间、内容以及设备设计的科学化等因素不合理，会导致疲劳。这就需要改革和设计最佳的工作方法。

首先，工作的强度和速度方面要适应员工的生理和心理负荷，要考虑员工的个体差异，安排工作时使员工的工作强度等与他们的能力相匹配。其次，在工作内容的设计上要尽量丰富，增加员工感兴趣的内容和具有挑战性的内容，促进员工在工作中的成就感，让员工把工作当作一种享受和需求，从而调动员工的积极性，减少员工工作中的单调感和厌烦感。

3. 创造良好的工作环境

工作环境对工作效率往往有直接的影响，良好的工作环境也有利于消除疲劳。一方面，工作环境可以引起不同的生理反应；另一方面，不同的工作环境会使人产生不同的心理状态。

心理状态在一定程度上决定着一个人的“竞技状态”，气温太高或太低，环境太杂或太静，照明太亮或太暗等环境因素都可能使员工产生不同的心理效果。或者使人感到烦躁、沉闷和压抑，工作打不起精神；或者使人感到舒适、愉快和轻松，工作干劲倍增，精神焕发。

4. 保证良好的生活条件

员工的生活条件也对工作能力有影响。例如饮食不卫生、通勤时间过长是产生疲劳的明显因素，企业的管理人员可以提供物美价廉的工作餐，以方便员工健康饮食等。

5. 自我心理调节

自我心理调节也叫自我心理训练，这是运用思维、情绪等心理因素的作用，对自己进行积极的心理暗示，使大脑产生美好的想象，抑制大脑的紧张状态，从而有利于消除疲劳。

比较常见的自我心理调节方法是暗示、放松和想象。暗示调节对人的心理活动和行为具有显著的影响，通过内部语言来提醒和安慰自己，可以缓解疲劳，调整负面情绪。放松调节是通过对身体各部分主要肌肉的放松练习来解除疲劳。此外，想象调节也是缓解疲劳的不错选择。

二、员工的工作环境

在旅游企业中，环境是影响员工工作积极性与效率的重要因素，良好的环境有助于保障员工生理和心理健康。本节主要阐述照明、噪声、色彩、温度对工作的影响。

（一）照明对工作的影响

1. 室内照明

眼睛是人从外部世界获得信息的主要感觉器官。有数据表明，视觉信息约占全部感觉信息的83%。照明是人类生活和工作中的基本条件。阳光是最重要的自然光源。

工作场所的照明一般分为3类：直接照明、间接照明和扩散照明。直接照明是工作场所获得光源最有效的方法，但是直接照明会使员工产生眩光等不适，影响员工工作。间接照明提供的光线比较均匀，但是光线量不够。扩散照明可以使光线均匀地分布在工作场所的各个方向、角落，其光线量介于直接照明与间接照明之间。现在室内所安装的照明设施大多是白炽灯或荧光灯。

2. 照明标准对工作的影响

制定照明标准时，需要考虑多方面的因素，如工作性质、个体差异、年龄特征、工作环境等。照明越合理，对工作对象的知觉就越容易，工作效率也就越高，事故发生的也就越少。如果照明强度过高或过低，都会加剧眼肌的紧张和疲劳，从而影响员工的工作效率和服务质量。《室内工作场所的照明》（GB/T 26189—2010）规定了室内工作场所的照明要求。

在旅游企业工作环境的照明设计中，也要考虑眩光对员工的影响。眩光是指视野中不适宜的亮度分布、悬殊的亮度差引起的不舒适感觉，会影响人的视觉效果，增加注意的时间，同时降低人的反应速度和工作效率。因此，降低眩光效应是工作环境设计中的重要内容。但值得注意的是，过分均匀的光源也会影响员工的情绪，容易引起单调、厌烦、困倦等，反而不利于工作的进行，影响工作效率。

（二）噪声对工作的影响

噪声指不同频率和不同强度、无规律地组合在一起的声音，会干扰人的工作、学习、休息，并使人感到烦恼。噪声被公认为是一种看不见的“物理性污染”，对人的生理和心理都会有一定的影响，也是影响员工情绪和工作效率的一个因素。

衡量声音大小的单位是分贝（dB）。我国著名的声学教授马大猷，总结和研究了国内外各种噪声的危害和标准，并提出 3 点建议：

①为了保护人们的听力和身体健康，噪声的允许值在 75~90 分贝；

②保护交谈和通信联络，噪声的允许值在 45~60 分贝；

③对于睡眠期间，建议在 35~50 分贝。

常听声音的分贝如表 8-3 所示。

表 8-3　　常听声音的分贝

声源	强度水平（分贝）	声源	强度水平（分贝）
呼吸	10	城市公共汽车	90
轻微的翻书声	10~18	尖锐的刹车声	95
树叶的簌簌声	20~25	一般工厂	100
低语（约 1.7 米远）	30	婴儿的啼哭	110
安静的办公室、低声广播	40	暴雨	120
一般家庭及安静的街道	50	汽笛声（约 17 米远）	130
交谈、房间内的广播	50~60	摇滚乐队	140
大声交谈、电视、打字机	70	喷气式飞机	150
城市交通、闹钟、狗吠	80	火箭发射台	180

1. **噪声的影响**

噪声对人的生理和心理都会产生不同程度的影响。噪声主要是对听觉产生影响。一般情况下，在30分贝以下，环境安静；在50~60分贝时，一般人会感觉吵闹；在90分贝以上噪声的长时间作用下，人会出现头痛、头晕、耳鸣、失眠等症状，严重的会造成暂时性听力受损或噪声性耳聋。噪声也会对人的其他器官功能产生干扰和破坏，如视觉器官、呼吸系统、中枢神经系统等。在工作中，噪声还会使人感到心烦、不安和疲劳，影响工作效率，噪声的干扰性与噪声的强度、频率、持续时间、个体心境状态等因素有关，噪声越大，干扰性就越大。

2. **噪声的控制**

在现代社会，噪声是避免不了的，但是可以采取相应的措施减少和控制噪声，或者限制在超标准的噪声环境里工作的时间。控制噪声的方法包括：控制噪声源、隔离噪声和使用隔板或吸音设备。噪声强度如果无法降低到安全水准，也可以使用耳朵防护器，如耳塞、护耳器等。一般来说，护耳器可以将噪声强度降低30~40分贝。此外，音乐对于人的生理、心理以及工作效率的影响也是十分有效的，在工作环境中可以有意识地利用音乐唤起人们的某种情感，激发工作热情，从而提高工作效率。

（三）色彩对工作的影响

色彩与照明和噪声一样，也会对人的生理和心理产生影响。如果在工作环境的设计中，根据不同场合的要求，利用色彩的视觉特点进行合理的搭配，可以产生调节心情、增进身心健康、提高工作效率的作用。色彩的影响，主要表现在延迟、减轻或调解疲劳等方面。色彩有冷暖色之分，暖色能使人亢奋，消除员工的疲劳，提高工作效率，如果工作场所过于灰暗，会使人产生压抑感从而影响工作热情。

红、橙、黄等颜色具有提高人的兴奋水平、加快心率和增高血压的作用，被称为暖色。同时这些颜色还能给人以向前方突出的感觉，用于房间装饰会让人感觉空间变小，故又叫作进色。蓝、绿、青、紫等颜色有降低血压、放慢心率、使人趋于安静的作用，被称为冷色。同时，这些颜色能给人向后方退的感觉，用于房间装饰会使人感觉空间变大，故又叫作退色。

颜色对人的心理影响如表8-4所示。

表8-4　颜色对人的心理影响

颜色	影响
红色	对大脑和神经系统有刺激和兴奋作用，使人感觉温暖、振奋、警觉
黄色	使人感觉温暖、快乐、高贵，有激励、增强活力的作用
橙色	对神经有明显的刺激作用，使人感觉轻快、热烈、温馨

续 表

颜色	影响
粉色	有浪漫温馨的气息，但不宜长时间接触
绿色	可消除恶劣和负面的情绪，使人感觉镇静、轻松、快乐
蓝色	使人脉搏平稳，有幽静、典雅、高尚和寒冷的感觉
紫色	使人感觉神秘、优雅
黑色	易使人有压迫和抑郁的感觉
白色	给人分散和轻浮的感觉
棕色	使人感觉自然、朴实

在旅游企业工作环境的设计当中，要充分发挥色彩的积极作用，创造一个和谐的色彩环境。对于重要的设备要用红色、黄色等突出重点，便于识别。此外，还要考虑各种颜色的反射率和所产生的眩光对员工心理的影响。

（四）温度对工作的影响

影响工作的气候因素很多，包括温度、湿度、气压等，本节主要讨论温度对工作的影响。如果气候因素变化引起人体与环境的热交换失去平衡，就会对人的工作绩效和身体健康产生负面影响。

热应激对人体最直接的影响就是体温。高温的工作环境会使人出汗、心率和呼吸加快、身体耐力下降等，持续的高温环境还会使人情绪不稳定、易激动、自主力下降等，不仅工作效率下降，而且错误和事故率上升。在低温环境下持久工作时，人会呼吸急促、肌肉颤抖、代谢率增高、血压升高、麻木等，同时出现迟钝、动作反应不灵活、注意力不集中以及否定的情绪和体验等。人在舒适温度下工作效率最高，这个温度一般为23~26℃，春秋季节约为24℃，夏季略高，冬季略低。工作的强度不同，舒适温度也有差异，一般劳动强度愈大，舒适温度愈低。温度太高或太低都会使员工的注意力涣散、感觉疲劳，影响工作情绪。

解决温度问题主要的方法是气候调节。气候调节的方法主要包括利用冷暖气设备、促进空气流通、选用反光隔热建筑材料、使用遮阳帘和遮雨篷等。

第四节　压力

一、压力概述

（一）压力的界定

压力原指垂直作用于物体单位面积上的力。引用到心理学中，压力是压力源和压力反应共同构成的一种认知和行为体验过程。压力源是指引起压力反应的因素，包括生物性压力源、精神性压力源、社会环境性压力源。生物性压力源包括疾病、饥饿、睡眠不足、照明、噪声、气温等；精神性压力源包括错误的认知结构、道德冲突以及长期生活经历造成的负面心理特征。社会性压力源包括社会性压力（如重大变革、重要人际关系破裂等）和由自身状况造成的人际适应问题（如社会交往不畅）。

在日常的工作和生活中，每个人都会感到压力的存在。例如，公司决定裁员，员工可能面临被解雇的压力；领导分配一项高难度的工作，员工也会感觉有压力。学界通常认为压力就是内外环境中各种因素作用于机体时所产生的非特异性反应。很多学者从不同角度对压力展开过研究和探讨，并形成了多种学说。

1. 内部平衡说

美国的生理学家坎农认为，当来自个人关系、工作或经济状况等外部环境的刺激搅乱了一个人本来的稳态平衡（内部平衡）时，他就会产生压力。但是人体有天生的防御机制，用来保持内部平衡。

2. 认知评价说

美国心理学家拉扎勒斯（Richard Stanley Lazarus，1922—2002）对情绪和适应做了大量的研究，他不再强调反应的医学和生理学方面，而是强调反应的心理认知方面。对于一个人可形成压力的事件并不一定会对另一个人形成压力，即个体的知觉和认知评价在决定什么是压力的过程中是非常重要的。

3. 个体—环境匹配说

这一观点强调，个体的社会角色会对该个体形成压力。当个体的技能与角色期望相匹配时，就会出现良好的个体—环境匹配，此时个体就没有什么压力，否则就会出现相反的情况。

4. 精神分析说

有学者认为是人格的两个因素之间的相互作用导致了压力。一方面是自我理想，即一个人完美自我的化身；另一方面是自我意象，即这个人对自己的真正看法。而压力就来源于自我理想和自我意象之间的差异，差异越大，压力就越大。

（二）压力的来源

1. 来自工作方面

（1）工作任务带来的压力。来自工作任务的压力主要分为两种情况：工作超负荷和工作负荷不足。工作超负荷主要表现在工作的数量和质量上，一方面，如果企业的员工需要在规定的期限内完成的工作太多，并且快要到最后期限，那么在短时间内要完成如此多的工作很容易造成员工的疲劳和精神紧张；另一方面，如果工作的难度超过了员工所具备的个人能力，并且质量要求很高，那么员工就需要注意力高度集中以免出错，长期处于这种高度紧张的状态同样会产生疲劳。工作负荷不足主要表现在员工所从事的工作单调、乏味，例如饭店客房部的工作性质导致了客房服务员工作的简单化、重复化，这些基层员工会经常出现焦虑或郁闷的症状，人员流失率也偏高，原因就是这些员工的工作任务比较简单、缺乏挑战性，使员工感觉无所事事，在工作中缺乏成就感。

（2）工作条件带来的压力。工作条件也是造成压力的一个重要因素，近年来大量的管理心理学研究显示，工作环境中的照明、温度、噪声、色彩等因素会影响员工的工作效率和工作满意度，这些因素也是产生压力的来源。还有研究显示，不同的职业给员工的压力也是不同的。

（3）工作复杂性带来的压力。不同的工作岗位对个人能力有不同的要求，如果一个岗位对从业人员的技能和知识要求过高，那么员工在面对这种工作时会因为担心不能胜任、工作效率低下或失败而产生压力。这种压力会使员工出现紧张、焦虑、情绪低落、恐惧等生理或心理反应。此外，知识的革新和新技术的引进必然会增加工作的复杂性，这种变化也必然会对员工的心理带来巨大的冲击和压力。

2. 来自组织内部

（1）角色模糊及角色冲突带来的压力。学界认为，当一个人在组织中担任某种组织角色时，为了很好地完成这个角色的任务，往往要同一些人发生联系，这个人被称为“中心人物”，与其协作的人和他一起组成“角色组”，整个组织可以被看作由许多这样的角色组构成的。角色模糊是指角色组中的成员在工作中没有明确的任务事项、权利责任以及工作要求与标准，不知道怎样才能开展工作的状况。角色冲突是指角色组中的个体在工作中要面临多种期待时，如果服从了一种角色的要求，就很难满足另一种角色的要求，这就是角色冲突。角色组中的人员构成越复杂，角色冲突就越大。从心理学的角度来看，角色冲突、角色模糊都会引起个体心理上的紧张感、焦虑感和疲惫感，给员工造成一定的压力。

拓展阅读

角色冲突的类型

杜布林（Andrew J. DuBrin）在其著作《心理学与工作》一书中认为，角色冲突可以分成四类。

（1）人与角色的冲突：当个体的上级让其承担的角色与个体自己秉持的价值观产生矛盾的时候，这种冲突就发生了。比如，当你的老板要求你开除绩效差的员工，这也许有违你的人道主义原则。

（2）角色接受者之间的冲突：指个体所承担的不同角色之间所存在的冲突。比如，你的老板希望你50%的工作时间都出差在外，而你的配偶却威胁说，如果出差时间超过工作时间的25%，他就和你离婚。

（3）角色赋予者之间的冲突：当不同的人让你完成相互矛盾的工作时，这一类冲突就发生了。比如，你的上司要你加班加点完成一个应急项目，而公司规章却规定不允许支付给员工加班费。

（4）角色赋予者本身的冲突：当一个人要你完成两个相互矛盾的工作时，这一类冲突便发生了。比如，当你的老板让你快点完成工作，同时又要求你少犯错误的时候，你就会体验到这种冲突。

（2）人际关系带来的压力。人际关系带来的压力是工作中较普遍的压力来源。根据马斯洛的需求层次理论，人具有交往的需求和归属的需求。一般来说，融洽的人际关系不仅可以减轻由高度紧张的工作所带来的负面影响，而且可以对个人的职业生涯发展起到积极的作用。但是如果员工在工作中得不到他人的关心与支持，与同事相处不融洽，人际交往的需求得不到满足，也会产生压力。此外，现代企业的管理结构越来越趋向于扁平化，员工间的工作联系更为密切，角色经常交叉，更容易产生冲突。

（3）个人职业生涯带来的压力。个人职业生涯带来的压力主要来自工作的稳定性、安全性、晋升和发展的机会等。每个员工都希望自己的职业生涯得到预期的、顺利的发展，当这种需求得不到满足的时候，员工就会产生压力，工作积极性和满意度也会随之下降。例如，职务晋升较慢，或者没有按照预期晋升，或者被放在无法胜任的岗位上，这些都会对员工造成一定的压力。

3. 来自自身

来自自身的压力主要包括生活因素和个性因素。

（1）生活因素。来自生活因素的压力主要包括4个方面。

①工作与家庭的冲突：一个人通常需要付出一定的时间和精力来经营自己的家庭，但是在工作中为了谋求个人的发展经常会出差、加班、占用与家人相聚的时间，二者有时很难兼顾，从而使个人产生压力。

②家庭问题：和谐美满的家庭会成为员工强大的精神动力和坚实后盾，但是婚姻破裂、管教孩子方面的分歧等都会给员工造成很大的压力。

③经济问题：经济是员工及其家庭的基本保障，家庭开支过大、不善理财等因素都可能引发经济困难，这些问题也会给员工带来压力。

④生活条件：住房、居住环境等都可能成为员工压力的来源。

美国学者根据大量的社会调查，编制了一张社会再适应量表，对生活当中的各类事件所产生的压力进行评定。社会再适应量表如表8-5所示。

表 8-5 社会再适应量表

生活事件	压力值	生活事件	压力值
配偶死亡	100	退休	45
离婚	73	家庭成员患病	44
夫妻分居	65	怀孕	40
判刑入狱	63	经济状况变化	38
亲人死亡	63	与配偶争吵	35
个人受伤或生病	53	杰出的个人成就	28
结婚	50	居住环境变化	25
被解雇	47	休假	13

（2）个性因素。员工个性方面的不足也是造成压力的重要来源，具体表现在以下4个方面。

①过于追求完美：追求完美的人把每件事的标准都定得很高，这种急于求成的心态往往会给自己造成压力。

②过于规避风险：对于那些缺乏冒险精神的人来说，如果给他们安排有挑战性的工作对他们来说本身就有压力。

③缺乏自信：有些员工优柔寡断，工作上遇到问题的时候往往表现出缺乏自信的一面，这也会给他们带来一定的压力。

④过高的自我期望：不切实际的过高自我期望是造成压力的主要原因之一，这类员工对自己的期望总是过高，对自己的表现也总是不满意，这样必然会给自己施加更多的压力。

（三）压力的个体差异

压力的来源是多种多样的。每个人对压力的敏感程度是不一样的，有的人面对压力依然很有活力，有的人却萎靡不振。一般来说，一个人对压力的感受主要受以下4个因素的影响。

1. 个人认知

人们的反应是基于对现实的认识，而不是基于现实本身。例如，两个员工面对同样困难而复杂的工作，一个人可能将其视为无法逾越的障碍，没有挑战工作的勇气，害怕被人笑话，害怕失去工作；另一个人可能认为这项工作对自己来说很有挑战性，是一个成长和锻炼的好机会。由此可见，在同样的情况下，人们的压力并不一定来自客观事实本身，而是来自个体对客观事实的认识。

2. 性格特征

性格是重要的心理特征，个体之间的差异首先表现在性格上。根据性格特征的差异，可以把性格划分为多种类型。不同类型性格的人对待压力的方式不同。例如，优越型性格的人在面临压力的时候比较自信，不会把压力看作对自己的威胁，并能以积极的方式处理压力，自卑型性格的人则容易把压力看作一种威胁，从而表现出悲观、紧张、不安等负面情绪。

3. 个人经验

经验是一位很好的老师，也是一种很好的减压器。当一个人具有了某种克服困难的经验后，再遇到类似的事情时，他就不会再感到有压力或者他的压力会减小。也就是说，个人经验与压力的力度大致呈反比关系。例如，当一个人踏上工作岗位时，会面临很多全新的或不确定的工作状况，此时他会因为没有经验而感到有压力。因此在工作中，人应当多尝试，并不断积累应对压力的经验，以有效地缓解压力。

4. 社会支持

研究表明，当个体面临压力的时候，他得到的社会支持越多，越能减轻由高度紧张所带来的压力。所谓社会支持，就是个体因与周边人关系融洽而得到的关心、鼓励等。有的人与周边人有良好的关系，遇到困难时可以向他人倾诉、咨询、寻求帮助和支持，那么这些人的压力就会小一点；有些人人际关系较差，遇到困难时得不到他人的支持，就显得孤立无援，压力自然要大一些。

二、压力的影响

（一）压力对身体健康的影响

人的压力反应原本是为了更好地应对外界的紧急情况，更好地保护自己。长期处于压力状态下会危害人的身体健康，引发各种生理疾病。压力会使人的新陈代谢紊乱、心率和呼吸频率增加、血压升高、头痛等。

在现代社会，人们的生活节奏越来越快，由生活、工作所带来的压力也日益增大，压力引起疾病甚至导致死亡的情况愈加普遍，“过劳死”就是压力影响身体健康的典型例证。“过劳死”一词源于日本，是指在非生理的劳动过程中，劳动者的正常工作规律和生活规律遭到破坏，使血压升高、动脉硬化加剧，进而致命的情况。

（二）压力对心理健康的影响

过大的压力不仅会影响个人的身体健康，还会影响个人的心理健康，主要表现是：紧张、焦虑、抑郁、记忆力减退、注意力不集中、缺乏安全感等。在关于压力对心理健康影响的研究文献中，提及最多的情况就是压力会导致人的倦怠情绪。人面临压力的时候会出现不同程度的负面情绪，如果这种负面情绪长期得不到有效缓解，甚至会导致抑郁症。

（三）压力对工作效率的影响

压力与工作效率之间有着密切的关系，过大的压力会带来许多负面行为，诸如攻击、缺勤、工作倦怠、离职等，这必然会大大降低员工的工作效率，并影响组织目标的实现。通过广泛的研究发现，压力水平与工作效率之间的关系呈倒U形。压力水平与工作效率关系的模型如图8-4所示。在这个压力水平与工作效率关系的模型中，将压力水平作为横坐标，分为3个阶段，即压力水平过低、压力水平适度和压力水平过高，同时将工作效率作为纵坐标，分成高和低两个阶段。图8-4表明：过高和过低的压力水平都不能使人的工作效率达到最佳，只有在压力水平适度的情况下，人的工作效率才最佳。

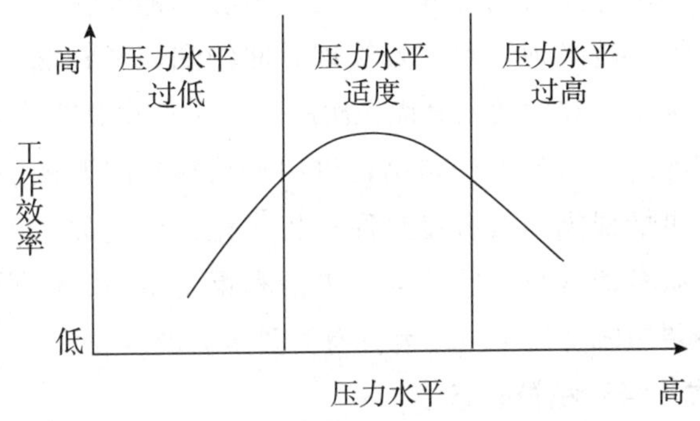

图8-4 压力水平与工作效率关系的模型

心理学中，适度的压力叫作良性压力。适度的压力会充分调动员工的工作积极性和主动性，具有很强的动力作用。组织常常利用“鲇鱼效应”给员工施加适度的压力，以此提高工作效率。“鲇鱼效应”在这里指借助聘用新员工（鲇鱼）来给老员工（沙丁鱼）适度的压力，从而激发其活力和积极性，打破固有的僵化和惰性，最终达到提高工作效率的目的。

其原因在于，当压力较低时，员工处于松懈状态，表现出慵懒疲沓、警觉性和敏感性较低、注意力无法集中的状态，这种状态下的工作效率必然不高；随着压力增大，员工会变压力为动力，进而努力工作，工作效率随之上升；但是当压力过大时，员工面对工作中过多的要求和限制，无法集中注意力，工作效率也会降低。因此，作为企业的管理人员，要正确看待压力与工作效率的关系。

三、应对压力的措施

（一）个人减压措施

个人减压措施是指员工从自身出发，寻求能够有效管理压力和降低其负面影响的方法。

1. 消除工作压力源

消除个人身上的压力源是减压的重要方法，包括永久消除和暂时消除两种。一般来说，只有员工更换工作岗位，找到了更适合自己发展的地方时，才可能永久消除压力。因此，对于员工来说，通常只能暂时消除压力源，以缓解自身压力。例如，国外一家公司建了一座水族馆式的房间，里面有蓝色的灯光、蓝色的墙和沙子，员工在里面甚至可以把脚光着埋进沙子里，这种方法可以使员工暂时消除压力。此外，休假也可以使员工从繁忙的工作中解脱出来，缓解自身压力，振作精神，一身轻松地重返工作状态。因此在企业管理过程中，要注意利用法定节假日，并制定恰当的轮休、年假、带薪假期等福利政策。

2. 合理安排时间

超负荷的工作和快节奏的生活很容易导致压力。通常情况下，只要还有时间，工作就会自动膨胀，直到用完所有的时间。员工要想合理地安排自己的事情，使自己有效地工作，愉快地生活，就必须学习有效管理时间的知识和技能。时间管理可以帮助员工有效利用时间，为工作和生活划分优先次序，从而有效缓解员工面临的压力。

日常工作中常用的时间管理方法包括：将一天从早到晚要做的事情进行罗列；根据二八定律将要做的事情根据重要程度排序；将优先的事情放在上午处理，处理事情时首先考虑效果，其次考虑效率；区分紧急事情和重要事情，给所有罗列出来的事情定一个完成期限；不要想成为完美主义者，有时要学会说“不”。

3. 调整认知方式，培养积极心态

一个人的心态和思维方式在很大程度上决定了其对周围事物的态度和看法。乐观、积极、自信的人面对挑战时会调整自己的行为，知难而上；而悲观、消极、自卑的人遇到困难就会优柔寡断、焦躁不安。由此可见，心态会影响人们面对压力时的反应，当主观期望与客观现实相悖时，就应该面对现实，积极地调整思维方式，修正完美主义观。

杰克·韦尔奇（Jack Welch）就是一个很好的例证。他在美国通用电气公司工作的初期，因为不堪忍受公司中存在的严重官僚作风而一度产生辞职的念头。但是他顶着巨大的压力，勤奋工作，最终赢得大家的认可，并带领通用电气公司全体员工创造了一个又一个业界奇迹。因此，在任何企业中，员工和管理人员都要客观地评价自己，调整认知方式，在尊重事实的基础上，以积极的心态面对压力，不断进取。

4. 采用科学合理的减压方式

压力是客观存在的，人们应该积极地面对压力，而不是逃避。体育锻炼和冥想训练是比较常用的减压方法。

生命在于运动，体育锻炼不仅可以强身健体，还可以舒缓压力。体育锻炼的形式多种多样，如慢跑、散步、跳高、游泳、骑自行车、打太极等，这些都可以帮助人增强心肺功能，缓解身心的疲惫与紧张，是比较有效的应对压力的运动形式。冥想训练也是缓解压力比较有效的方法，通过深呼吸、催眠、听音乐等进行放松训练，员工可以充分化解脑力和体力的紧张，放松身心，进而达到科学合理减压的目的。

（二）组织减压措施

1. 实施工作再设计

工作再设计就是对工作活动进行调整和重新设计，实现工作特征的改进，这样可以满足员工的需求，以此减轻员工的压力。

首先，工作再设计可以实现工作内容的丰富性，通过改变工作内容和责任层次，使工作向纵向扩展。这样不仅可以在工作的计划、组织、协调、控制等方面让员工承担更多的工作任务和责任，还为员工提供了获得更多赏识、进步、成长的机会。在企业管理中一般可以通过工作轮换、工作扩大化等方式丰富工作内容，改变工作单调、乏味的现状，提高工作本身的吸引力和趣味性。

其次，工作再设计可以提高员工的参与度，改进员工工作的自主性。工作再设计后，进一步明确员工的责任，提高员工参与决策的水平，这样可以增强员工的控制感和主人翁意识，减少由于缺乏控制带来的压力感。在企业管理中，一般可以通过弹性工作制、分权与授权等方式提高员工的参与度和工作的自主性。

最后，及时有效的信息反馈机制也能够有效提高员工在工作过程中的计划性和控制性，进而达到缓解压力的目的。

2. 运用目标管理

角色冲突和角色模糊是造成员工压力的重要原因之一，从组织管理的角度出发，可以运用有效的目标管理来缓解压力。一方面，要为员工设置明确的、现实可行的、具有挑战性的工作目标，并为目标完成的程度提供及时的信息反馈，这样可以激励员工，增强员工的积极性和工作效率。员工也可以明确组织目标，消除角色冲突，缓解压力。另一方面，通过反馈机制，企业可以把大量的目标信息传递给员工，以减少角色模糊与角色冲突现象的发生。

3. 帮助员工进行职业生涯规划和培训

企业应当承担起辅导和支持员工进行职业规划的责任，把员工的个人发展纳入组织发展的目标中，实现双赢。职业生涯规划是员工谋求自我发展的个人设计，企业可以通过企业文化、制度体系等对员工加以辅导和帮助。一般来说，企业可以通过有步骤、有计划、分阶段的培训，轮岗锻炼，激励机制，约束机制和发展机制等，帮助员工进行自我提高和修正，激发员工的积极性和创造性，实现个人目标与组织目标的融合。这样不仅能够缓解员工过重的压力，而且能提高其工作效率。

4. 加强组织内部的沟通

组织的内部沟通包括正式沟通和非正式沟通两种，坦诚的双向沟通能够增强管理人员与员工之间的互信和理解。管理人员通过了解员工对自己工作的真实想法以及心中存在的困惑，可以找到问题的症结，帮助员工解决困难，进而使员工减小压力，提高工作效率。非正式沟通虽然是自发的、随意的，但是员工在非正式的沟通中往往更倾向于表达自己的真实想法。因此，企业应该努力营造信任、合作、融洽的文化氛围，对员工的思想和行为进行合理的引导。

5. 实施员工帮助计划

过大的压力不仅损害个体，而且损害企业的健康发展。员工帮助计划（Employee

Assistance Program，EAP），又叫员工心理援助项目，是企业为员工设置的一套系统的、长期的福利与支持项目。EAP 是一种新兴的心理咨询模式，主要通过对企业的诊断、建议，以及对员工提供专业指导、培训和咨询，帮助员工解决各种心理和行为问题，提高工作效率。

EAP 的内容主要包括三部分：第一部分是处理造成问题的外部压力源，即减少或消除不当的管理和环境因素；第二部分是处理压力所造成的反应，即缓解情绪、行为及生理方面的症状；第三部分是改变员工自身的弱点，即改变不合理的信念、行为模式和生活方式等。现在，EAP 已经逐渐发展成为一种综合性的服务，涉及压力管理、职业心理健康、裁员心理危机、灾难性事件、职业生涯发展、健康生活方式、法律纠纷等内容。解决这些问题的核心在于帮助员工解决各种心理和行为问题，维护员工的心理健康，提升员工的工作效率。

拓展阅读

厨师长辞职引发的风波——湖心饭店案例

一个星期四的下午，湖心饭店人事部经理艾姆思·白特正在办公室整理员工的人事档案，忽然响起了一阵急促的敲门声，紧接着饭店餐饮部经理盖诺·沙德像一阵风似的冲了进来。盖诺大声地说道："事情太糟糕了，我没办法再干下去了，有时我想这里就像疯人院一样。餐饮部没有员工，我怎么去经营、去管理？所有的客人都到我这里投诉，我却不能责怪他们，因为我没有饭菜给客人吃。"

艾姆思说道："冷静一点，盖诺，究竟发生了什么事情？"

盖诺说："厨师，厨师，还是厨师的问题。即使给他们最好的厨房设备，他们除了抱怨什么也不会做。我希望把他们统统赶走，让汽车制造厂里的机器人来工作吧！"

艾姆思回答："好了，你最清楚他们是怎么回事，是不是厨房里发生了一点小事，你就去干预，结果小事变成了大事？"

盖诺说："不！比这还要糟糕，今天我根本没有进厨房，因为我太忙了，也许就是因为这样才出了问题。厨师长吉恩刚提出辞职，这意味着 1 个月内饭店有 4 名厨师辞职。我已经打电话给职业介绍所，请他们帮忙再找几个厨师，但他们要求我们多付 30%的手续费，因为我们事先没有给他们通知。我已经接受了他们的条件，但是我们还必须想别的办法来解决问题。"

艾姆思说："吉恩现在已经离开饭店了吗？"

盖诺说："没有，他还没有走，有人在安慰他，给他酒喝。"

艾姆思说："请他到我的办公室来，我不是要站在他那边，而是要弄清楚为什么我们的厨师都辞职了。然后我们才能找到解决问题的办法，把这件事留给我处理好了。

盖诺，消消气，别忘了，下周六你要去西班牙度假，把一切都忘了，轻轻松松地去度假。如果今后真没有客人投诉，我想恐怕事情会更糟。”

盖诺离开办公室，几分钟后，办公室又响起了敲门声，厨师长吉恩走了进来。

艾姆思说：“进来，请随便坐，我得知你刚刚辞职，但我希望能与你说几句，我想知道为什么你在这里工作这么短的时间就要离开？”

吉恩说：“好！我知道我喝多了一点，但是我奇怪为什么自己找了这份工作。这工作时间长，报酬低，员工心情不舒畅。还有，餐厅不给我配有经验的助手，都是一些刚刚离开学校的学生，又似乎没有人想去培训、提高他们。他们只能生硬地握着刀切菜。厨房里所有的事情都得由我来做，每天工作结束时我连站起来的力气都没有了。工作的压力使我学会了喝酒，我想在我成为酒鬼之前还是离开这里回法国去，那里的饭店尊重厨师，有良好的厨房设备。”

厨师长离职前发自肺腑的一席话，使艾姆思基本弄清了问题的根源。看来挽留厨师长是不可能的了，他开始考虑今后该如何制止这类情况继续发生，如何稳定员工队伍，如何提高员工的士气和工作积极性等重要问题。

资料来源：《酒店管理经典案例分析》，徐桥猛、李丽主编。

第五节　心理健康

旅游企业中员工的心理健康是企业管理的重要内容。一个身心健康的人才是企业和社会所需要的人。只有保证员工的健康，才能使其积极地投入工作，为企业创造出更大的社会效益和经济效益。

一、心理健康的界定

健康是一个不断变动着的综合概念。“健康”通常被简单地定义为“机体处于正常运作状态，没有疾病”，这是传统的健康概念。1948 年，世界卫生组织（WHO）成立时在其组织章程中提出了健康的定义：健康是一种在生理上、心理上和社会上的完满状态，而不仅仅是没有疾病和虚弱的状态。该定义改变了以往健康仅指没有疾病这一观点，认为一个健康的人不仅生理方面没有疾病，在心理和社会适应能力等方面也应该是健全的。之后，世界卫生组织对健康的定义又加以补充，认为健康应该包括四个方面：躯体健康、心理健康、社会适应良好和道德健康。

人的健康既包括生理方面的健康，也包括心理方面的健康。心理健康也称为心理卫生或精神卫生。从广义上讲，心理健康是一种高效而满意的、持续的心理状态。从狭义上讲，心理健康是指人的基本心理活动的过程内容完整、协调一致，即认知、感情、意志、行为、个性完整和协调，能适应社会，与社会保持同步。

值得注意的是，心理健康必须与生理健康相结合才是真正的健康。心理健康和生理健康是相互影响、相互制约、辩证统一的关系。一方面，生理健康是心理健康的基础条件之一，一个人只有拥有了健全的躯体，才会有健全的精神生活，躯体对心理和行为的影响在大脑的机能方面体现得最为明显。另一方面，心理状况对生理健康也有较大的影响，例如情绪对生理健康的影响，一个有高血压病史的人如果情绪出现大起大落，很容易加重病情。

二、心理健康的标准

衡量一个人心理健康与否及其水平的高低，是心理健康的一个重要内容。如果一个人能够适应发展着的社会环境，具有完善的个性特征，认知、情绪、意志处于积极状态，并能保持正常的调控能力，在生活实践中能够正确认识自我，自觉控制自己，正确对待外界的影响，使心理保持平衡、协调，就具备了心理健康的基本特征。

心理健康是一个相对的概念，许多心理学家从不同的角度给出了不同的标准。1946 年，第三届国际心理卫生大会制定的心理健康的标准是：身体、智力、情绪十分调和；适应环境，人际关系中彼此能谦让；有幸福感；在工作和职业中能充分发挥自己的能力，过有效的生活。

马斯洛等提出心理健康的标准：有适度的安全感，有自尊心，认可自己的成就；充分了解自己，并对自己的能力作适度的评价；思想切合实际；能应对生活中的挫折和打击；能保持人格的和谐与完整；具有从经验中学习的能力；能保持良好的人际关系；能适度地发泄情绪和控制情绪；在不违背社会规范的前提下，能有限度地发挥自己的个性；在不违背社会规范的前提下，能恰当地满足个人的基本需求。

美国心理学家贾霍达（M. Jahoda）归纳了心理健康标准：积极的自我态度；全面的成长、发展和自我实现；完整的人格；自律；对现实有准确的认识；能适应自己周围的环境。

结合以上评判标准和基本原则，判断一个人心理健康的标准主要包括：智力正常、情绪稳定、意志健全、行为反应适当、人际关系和谐、心理特点符合年龄。

（一）智力正常

智力是指人认识、理解客观事物并运用知识、经验等处理和解决问题的能力，包括记忆力、观察力、想象力、思维能力、判断力和实践活动能力等。智力正常是人们进行工作、学习和生活的心理基础，也是与周围环境取得平衡的心理保证。心理健康的人智力是正常的。

（二）情绪稳定

人的任何心理活动都伴有一定的情绪。情绪稳定、心情愉快是一个人心理健康的重要标志。情绪稳定表示人的中枢神经系统活动协调，人的心理活动协调。心情愉快表示人的身心活动和谐，人处于一种积极的状态。一个心理健康的人能够自觉而有效地调整自我情绪状态，善于排解、转移负面情绪，保持愉快的心情。

（三）意志健全

意志是人为了达到一定的目的，有意识、有计划地调节和支配自己的行为，并与克服困难相联系的心理过程。心理健康的人意志品质比较健全，具体表现在意志行动的自觉性、坚持性、果断性和自制力。

自觉性是指在行动之前能够深思熟虑，听取他人的意见，制订有目的、有计划的行动方案，以达到预期的目标；坚持性是指在执行过程中有坚韧的毅力，能够锲而不舍；果断性是指对出现的问题能够做出准确的判断并执行下去；自制力是指对自己的言行、思想和情绪能够自觉地控制并调整。

（四）行为反应适当

人们对外部环境的各种刺激都会做出一定的反应。一个心理健康的人，对刺激的反应是适当的，既不过激，也不迟钝，同时这种行为具有稳定性、一贯性和统一性。如果一个人的心理不健康，那么他的行为往往表现出过激或极端迟钝，如行为表现前后矛盾，语言表述支离破碎，做事有头无尾，对于强烈的刺激反应冷漠等。

（五）人际关系和谐

人是社会动物，在日常的生活、工作中必然会与他人有联系。人际关系的和谐与否是判断人心理是否健康的重要标准，代表着一个人的心理适应水平。一般而言，如果一个人对人际关系有正常的心理适应，就会产生安全感、满意感，并能以尊重、信任、宽容、友善等积极的心态与他人交往，建立健康、和谐的人际关系。但是如果一个人处理不好人际关系，在社会生活中就会缺乏安全感，猜忌、冷漠、斤斤计较、与他人格格不入，这些都是心理异常的表现。

（六）心理特点符合年龄阶段

有调查研究表明，人的心理特点除了与不同国家、民族和各种社会条件紧密相关，还与人的年龄阶段有关系。不同年龄阶段的人心理特点差别较大，而相同年龄阶段的人心理特点有诸多相似之处。因此，如果一个人心理健康，那么这个人的心理特点一般与其所属年龄段的共同心理特点是相吻合的。

拓展阅读

心理健康测试

症状自评量表（Symptom Check List 90，SCL-90），是美国心理学家戴洛盖第斯（Leonard R. Derogatis）在1973年编制的，共有90个测量项目，采用躯体化、强迫症状、人际关系敏感、抑郁、焦虑、敌对、恐怖、偏执、精神病性、其他10个因子反映人的心理症状情况，是目前世界上使用最广泛的心理健康测试量表之一，可以帮助个人了解自己的心理健康程度，一般适合16岁以上的个体对象。

SCL-90的每一项都采取5级评分制，选择“没有”得1分，选择“较轻”得2分，选择“中等”得3分，选择“较重”得4分，选择“严重”得5分。请仔细阅读以下每一项问题，然后根据最近一周自己的感觉，独立做出选择，每次评定一般在20分钟内完成。

1. 头痛
2. 神经过敏，心里不踏实
3. 头脑中有不必要的想法或字句盘旋
4. 头晕或昏倒
5. 对异性的兴趣减退
6. 对别人求全责备
7. 感到别人能控制你的思想
8. 责怪别人制造麻烦
9. 忘性大
10. 担心自己的衣饰及仪态
11. 容易烦恼和激动
12. 胸痛
13. 害怕空旷的场所或街道
14. 感到自己的精力下降，活动减慢
15. 想结束自己的生命
16. 听到旁人听不到的声音
17. 发抖
18. 感到大多数人都不可信任
19. 胃口不好
20. 容易哭泣
21. 同异性相处时感到害羞不自在
22. 感到受骗、中了圈套或有人想抓住你
23. 突然感到害怕
24. 自己不能控制地发脾气
25. 怕单独出门
26. 经常责怪自己
27. 腰痛
28. 感到难以完成任务
29. 感到孤独
30. 感到苦闷
31. 过分担忧
32. 对事物不感兴趣
33. 感到害怕
34. 感到容易受到伤害
35. 旁人能知道你的私下想法
36. 感到别人不理解你、不同情你
37. 感到人们对你不够友好、不喜欢你
38. 做事必须做得很慢以保证做得正确
39. 心跳得很厉害
40. 恶心或胃部不舒服
41. 感到比不上他人
42. 肌肉酸痛

43. 感到有人在监视你、谈论你
44. 难以入睡
45. 做事必须反复检查
46. 难以做出决定
47. 害怕乘电车、公共汽车、地铁或火车
48. 呼吸有困难
49. 一阵阵发冷或发热
50. 因为害怕而避开某些东西、场合或活动
51. 脑子变空了
52. 身体发麻或刺痛
53. 喉咙有梗塞感
54. 感到没有前途、没有希望
55. 不能集中注意力
56. 感到身体的某一部分软弱无力
57. 感到紧张或容易紧张
58. 感到手或脚发沉
59. 想到死亡的事
60. 吃得太多
61. 当别人看着你或谈论你时，你会感到不自在
62. 有一些不属于你自己的想法
63. 有想打人或伤害人的冲动
64. 醒得太早
65. 必须反复洗手、计数或触摸某些东西
66. 睡得不安稳
67. 有破坏东西的冲动
68. 有一些别人没有的想法或念头
69. 感到对别人神经过敏
70. 在商店等人多的地方感到不自在
71. 感到做任何事情都很困难
72. 一阵阵恐惧或惊恐
73. 感到在公共场所吃东西很不舒服
74. 经常与人争论
75. 单独一人时神经很紧张
76. 别人对你的成绩没有做出恰当的评价
77. 即使和别人在一起也感到孤单
78. 感到坐立不安、心神不定
79. 感到自己没有什么价值
80. 感到熟悉的东西变得陌生或不像真的
81. 大叫或摔东西
82. 害怕会在公共场所晕倒
83. 感到别人想占你的便宜
84. 为一些有关“性”的想法而苦恼
85. 为自认为的过错而苦恼
86. 想赶快把事情做完
87. 感到自己的身体有严重的问题
88. 从未感到和其他人很亲近
89. 感到自己有罪
90. 感到自己的脑子有毛病

以下是 SCL-90 测量结果换算表，请根据自己的分数评估自己的心理健康程度。

SCL-90 测量结果换算表

因子	所属因子的项目编号	总分	均分	参考值
躯体化	1、4、12、27、40、42、48、49、52、53、56、58		总分/12	1. 34±0. 45
强迫症状	3、9、10、28、38、45、46、51、55、65		总分/10	1. 69±0. 61
人际关系敏感	6、21、34、36、37、41、61、69、73		总分/9	1. 76±0. 67
抑郁	5、14、15、20、22、26、29、30、31、32、54、71、79		总分/13	1. 57±0. 61

续 表

因子	所属因子的项目编号	总分	均分	参考值
焦虑	2、17、23、33、39、57、72、78、80、86		总分/10	1.42±0.43
敌对	11、24、63、67、74、81		总分/6	1.50±0.57
恐怖	13、25、47、50、70、75、82		总分/7	1.33±0.47
偏执	8、18、43、68、76、83		总分/6	1.52±0.60
精神病性	7、16、35、62、77、84、85、87、88、90		总分/10	1.36±0.47
其他	19、44、59、60、64、66、89		总分/7	27.45±19.32

说明：比较粗略、简便、直观的判断方法是看各因子的均分是否超过3分，如果均分大于3分，则表明该因子的症状已达到中等以上的严重程度，有必要进行心理治疗。

三、培养健康心理的途径

旅游企业的员工一般可以通过自我心理调节来维护自身的心理健康，下面介绍几种比较常见的方法。

（一）调节个人认知方式

在日常生活中，对个人认知方式的调节主要是要消除一些极端化的要求，在个人方面主要是要消除对完美的过分追求。人们通常将“凡事力求完美”作为一种良好的品性，并以此指导自己的言行，企业的管理人员也通常会用这个标准要求自己和他人。但是从心理学的角度来看，这是一种极端化的要求，这可能会对员工个人的心理健康产生负面影响。比较合理的做法是在保持积极向上的人生态度的同时，客观地评价自己，愉快地接受现实的自我，允许自己犯错，允许自己有缺点，力求自己在现有情况的基础上不断提高。

（二）有效的调节自身情绪

对自己的情绪进行有效的调节包括两个方面，一方面是当出现负面情绪时应该怎样应对，另一方面是怎样建立情绪调节的长效机制。

1. 控制负面情绪的应急措施

当员工产生负面情绪时，最直接的方法就是通过一定的渠道把压抑的情绪充分地宣泄出来，这样就可以恢复心理平衡。合理宣泄负面情绪的方法有很多，如找一个僻静的地方大声喊叫、痛哭一场或对他人诉说等。情景转移法也可以起到调节情绪的作用，为了摆脱负面情绪的困扰，可以去参加一些能让自己开心的活动，或尽快离开挫折情境，或去回忆一些愉快的往事，把自己的注意力转移到其他事物上，如听音乐、唱歌、跳舞、购物等，都有助于个人摆脱负面的情绪。当想要宣泄情绪时，要考虑到时间、场合、对象等问题，用自我暗示的方法控制情绪的爆发，告诉自己不要冲动，并极力遏制自己的负面情绪和冲动行为，这种自我暗示的训练可以有效地控制情绪。此外，寻求外界的支持也是不错的选择，例如与亲友交谈、心理咨询等都是摆脱情绪困扰的好方法。

2. 建立情绪调节的长效机制

对于旅游企业的工作人员来说，压力是时刻存在的，为了减轻因压力产生的各种负面情绪，应该在对自己有全面了解的基础上建立情绪控制的长效机制，这样才能够及时地进行自我调节。这可以从以下几个方面着手。

①客观地认识自己，了解自己的长处和短处，了解自己的生理健康和心理健康状况。当面临压力和挫折时，不要用否认、压抑、回避等消极态度面对，而要调整心态，以积极乐观的态度面对各种情况。做情绪的主人，才能避免不合理情绪的产生。

②学会管理时间，正确处理工作与休闲的关系。在工作方面不要好高骛远，要有计划、分阶段地逐步实现目标，并有意识地培养沉着应对各种突发事件的习惯。养成良好的生活习惯，学会休闲放松，培养有利于身心健康的兴趣和爱好，这样才能劳逸结合、高效工作。

③积极主动地建立健康和谐的人际关系。积极参加有益身心的群体活动，与他人敞开胸怀友好交往，主动关心他人，这不仅可以获得情绪上的支持，还能使人消除忧虑、精神愉快。

④积极锻炼身体，健康的身体是健康心理的前提和基础，多参加体育锻炼，才能强健体魄，保持健康的心理。

（三）心理咨询帮助

旅游企业的员工除了通过自我调节，还可以通过外界援助来解决已经产生的各种心理问题，心理咨询就是较为常见的一种援助方式。旅游企业可以聘请心理专家对员工进行心理疏导和心理治疗，消除负面心理因素的影响，顺利地学习、工作和生活，增进身心健康。

所谓心理咨询，就是通过语言、文字等媒介，针对咨询对象在学习、工作、生活、疾病和康复等方面的心理危机和心理负荷问题，运用心理学的知识和原理给予帮助、启发和教育的过程。心理咨询一般包括演讲、开设专栏、通信、电话、面谈等方式，其内容主要包括以下方面。

①宣泄疏导人的情感或缓解情绪压力，鼓励咨询对象说出内心的困苦，帮助解除心理上的压力。

②协助咨询对象改善认知结构，以正常的经验取代旧的、不正常的经验，树立对

人、对己、对事物的正确观念和态度。

③为咨询对象在日常生活中重新建立与人相处的和谐关系，培养其良好的社会适应能力和行为习惯。

④指导咨询对象进行心理健康的自我监护和自我调节，包括解除紧张、焦虑、挫折等一系列问题。

随着当前中国经济社会的不断发展，社会生活日益复杂，生活节奏日益加快，旅游企业的员工面临着工作超负荷、工作要求高、工作保障缺失、接触对象复杂、竞争激烈、精神空虚等多种问题，这可能诱发各种生理和心理障碍和疾病，心理咨询则是解除心理障碍和疾病的有效途径之一，同时也是促进企业管理工作有效化的一种手段。

本章小结

本章主要介绍了能力、气质、性格、激励、疲劳、压力、心理健康等概念，分析了人在能力、气质、性格方面存在的个体差异及相应的企业管理对策；阐述了多种激励理论，旅游企业可以通过多种激励措施，激发员工的积极性，提高其工作效率；系统地分析了疲劳的类型、疲劳的表现形式和消除疲劳的措施，重点分析了照明、噪声、色彩、温度等因素对工作的影响；阐述了压力的来源及其对身体健康、心理健康和工作效率的影响，分别从个人和组织方面提出了减压措施。最后阐述了心理健康的标准及培养健康心理的途径。

健康是一个不断变动着的综合概念，人的健康既包括生理方面的健康，也包括心理方面的健康。一个身心健康的人才是企业和社会所需要的人，只有保证员工的健康，才能使其积极地投入工作，为企业创造出更大的社会效益和经济效益。

旅游者能够获得满意的旅游经历取决于旅游从业人员的素质和表现。在现代旅游企业管理中，人力资源的管理是关键。相关学者发现，个人能力、性格、气质、激励机制、工作条件、外部环境及心理因素都会不同程度地影响企业员工的积极性和工作效率。因此，旅游企业应该在充分了解员工特质的基础上，采取多方面措施，激励员工，消除疲劳，缓解压力，形成和谐的内部氛围，实现企业“人尽其才”“才尽其用”的管理目标，提升整体管理水平。

复习思考题

一、判断题

1. 旅游企业员工之间的个体差异主要体现在个性心理特征方面，包括能力、气质、性格三个方面。（　　）

2. 根据能力的结构将其分为再造能力与创造能力。（　　）

3. 美国心理学家推孟编制了“比内—西蒙智力量表”。（　　）

4. 能力发展速度的差异是指一个人在不同的年龄段能力存在个体差异。（　　）
5. 流体能力是指以学到的知识为基础的认知能力。（　　）
6. 不同的气质类型既有积极的一面，也有消极的一面。（　　）
7. 性格通过后天的培养是可以变化的。（　　）
8. 心理健康和生理健康是相互影响、相互制约、辩证统一的关系。（　　）

二、单项选择题

1. （　　）是指顺利完成某种活动所必需的并能直接影响活动效率的心理特征。
   A. 性格　　B. 气质
   C. 能力　　D. 个性
2. （　　）也叫模仿能力，是指通过观察别人的行为活动，快速学习知识，适应环境，然后按照相同的模式做出反应的能力。
   A. 特殊能力　　B. 晶体能力
   C. 操作能力　　D. 再造能力
3. 性格的（　　）是指个体在感知、想象、记忆、思维等认知活动中表现出来的心理特征。
   A. 态度特征　　B. 理智特征
   C. 情绪特征　　D. 意志特征
4. 激励的本质就是激发人（　　）的过程。
   A. 性格　　B. 爱好
   C. 兴趣　　D. 动机
5. 能力根据发展趋势可以划分为（　　）。
   A. 流体能力与晶体能力　　B. 一般能力与特殊能力
   C. 认知能力与操作能力　　D. 再造能力与创造能力
6. 麦格雷戈提出的激励理论是（　　）。
   A. 双因素理论　　B. ERG 理论
   C. 期望理论　　D. X 理论和 Y 理论
7. 下列不属于激励原则的是（　　）。
   A. 整体性　　B. 合理性
   C. 公平性　　D. 时效性
8. 判断一个人心理健康的标准不包括（　　）等方面。
   A. 智力正常　　B. 情绪稳定
   C. 人际关系和谐　　D. 心理特点小于自己的年龄
9. 下列（　　）项影响工作环境的因素会使员工产生不同的心理效果。
   A. 照明　　B. 噪声

C. 色彩和温度　　　　　　　　　　D. 以上都是

10. 能力的形成与发展受多种因素的影响，包括（　　）。

A. 遗传因素　　　　　　　　　　B. 环境与教育

C. 社会实践　　　　　　　　　　D. 以上都是

三、简答题

1. 在旅游企业的管理中，如何看待员工的气质差异？
2. 什么是性格？性格差异与旅游企业管理的关系是什么？
3. 什么是激励？激励有哪些功能？
4. 有哪些主要的激励理论？对员工的激励一般应遵循哪些原则？
5. 常用的激励方式有哪些？
6. 什么是疲劳？疲劳主要表现在哪些方面？
7. 旅游企业员工怎样消除疲劳？
8. 压力会对旅游企业员工产生哪些方面的影响？
9. 旅游企业的管理人员可以采取哪些措施来减轻员工的压力？

四、论述题

1. 试论述能力差异与旅游企业管理的关系。
2. 试分析性格与气质的关系，并举例说明。
3. 试论述旅游企业员工压力的来源有哪些？

五、案例分析题

日产汽车公司面临的问题

日产汽车公司曾经面临一个问题：它在日本的工厂招不到足够的工人。日本的年轻人抵制装配线工作，认为这种工作单调乏味，令人厌倦，他们宁愿从事环境清洁和安全服务等工作。即使在那些尝试从事汽车业工作的年轻人中，也有30%的人在第一年就辞职。

劳工短缺意味着工作大量超时，许多员工每天工作12小时，周六也不休息。不仅员工不喜欢太长的工作时间，就连管理层也因为工作时间太长而苦恼。

日产汽车公司的管理层能做些什么呢？不论提出什么解决方法，他们都认识到这只是一个权宜之计。这是因为：日本人口日趋老龄化，随着人口出生率的下降，多年后18岁的年轻人口也将急速下降。此外，日本政府强迫汽车制造商缩短平均工作时间，以便与其他工业化国家保持一致。

美国卡车公司也曾面临与日产汽车公司相似的问题。美国卡车公司为固特异、通用汽车等公司输送轮胎和汽车部件。由于员工的流动率比较高，美国卡车公司曾面临卡车司机短缺的问题。其管理层直接去与600名卡车司机沟通，征求他们对降低流动率的建议。从此以后，其管理层与资深卡车司机之间定期召开季度性会议。美国卡车公司的管理层从卡车司机那里得到大量信息并做了相应调整。当司机要求安装反锁刹车和气动装置时，公司同意了。该公司在阿肯色州的西孟菲斯市终点站建立了卡车司机住宅区，当卡车司机建议配置私人浴室而非公共浴池时，公司也照办了。当卡车司机要求在漫长的横跨全国的长途运输中有更多的时间回家时，公司把出差时间从每周6次减为2次。

美国卡车公司的这些变革极大地提高了员工的士气，也降低了卡车司机的流动率。但卡车司机的工作依然很辛苦，因为管理层要求按时送货。美国卡车公司对送货时间的承诺是准确到小时，而不是像大多数运输公司那样准确到天。管理层在表现出对员工尊重的同时，并没有减少对卡车司机的期望，例如，一年内迟到两次的卡车司机将失去工作。

资料来源：https：//max. book118. com/html/2023/0116/5142323202010044. shtm，有改动。

1. 利用双因素理论分析日产汽车公司的问题。

2. 利用马斯洛需求层次理论分析美国卡车公司解决员工流动率高的做法。

六、实训题

调查当地旅游企业员工心理状况。

第九章　旅游企业群体管理心理

案例导入

《战国策》中有一段关于南辕北辙故事的记载。

今者臣来，见人于大行，方北面而持其驾，告臣曰："我欲之楚。"臣曰："君之楚，将奚为北面?"曰："吾马良。"臣曰："马虽良，此非楚路也。"曰："吾用多。"臣曰："用虽多，此非楚路也。"曰："吾御者善。"此数者愈善，而离楚愈远耳。

故事内容是这样的，魏王想攻打赵国，季梁劝他说："我在太行山下遇到一些向北走却要去楚国的人，我问他们：'你们去楚，为什么向北走?'他们却回答我说：'我们的马跑得很快。'我说：'马好，可是路走反了。'他们又回答说：'我们盘缠带得多。'即使马夫驾车技术非常高明，但是他们这样走下去，只会离楚国越来越远而已。现在，大王仗着强势想称霸，你越是这样做，离称霸的目的就越远，和那些想到楚国去，反而往北走的人一样。"魏王听了之后觉得很有道理，最后放弃攻打赵国的计划。

从上述故事可以看出，马夫技术高明，是属于正确地做事，或许具有管理才能。但南辕北辙，根本方向错了，也就是说，管理水平再高，也不能达到企业的目标，因为那是做不正确的事。

学习目标

1. 了解群体、人际关系、领导及组织的概念。
2. 了解群体的特征、领导的功能和组织结构的形式与新形态。
3. 掌握改善人际关系的方法、掌握领导理论的具体内容。
4. 分析组织变革的原因及策略。

本章重点、难点

1. 群体、人际关系、领导及组织的概念。
2. 掌握改善人际关系的方法，掌握领导理论的具体内容和组织变革的策略。

本章重点概念

群体：是由若干个体组成的，是由某些共同的心理、共同的社会原因，以特定的方式进行活动的人组合起来的相互制约的人群，或称为“团体”“共同体”。

人际关系：是组织环境中人与人之间的交往和联系。它既包括心理关系，也包括行为关系。它是一群相互认同、相互包容的人联结成的关系。

领导：应当是一个完整的指挥和协调的活动过程，它包含在群众活动中，包括三个不可缺少的要素：领导者、被领导者、领导情境。

组织：组织是为了达到某些特定目标，在分工合作的基础上构成的人的集合。

领导风格：是指领导者在思想上和工作上所表现出来的态度和行为以及所采取的工作方法和形式。

领导艺术：是领导者在个人素养基础上，以丰富的领导经验，深厚的领导科学造诣，对各种领导条件、方式、方法，纯熟、高超并富有创造性地运用，以及通过这种运用所表现出的领导风格和艺术形象。

第一节　群体概述

一、群体的概念

群体是由若干个体组成的，由某些共同的心理、共同的社会原因，以特定的方式进行活动的人组合起来的相互制约的人群，或称为“团体”“共同体”。旅游者群体指离开日常生活“价值中心”，到其他的“中心”去体验生活价值和存在意义的一种社会群体。

二、群体的特征

（一）社会需求或目标

群体成员具有共同的社会需求或目标。这些需求或目标在很多情况下是潜在的、隐性的，但它们客观存在。

（二）组织结构

群体具有某种组织结构。这种组织结构有时是有形的，有时是无形的。它使群体成员处于一定的关系之中，从而保证群体成员能够经常联系和共同完成某项任务。

（三）行为规范和心理倾向

群体具有自己的特定的行为规范和心理倾向。这些行为规范和心理倾向可能是成文的，也可能是不成文的，但都对群体成员产生影响，起制约作用。

三、群体的分类

社会心理学者考察群体问题时，根据不同特点，对其进行分类。目前常见的分类，主要有以下几种。

（一）假设性群体和实在性群体

以群体是否真正存在，可将群体分为假设性群体和实在性群体。

假设性群体，是指为便于研究和分析按某种特征而划分出来的群体。例如，在企业安全管理中，经常划分特种作业人员和普通作业人员，也经常按年龄划分出青年员工、中年员工和老年员工等群体。假设性群体是虽有其名，而无其实，是实际中并不存在的一种群体。

实在性群体，是现实生活中实际存在的，其成员之间有着各种各样的联系。例如，工厂中的车间、班组，行政机构中的科室等，都是实际群体。实在性群体按规模大小，可分为大群体和小群体。

（二）直接接触群体和间接接触群体

以群体成员联系的方式可将群体分为直接接触群体和间接接触群体。

例如在酒店中，领班、主管这个基层管理群体是与一线员工直接接触的群体，而各部门经理、副总经理和总经理所组成的中高层管理群体则属于一线员工的间接接触群体。

（三）松散性群体和严密性群体

松散性群体和严密性群体，也被称为低层次群体和高层次群体（或集体组织），这是以群体严密程度划分的。

在管理心理学中，松散性群体不是严格意义上的群体，而是指那种人们之间没有太多共同目标和共同活动，只是在时间和空间有所接近的人群结合体。严密性群体则相反。

（四）正式群体和非正式群体

以社会规定性，可将群体分为正式群体和非正式群体。

正式群体是指由一定的社会组织认可的，有固定的编制和隶属关系，成员的权利和义务都有明确分工并受法律保护的群体。如社会上各级各类正式组织内部成员构成的群体，企业的部门、班组，大学中的机关、系部、教研室等。

非正式群体是指由若干人自发结合形成的，没有明确规定成员的权利和义务的群体，一般不受法律保护。如旅游团队很大程度上属于非正式群体（散客拼团）。

此外，群体按内容，还可分为政治群体、工作群体、学术群体、密友群体等。

个体与群体，既有相联系的一面，又有相区别的一面。群体由个体组成，个体离开群体就将失去社会性，甚至难以生存。群体并不是个体相加的总和，群体有其自身的特征，有其特有的社会心理现象。

四、群体心理

群体心理是社会心理的重要概念之一，指群体中成员共同的心理现象，如模仿、暗示、感染、从众、服从。前文已介绍过从众和服从，下面重点介绍模仿、暗示和感染。

（一）模仿

模仿是在没有外界控制的条件下，个体受他人行为的影响，使自己的行为与他人行为相同或相似的现象。模仿可分为无意模仿和有意模仿。

模仿一般是对具体人的外显行为的模仿。一位导游看了全省导游大赛，会模仿优秀导游的动作。

影响模仿的三个因素：年龄、地位和类似特质。

（二）暗示

暗示是在无对抗的条件下，通过语言、行为、表情或某种符号，对他人的心理和行为产生影响的现象。暗示一般可分为他人暗示和自我暗示两种，他人暗示又分为直接暗示、间接暗示和反暗示。

暗示在多数情况下，以含蓄、间接的方式进行。暗示不需讲明，只靠直接提示。它只涉及简单的思想行为，对深刻的思想、复杂的道理，暗示一般不起作用。

影响暗示的心理因素有四个。其一，暗示者主动，被暗示者被动，但涉及道德原则方面，受暗示者往往不会无条件地执行暗示者的提示，甚至在催眠的情况下也是如此。其二，暗示者的地位越高，暗示效果往往越好。一般来说，职务较高、知识丰富甚至年龄较大都能构成高地位的因素。在被暗示者看来，这样的人更值得信赖和依靠，所以更有可能接受暗示。其三，正处于困难和焦虑中的受暗示者更易接受暗示。在这些情况下，一旦得到暗示，人就会像漂流在大海中突然抓到一块木板一样，牢牢地抓住它，相信它。其四，年龄幼小，独立性差，身体虚弱者，容易接受暗示。

（三）感染

感染是通过语言、表情、动作及其他方式，引起他人相同的或相似的情绪和行为。在旅游活动中，感染主要指的是情绪传递。这是一种普遍存在的人际影响的方式。它常表现为无意识地顺从。

感染可以调整个体的心理状态，使个体摆脱消极、悲观情绪，处于积极乐观的精神状态之中，还可以对群体起一定的整合作用，使群体成员逐步取得一致的认识和行为。在大型群体中的感染往往容易出现“循环反应”的现象，即人受到感染后反应的情绪，又会影响别人。

第二节　人际关系

古往今来，许多学者在研究和教导人们如何处理人际关系。人际关系真的如此重要吗?

人际关系作为一种人与人之间的关系，广泛存在于社会生活的各个角落。如学校中的师生关系、同学关系，工作中的同事关系等。人际关系会依据个体所扮演的各种社会角色对社会产生影响。

旅游从业人员的人际关系直接影响旅游企业的经营结果。可以说，正确处理好人际关系是搞好旅游行业的重要条件之一。因此，旅游行业非常重视对旅游领域的人际关系的研究。

一、人际关系的概念、特性和类型

（一）人际关系的概念

人际关系是组织环境中人与人之间的联系。它既包括心理关系，也包括行为关系。

（二）人际关系的特性

1. 社会性

社会性指人的社会关系或通过社会关系表现出来的属性。它是人际关系的本质属性。

2. 情感性

情感性即以感情作为基础，人们才能建立起亲密的人际关系。

3. 复杂性

复杂性指人们在交往过程中，各种关系交织在一起，错综复杂。

（三）人际关系的类型

1. 按形式划分

人际关系按形式可划分为合作型人际关系和竞争型人际关系。

2. 按效果划分

人际关系按效果可划分为良好的人际关系和不好的人际关系。

3. 按公私关系划分

人际关系按公私关系可划分为公务关系和私人关系。

4. 按组织形式划分

人际关系按组织形式可划分为正式群体中的人际关系和非正式群体中的人际关系。

5. 按社会属性划分

人际关系按社会属性可划分为自然性人际关系和社会性人际关系。

（1）自然性人际关系是指自然形成的人际关系，主要指血缘关系、地缘关系等。

（2）社会性人际关系是指因经济、政治、法律等形成的人际关系。

二、人际关系在企业中的作用

（一）有利于沟通

与人交际是为了实现与人的沟通，了解他人，也让他人了解自己，以此达到交际的目的。在企业内部，积极的人际关系能使员工了解各自的工作内容和工作范围，促进沟通的有效性。

（二）有利于增强群体凝聚力

人际关系融洽能促进群体的团结性，增强群体凝聚力；反之，人际关系紧张，群体的各项指标都会下降。良好的人际关系是企业的润滑剂，能创造健康向上的企业氛围。

（三）有利于员工身心健康

良好的人际关系对员工的身心健康有很大的促进作用。很多疾病皆由心理原因引起。人际关系紧张会导致神经衰弱、偏头疼、血压升高、饮食失常等。人类的心理适应，最重要的就是对人际关系的适应。和谐的人际关系可以减轻人们的心理压力，使员工心情舒畅地工作，不必为处理各种关系费心劳神，这必将有利于员工的身心健康。

（四）有利于员工的自我发展和自我完善

个体在自我发展的过程中，必然是通过个人与社会、与他人的联系，适应社会并吸收社会文化来完成自身的社会化。良好的人际关系往往会起到助力作用，即在暗示、模仿、感染中向他人学习，提高自身素质并加速自我发展和自我完善。

三、改善人际关系的方法

（一）感情投资法

感情投资法是对人倾注真挚、炽烈的感情，舍得为密切感情花本钱、下功夫，以赢得人心。

（二）心理吸引法

心理吸引法是创设一种“心理磁力场”，设定吸引的中心，吸引群体成员团结一致，共同努力。

（三）深层了解法

人们的交往是由浅入深的。礼仪交往，互相关照；功利交往，促使事情办成；感情交往，建立一定友谊；思想交往，成为知己。

（四）中和互补法

人与人之间互有差别，互有需求，相互接近之后，逐渐中和，成为好朋友，使群体达到和谐的状态。

（五）求同存异法

人们结交朋友时，只要政治原则、基本倾向相同即可，至于个性特点、习惯爱好、生活情趣等，不妨求大同，存小异。

（六）排难解忧法

朋友遇到了困难，在其最需要帮助的时候伸出手来帮助他，最容易获得对方的感激，拉近与他的距离。

第三节　领导心理

领导作用的发挥对整个管理效率的影响是不言自明的。有效的领导行为是旅游企业实现目标的重要因素。领导风格是指领导者在思想上和工作上所表现出来的态度和行为，以及领导者所采取的工作方法和形式。在旅游企业管理活动中，领导者的领导风格对旅游从业人员工作积极性的调动具有极其重要的意义，同时，领导者的素质、心理、能力对旅游企业的发展也是至关重要的。

一、领导的概念

从马克思的观点来看，所谓领导，应当是一个完整的指挥和协调的活动过程，它包含在群众活动中，包括三个不可缺少的要素：领导者、被领导者、领导情境。领导者和被领导者是人类社会群体中不可分割的两个方面，是辩证的统一体。

二、领导的功能

领导的功能主要表现在七个方面。

（一）引导功能

引导功能是指领导从根本上规定了组织发展目标，规范了组织前进的方向。

（二）组织功能

组织功能是指按照目标合理地设置结构、建立体制、分配权力、调配资源等。

（三）指挥功能

指挥功能是领导的一项重要功能，是确保决策得以执行的重要条件。指挥功能主要有两种形式：①命令；②合理授权。

（四）控制功能

在具体执行过程中，只有授权而没有控制，是很难达成目标的。控制功能是对组织战略与规划的执行过程进行宏观把握，以保证组织相对的稳定和有序发展。

（五）协调功能

协调功能是为了实现领导战略目标而对领导活动中出现的矛盾和问题进行调整。领导协调的内容非常广泛，包括领导系统与环境的协调，领导系统内部各子系统之间的协调，领导系统内外人际关系的协调，领导活动中不同功能、目标、利益的协调，等等。

（六）教育功能

教育是获取、保持、发展组织核心竞争力和创新力的必然要求。教育功能是反映时代需求的一项重要领导功能。

（七）激励功能

激励功能是领导的主要功能之一，是管理心理学研究的核心问题之一，也是实现领导功能必须具备的条件。

1. 激励功能的内容

（1）提高被领导者的工作绩效

工作绩效取决于员工能力、员工被激励的程度和工作环境。在短期内，一个人的能力不会有大的提高，环境不会有大的改变，因此激励的效果直接影响一个人的工作绩效。

（2）提高被领导者接受和执行目标的主观能动性

领导者应把实现组织目标和满足员工需求有机地结合起来，创造良好的组织环境氛围，增强员工对组织目标的感受，提高他们接受和执行目标的主观能动性。

（3）激发被领导者实现组织目标的热情

领导者通过协调人际关系，力所能及地满足员工的正当、合理的要求，可以激发他们的工作热情。另外，领导者经常向员工宣传和帮助他们理解组织目标，有利于激发员工的热情、忠诚、信心和奉献精神，使员工在面临困难时也会全心全意地支持领导工作，从而促成组织目标的实现。

（4）增强组织的凝聚力，发挥团队作用

“独木难成林”，一个企业仅仅依靠少数人的努力是不行的，因此，在激励过程中，既要顾及个人，又要顾及整体。激励不仅仅直接作用于个人，而且间接影响其周围的人。在激励过程中，会涌现出一批模范榜样。对模范榜样进行激励，有利于促使员工朝着一个目标努力奋斗，有利于增强组织的凝聚力，发挥团队作用。

领导者如果不能很好地利用激励功能，也就不能充分调动全体员工的聪明才智和工作热情。满足被领导者的各种需求是实现激励功能的关键。因为每个人的需求不同，所以领导者应对员工的需求进行调查和研究，并对其是否正当、合理，有无条件给予满足和如何满足等进行分析。员工需求的满足有直接满足（工作之内的满足）和间接满足（工作之外的满足）之分。其中，直接满足是完成领导功能的主要途径。

在旅游企业中，领导的激励功能显得更为重要。在旅游工作中，主要的工作（如接待旅游者）是具有高度分散性的工作。导游带团进行旅游活动，其工作具有较强的独立性和自足性，单纯地使用领导的组织功能不能使导游的工作热情、积极性与主动性达到最高，因此需要恰当使用激励功能。

2. 激励的方法

（1）实现虚激励与实激励的均衡

虚激励指领导者对员工精神上的激励，实激励是指对员工物质上的激励。由于员工既有精神上的需求，又有物质上的需求，因此就应该既有精神上的激励，又有物质上的激励。领导者在实施激励时必须把物质激励和精神激励结合起来使用，否则激励就可能没有效果，甚至起反作用。实激励与虚激励从来都是联系在一起的，把它们割裂开来的认识只能导致错误的激励。

把握好虚激励和实激励的均衡，有三个关键问题需要注意：一是认清员工需求的变动性，员工的需求是随着环境、时间的不同而变化的，应根据员工需求的变动情况，有针对性地去激励员工；二是应对不同类型员工采取不同的激励手段，如对组织中的专业人员、短期雇员和缺乏技能且工资低的人员应采取不同的激励手段；三是处理好主动激励与被动激励的关系。

（2）实现正激励与负激励的均衡

正激励特指对激励对象的肯定、承认、赞扬、奖赏、信任等具有正面意义的激励方法，负激励特指对激励对象的否定、约束、冷落、批评、惩罚等具有负面意义的激励方法。单纯的正激励或负激励都达不到理想的效果。

把握正激励和负激励的均衡，关键是对合理的行为要用正激励去强化，对不合理的行为用负激励去避免。谁也不能保证一个员工的行为总是合理的，更不能断言一个员工的行为总是不合理的，所以领导者要尽量保证公平，使员工感到自己的付出是有价值的。

把握好正激励与负激励的均衡，还有一个现实的问题要解决，那就是明确什么是合理行为，什么是不合理行为。一个员工并不是任何时候都能判别出自己的行为合理与否。这就要求领导者事先提供明确的标准，如组织目标等。同时，还要提供奖励的标准，即明确员工什么样的合理行为能得到多少正激励，什么样的不合理行为能得到多少负激励。员工为了多得正激励，少得负激励，会自觉地、努力地按照领导者的意图和组织目标而奋斗。

（3）实现重点激励与一般激励的均衡

从激励的环节和激励过程来看，当10年的领导，就要对员工激励10年，当20年的领导，就要对员工激励20年，这就是所谓的一般激励。但是任何领导者都既没有精力更没有必要时时刻刻对员工进行激励，他只选择重要的工作环节、重要的工作场合对员工进行激励就足够了，这就是所谓的重点激励。从被激励的对象来看，一般激励的对象是群体，重点激励的对象是特定的个体。

如果领导者对所有员工都进行激励，并且都进行同样内容、同样强度的激励，那么激励的效果就是所有员工都没有得到激励。激励有个隐含的前提，那就是承认每个人努力的差异、工作绩效的差异，领导者应当只对很努力的员工进行激励，尤其是只对工作绩效高的员工进行激励。同时，激励的差异不能太大，以免激发了少数人的积极性而挫伤了大多数人的积极性。换言之，既要重点激励闯关历险的“千里马”，又要维护许多默默无闻但努力工作的“老黄牛”的利益。切记“没有差异就没有激励，没有重点就没有激励”。

三、领导的理论

关于领导的理论研究主要有领导的性格理论、行为理论、应变理论，现简略介绍如下。

（一）性格理论

性格理论的重点在于通过对领导者个人性格的分析，寻求取得最佳领导效果的方法。早期的性格理论认为，天赋是一个人能否成为领导者的根本因素，有些人生来就具有做好领导者的天赋，这是唯心主义的观点。

现代性格理论从胜任领导工作的要求来研究领导者应该具备的能力、才智和性格等，其中比较有代表性的是美国心理学家吉赛利（Edwin Geseley）的研究。他对领导者提出的素质要求，为培养和训练领导者提供了方向。他虽然揭示了一些性格与成功的关系，但他强调先天因素，忽视后天因素，他的研究方法也缺乏一定的科学性。

此外，现代领导理论还认为领导是一种动态过程，领导者的性格和品质是在实践过程中形成的。

为了实际工作需要，选择领导者要有明确的标准，培训领导者要有具体的方向，考核领导者要有严格的指标。

（二）行为理论

行为理论是研究领导者在领导过程中，所采取的领导行为以及不同的领导行为对员工的影响，以期寻求最佳的领导行为。

行为理论研究开始于20世纪40年代。典型的行为理论如俄亥俄州立大学的领导行为研究，研究者列出一千多种刻画领导行为的因素，通过逐步概括，归纳为“关心组织”和“关心人”两大类，提出了两元理论，又称俄亥俄模式（或叫俄亥俄四分图），如图9-1所示。

在行为理论中，管理方格理论是美国心理学家布莱克（Robert Rogers Blake，1918—2004）和莫顿（Jane S. Mouton）在1963年提出来的。他把俄亥俄四分图的横坐标改变为对工作的关心程度，纵坐标为对人的关心程度，而且又将两个坐标轴都画成9个刻度，组成管理方格图（见图9-2）。

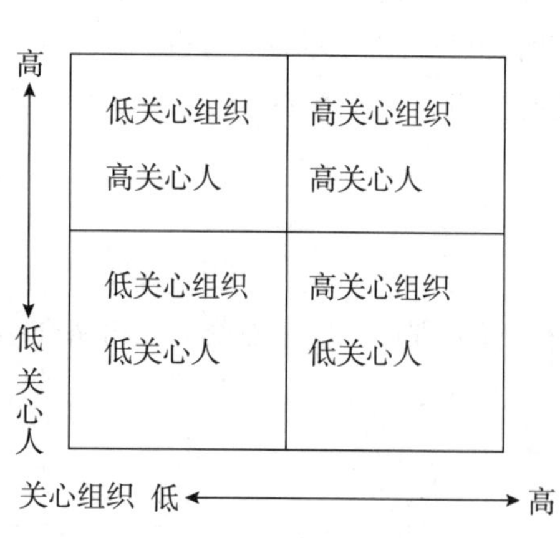

图9-1　俄亥俄四分图

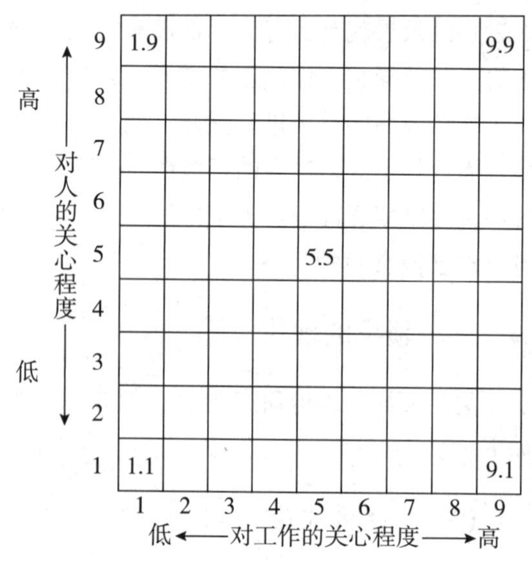

图9-2　管理方格图

在管理方格图中，1.1 型为虚弱型管理，领导者对人和工作都不关心；9.1 型为任务型管理，领导者只抓工作不关心人；9.9 型为战斗集体型管理，领导者既关心工作又关心人；1.9 型为俱乐部型管理，领导者关心体谅员工，但生产管理松弛；5.5 型为中间型管理，领导者对工作和人的关心程度均不算高，但能保持平衡，基本能完成任务。

布莱克和莫顿认为这五种管理类型的效度次序由高到低的排列是：9.9 型—9.1 型—5.5 型—1.9 型—1.1 型。为帮助领导者逐步接近 9.9 型，他们提出 6 个阶段的管理发展计划。

管理方格理论是领导理论中较有影响的模式，它为领导者确定自己的领导风格提供了依据。

（三）应变理论

应变理论主要是从领导者的个性、任务的性质、员工的期望、需求、成熟度以及工作的环境等方面综合研究领导行为的有效性。

案例分析

改善部门文化

路德维格是一家拥有 1200 人的大型办公家具制造公司的设计服务部经理。该设计服务部有 80 个人，分成 8 个工作组，均向路德维格汇报工作。路德维格在这家公司工作时间不长，他以前在一家小型公司工作，并在那家小型公司任研究与开发部的副总裁。在前一家公司，他作为一个领导者，总的来说有比较好的名声。

路德维格在办公家具制造公司的第一年花了很多时间来提高其部门文化。他不像前一任部门经理花了不少时间来控制项目、强调部门目标，路德维格让自己了解部门员工的情绪和工作进程，然后制订了新的部门会议计划，目的是让每个人都能分享自己的想法和所关注的事。在继续做那些琐碎事的同时，他通过每周五的棕色袋装午餐活动来提高部门的团队精神。他每周与工作组领导者进行非正式会面，来了解他们需要什么以及他们在如何做。

路德维格工作之余也是社会活动的有力支持者。夏天，设计服务部举办了一次室外家庭烧烤野餐，这对部门的员工来说是第一次。假期时，由部门备办食物，路德维格在他住所里举办过一次聚餐。员工认为这是一流的聚会，并谈论了好几个月。在路德维格的努力下，公司组建了一支室内足球队，队员全部由设计服务部的员工组成。

设计服务部的多数人对路德维格第一年的工作做出了肯定的评价。多年来设计服务部沉闷的氛围随着路德维格的到来得到了改善，设计服务部又有了生机。人们开始享受部门新的活力。他们发现自己聊天多了，抱怨少了。

分析：

路德维格运用的是什么领导理论？

这种领导理论在该设计服务部的情景下有效吗？

你喜不喜欢这样的领导？

这种领导理论会过时吗？如果会，请简述理由。

四、旅游企业领导风格和艺术

（一）旅游企业领导风格

1. 领导风格的概念

领导风格是领导作风和领导方式的总称。领导作风是领导者在思想上和工作上所表现出来的态度和行为。领导方式是指领导者在统管人事过程中所采取的方法和形式。在领导工作中，不同的领导者具有不同的领导风格。在旅游企业管理活动中，领导者的领导风格对旅游从业人员工作积极性的调动具有极其重要的意义。

（1）处理事务

领导者如何将事情做得得当、体面、有效，需要注意以下几点。

第一，要专心。专心就是要求领导者在具体的时间内集中精力完成一件事。这个很重要，因为人的精力是有限的，集中精力做好一件事，这样就不至于摸不着头脑，不至于虎头蛇尾，使得后续工作无法进行。

第二，要摆脱昨天。昨天的事情已经过去了，应考虑如何把明天的事情做好，一定要有长远的打算，这样才能做到心里有数，做事游刃有余。

第三，要关注正业，作为一个领导者，最根本的事情是什么、究竟要做什么，一定要明确，不能事无巨细。

第四，要灵活有序。根据变化了的情况及时做出调整，这样才能把该做的事情做好，另外，领导者要搞清楚一天当中最重要的事情是什么，排好次序。

（2）把控时间

人的生命是有限的，要做的事情是很多的。作为一个领导者，怎样才能更好地做好领导工作呢？一是要安排好工作日程；二是要训练记忆；三是要处理干扰；四是要合理处理文件；五是要随时关注工作；六是要尽量减少不必要的会议；七是要减少冗长谈话；八是要保障有效工作时间；九是要按紧急程度处理各项工作；十是要及时总结反思。这样就能把更多的时间节省出来，更好地完成应该做的事情。

2. 领导风格的类型

领导风格的类型分专断型、民主型、放任型、超脱型、事务型、刚型、柔型、柔中有刚型。

专断型领导者个人决断一切，认为员工只能服从，没有商量的余地。有学识、有能力的员工会很反感这种领导风格，而因循守旧者则乐于被这样的领导者所领导。民主型领导者想方设法激发员工的主动性，跟员工打成一片。放任型领导者对员工放任自流，不惩罚也不鼓励员工。超脱型领导者不纠缠于具体事务与人际关系，而着眼于本企业的未来发展。事务型领导者事无巨细，面面俱到，往往按程式做事，过于死板，效率不高，保守的人倾向于认可这样的领导者。刚型领导者非常刚正，光明磊落，容不下坏人坏事，比较直爽，但过于固执会不受欢迎。柔型领导者也称绵羊型领导者，正邪不分，是非不明，没有威严。柔中有刚型领导者在跟上级和下级交往中，既有骨气又能灵活，刚柔相济，事业心强，责任感强，通情达理，领导有法。

案例分析

谢丁是北京一家电脑公司分管人事工作的副总经理。公司董事会日前做出了“第二次创业”的战略决策，并据此将公司经营业务的重点定为创立自己的品牌，谢丁必须在这周做出一项人事决定，挑选一个合适的人担任公司新设业务部门的领导。

他有三个候选人，他们都在公司工作了一段时间，其中一位是李非。这个小伙子年纪不大，但领导下属挺有一套办法，谢丁平时就比较注意他。另外，李非的领导风格很像谢丁。谢丁本人是从事过通信系统维护工作的退役军人，多年部队生活使他养成了目前这种领导风格且很难改变。但谢丁自己心里也明白，公司新设立的业务部门更需要能激发创造性的人。李非是外埠某大专院校电子计算机专业的专科毕业生。几年前独自到北京“闯世界”，经过面试来到了本公司工作。从李非的性格与言行可以知道，他是一个固执己见、说一不二、敢作敢当的人。

秦雯则是另一种性格的人。她通过自学获得了文科学士文凭。她为人友善，喜欢听取下属的意见，并通过前一段时间参加工商管理培训班以及自己边实践边总结，形成了自己的领导风格。

对于第三个候选人彭英，谢丁没有给予过多考虑，因为彭英似乎总是让他的下属做出决策，从没有勇气说出自己的主张。

分析：假如你是在谢丁身边工作多年的一位同事，谢丁想让你从纯理性角度对该项人事决策做出分析，你会建议谢丁选择谁担任新设业务部门的领导？为什么？

（二）旅游企业领导艺术

1. 领导艺术的概念

领导艺术是领导者在个人素养基础上，以丰富的领导经验、深厚的领导科学造诣，对各种领导条件、方式、方法，纯熟、高超并富有创造性地运用。

2. 领导者影响力

影响力是一个人在与他人交往中，影响和改变他人心理和行为的能力。领导者影响力从性质上看，可以分为强制性影响力和自然性影响力。

强制性影响力又称权力性影响力。它是由社会赋予个人的职务、地位、权力等形成的。一般来说，凡是掌权者都有这种影响力。它的特点是对别人的影响带有强制性、不可抗拒性，被影响者的心理和行为主要表现为被动和服从。如家长对孩子、教师对学生、军官对士兵、厂长对工人都有这种影响力。强制性影响力的基础是奖励、惩罚和规定。由于这种影响力是强制性的，因此它对人们在心理和行为上的激励作用十分有限。

自然性影响力又称非权力性影响力。它产生于个人自身的内在因素，如专长和品质。专长指一个人的知识和才能，它能引起他人的尊敬和服从。品质是指一个人表现出的符合社会规范的良好品质，它能引起人们的敬佩和信任。自然性影响力对人们心理和行为上的影响作用较大，由它所带来的激励作用也是较大的。

强制性影响力的核心是权力，它不是由领导者的实际行为造成的；而构成自然性影响力的因素是专长、品质等内在因素，它是由领导者的自身素质和行为造成的，因此，提高领导者影响力的关键在于提高领导者的自然性影响力。每个领导者都应当努力学习、更新知识、培养高尚的品格，这是提高领导者影响力的重要途径。

第四节　组织心理

管理和组织是相互依存的，管理中有组织问题，组织中也有管理问题。研究人在组织中的心理活动，是管理心理学的任务之一；更是旅游企业有效运用组织中的各项资源，充分发挥组织的力量，并实现组织目标的重要方式。通过研究组织心理和组织行为，可以了解旅游企业的组织特点、组织变革，这对旅游企业的发展和创新有重要意义。

一、组织

（一）组织的概念

目前“组织”一词一般主要从两个角度理解其含义。

1. 组织的一般概念

组织是为了达到某些特定目标，在分工合作的基础上构成的人的集合。组织作为人的集合不是简单的毫无关联的个人的加总，它是人们为了实现一定的目的，有意识地协同劳动而产生的群体。

理解组织的一般概念，我们要抓住以下几点：

①组织是一个人为的系统；

②组织必须有特定目标；

③组织必须有分工与协作；

④组织必须有不同层次的权利与责任。

2. 组织的管理学概念

在管理学中，组织被看作反映一些职位和一些个人之间的关系的网络式结构。组织可以从静态与动态两个方面来理解：静态方面，指组织结构，即反映人、职位、任务以及它们之间的特定关系的网络；动态方面，指维持与变革组织结构，以完成组织目标的过程。

（二）企业组织结构及特征

1. 企业组织结构

企业组织结构是企业全体员工为实现企业目标，在管理工作中进行分工协作，在职务范围、责任、权利方面所形成的结构体系。企业组织结构可从以下三个方面来理解：

①企业组织结构的本质是员工的分工合作关系；

②企业组织结构的核心内容是权责关系的划分；

③企业组织结构设计的出发点与依据是企业目标。

2. 企业组织结构的特征

（1）形式化，指组织按照一定的规则和方式分解企业各项工作并分配给相关部门和个人，以实现组织的目标。

（2）专门化，指组织内各类工作划分到不同部门和职位的精细程度。

（3）标准化，指性质相近的工作以相同的程序或方法来进行的程度。

（4）权力层级，描述谁向谁负责和报告，以及管理人员的控制幅度。

（5）复杂性，指组织内的活动和单位的数量。

（6）集权程度，指组织内决策权力的分布和集中情况。

（7）专业化，指员工的总体学历和所接受的专业训练的情况。

（8）人事比率，指各类人员与总人数的比例，以及人员之间的数量比。

在这些特征中，人们常考虑的是复杂性、权力等级、形式化和集权程度。

二、组织结构形式与新形态

（一）组织结构的形式

1. 直线制

直线制是最早也是最简单的一种组织结构形式。其特点是指挥和管理的职能基本上由上级领导者自己执行，一个下级单位只接受一个上级领导者的命令。直线制组织结构形式如图 9-3 所示。

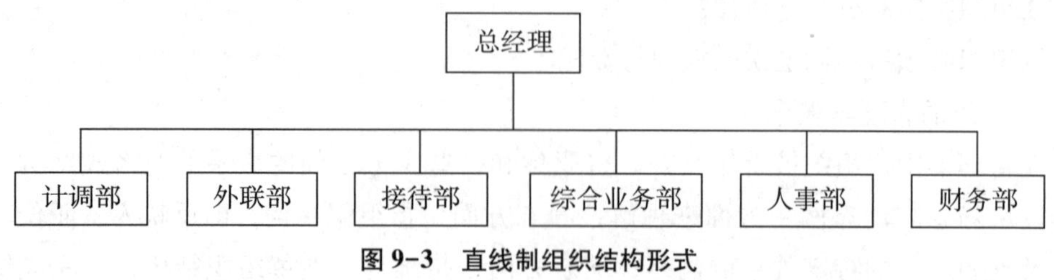

图 9-3　直线制组织结构形式

直线制组织结构形式比较简单，权力集中，责任分明，联系便捷，命令统一。其缺点是要求上级领导者通晓多种知识技能，亲自处理各种业务。在组织规模扩大、业务复杂、技术要求高的情况下，这种结构就不适用了。因此，直线制只适用于规模较小、生产技术比较简单的企业。

2. 职能制

职能制组织结构形式是指在组织内除直接领导者外，还相应地设立一些职能部门，这些职能部门有权在自己的业务范围内发出命令和指示，因此，下级单位除了接受上级直接领导者的领导，还要接受各职能部门的领导和指令。职能制组织结构形式如图 9-4 所示。

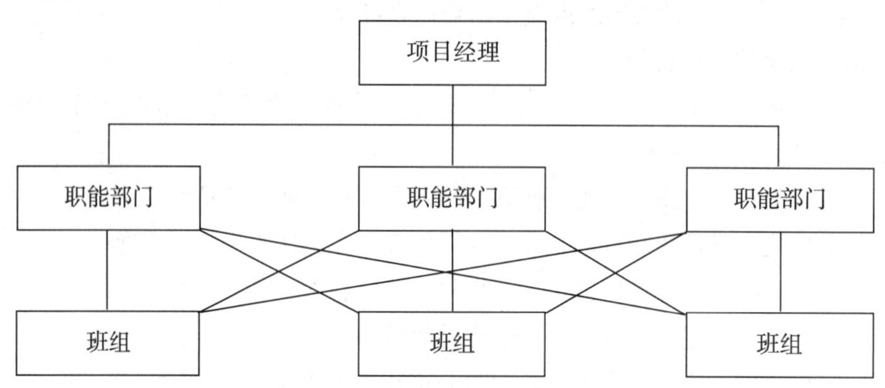

图 9-4　职能制组织结构形式

职能制组织结构形式的优点是能够适应现代组织技术比较复杂和管理分工精细的情况，能发挥职能部门专业管理的作用，减轻上层领导者的负担。但其缺点也较明显，它在一定程度上妨碍了组织必要的集中领导和统一指挥，造成多头领导，不利于明确划分职责权限，容易造成管理的混乱。由于这种组织结构形式的明显缺点，现代企业一般不采用职能制。

3. 直线—职能制

直线—职能制也称为生产区域制。这种组织结构形式把企业管理机构和人员分成两套系统：一套是按命令统一原则组织的指挥系统，领导者在职权范围内行使决定权和对下级单位的指挥权，并对自己部门的工作负全部责任；另一套是按专业化原则组织的职能系统，是直线人员的参谋，只能对下级单位进行业务指导。直线—职能制组织结构形式如图 9-5 所示。

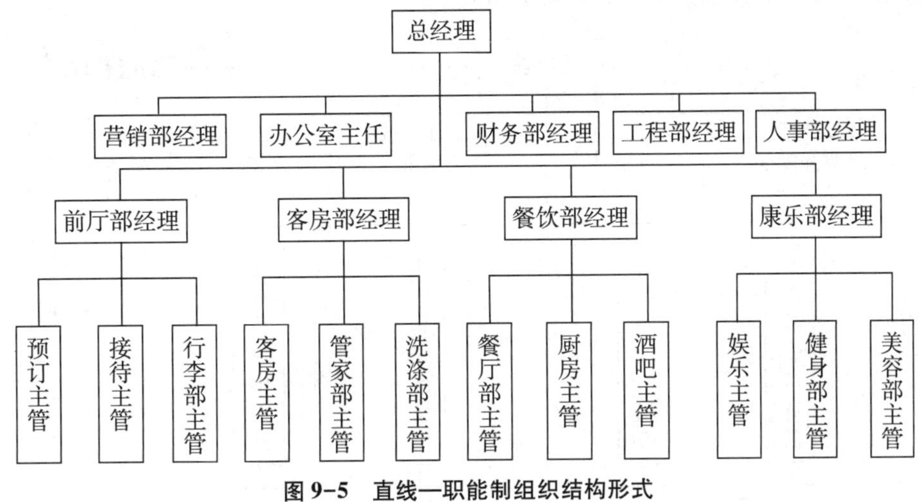

图 9-5　直线—职能制组织结构形式

这种组织结构形式的优点是，既保证了企业管理体系的集中统一，又可以在各级领导者的领导下，充分发挥各专业管理机构的作用，职责分明，工作效率高，工作秩序井井有条，整个企业有较高的稳定性。

其缺点表现为：

①各职能部门和直线指挥部门之间易产生矛盾；

②职能部门的许多工作要直接向上级领导者报告请示才能处理，使其主动性和积极性不易发挥；

③各职能部门之间互通信息少，因此协作和配合性较差；

④难以从企业内部培养全面型管理人员。

这种组织结构形式在我国企业中采用得比较多。

4. **事业部制**

事业部制是一种“集中政策、分散经营”的组织结构形式，是一种高度集权下的分权管理体制。事业部制即企业组织按产品类别、地区或经营部门分别成立若干事业部。

事业部必须具备三个要素：

①具有独立的产品和市场，是产品责任或市场责任单位；

②具有独立的利益，实行独立核算，是一个利益责任单位；

③是一个分权单位，具有足够的权力，能自主经营。

事业部的经营活动在不违背公司总目标、总方针的前提下独立经营、独立核算、自负盈亏。

企业的高级管理层是企业的最高决策管理机构，集中力量来研究和制定公司的总目标、总方针、总计划以及各项政策。职能部的主要任务是为高级管理层和各事业部提供有效的建议与服务，它不是独立的利益责任单位，只起参谋咨询作用。

事业部制组织结构形式如图 9-6 所示。

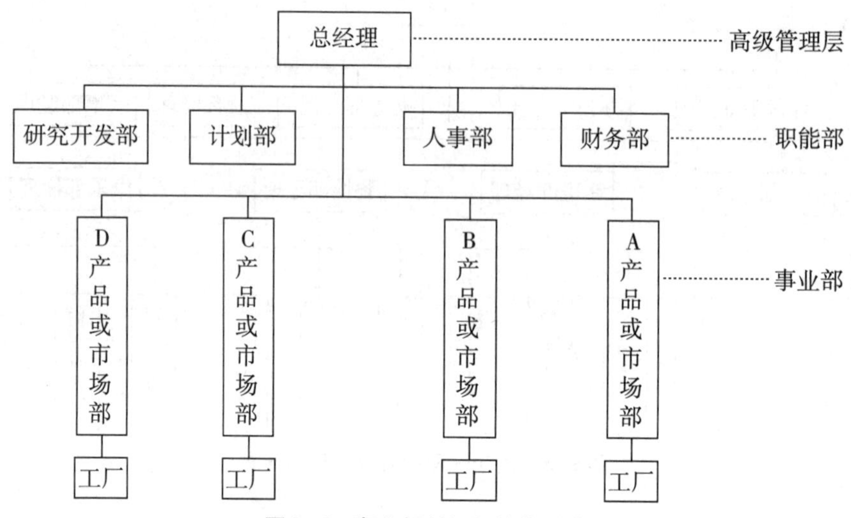

图 9-6　事业部制组织结构形式

事业部制组织结构形式的优点是：

①有利于高级管理层集中精力搞好经营决策和长远规划，并使各个事业部发挥经营管理的主动性，增强各事业部领导人的责任心；

②使各事业部成为一个相对独立的经营管理系统，增强了企业经营的灵活性和市场适应性；

③有利于培养全面型管理人才。

事业部制组织结构形式的缺点是：

①对事业部一级的管理人员水平要求较高，每个事业部都相当于一个单独的企业，事业部一级的管理人员要熟悉全面的业务和管理知识才能胜任；

②事业部实行独立核算，会导致各事业部更多地考虑自身的利益，从而影响事业部之间的协作。

5. 模拟分权制

这是一种介于直线—职能制与事业部制之间的组织结构形式。模拟分权制组织结构形式如图 9-7 所示。

模拟分权制组织结构形式的优点是：

①调动了生产单位的积极性；

②解决了企业规模过大不易管理的问题，因为上级领导者将部分权力分给了生产

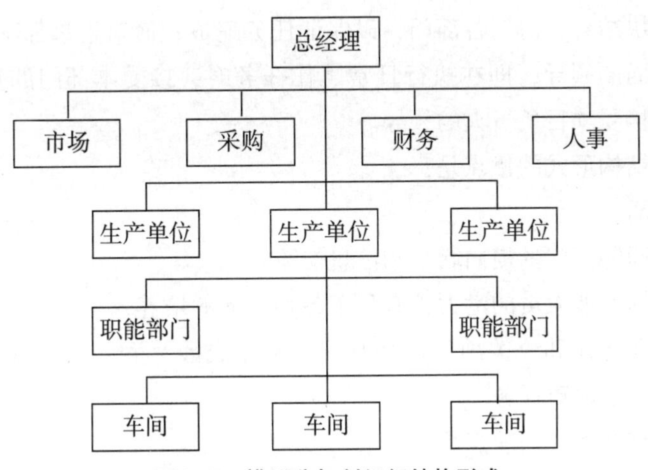

图 9-7 模拟分权制组织结构形式

单位，减少了自己的行政事务，从而有利于上级领导者把精力集中到战略问题上来，使管理更加有效。

模拟分权制组织结构形式的缺点是：

①不易为模拟的生产单位明确任务，造成考核上的困难；

②各生产单位领导人不易了解企业的全貌，在信息沟通和决策方面容易出问题。

尽管模拟分权制组织结构形式有缺陷，但对于大型材料企业，如玻璃、造纸、钢铁、化工等企业解决组织结构问题，是最有效的形式。

6. 矩阵制

矩阵制组织结构形式如图 9-8 所示，矩阵制组织由纵横两套管理系统组成。

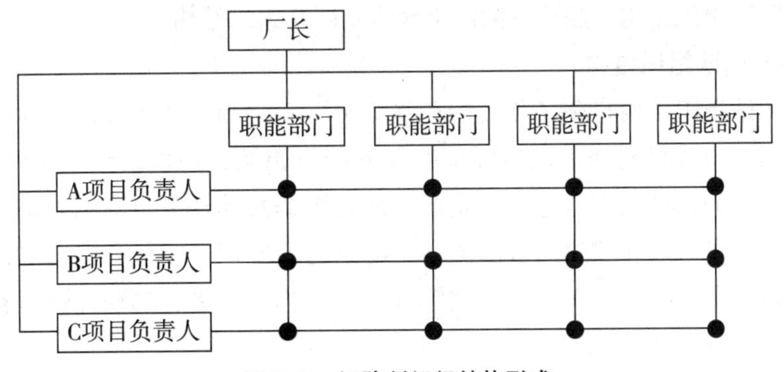

图 9-8 矩阵制组织结构形式

一套是纵向的职能系统，是在职能部门经理的领导下的各职能部门或技术科室；另一套是为完成各项工作任务而组成的横向项目系统，一般是产品、工程项目或服务项目组成的专门项目小组或委员会，设有项目负责人，全面负责项目方案的综合工作。

矩阵制组织结构形式的特点是：为了完成某一特别任务，由有关职能部门派人参加，力图做到条块结合，协调各部门，以保证任务完成；而对于参加项目的有关人员，一般要接受两方面的领导，即在执行日常工作任务时，接受本部门的垂直领导；在执行特别任务时，接受项目负责人的领导。

矩阵制组织结构形式的优点是：

①机动、灵活；

②加强了各职能部门的横向联系和信息交流；

③有利于发挥专业人员的潜力，有利于各种人才的培养；

④适用于横向协作和攻关项目，企业可用来完成涉及面广的、临时性的、复杂的重大工程项目或管理改革任务。

矩阵制组织结构形式的缺点是：

①由于这种组织结构形式是实行纵向、横向双层领导，处理不当，会因意见分歧而造成工作中的“扯皮”现象和各种矛盾；

②组织关系较复杂，对项目负责人的要求较高；

③项目完成后，项目小组即告解散，人员仍回到原单位，易产生临时性的观念，会导致人心不稳。

（二）旅游企业组织结构的新形态

旅游企业组织结构重构就是通过重新整合组织要素形成新的组织以提高组织适应性的一种管理变革。

目前适合旅游企业自身特点的团队型组织主要采取扁平式团队组织结构和网络式团队组织结构，而从旅游企业的组织规模和经营特点的角度来考虑，通常旅游饭店倾向于扁平式团队组织结构，旅行社倾向于网络式团队组织结构。

1. 扁平式团队组织结构

扁平式团队组织结构打破了传统的职能划分。一方面，在管理层次大幅度减少的基础上，根据组织成员对知识的掌握情况划分能力团队，构成组织相对固定的框架；另一方面，团队的成员又不是绝对固定的，而是根据具体任务灵活组建的。各个部门都是开放的，人员可以在部门间自由流动，可以为了实现一项任务以动态的方式临时组成团队，将分散的技术、人力和管理等资源迅速集合起来，实现优势互补和资源的高效利用。

（1）扁平式团队组织结构形式

高层领导团队负责为企业制定经营战略，规划整体组织架构，与组织内外保持网络联系，创设良好的组织氛围和环境。

参谋团队负责筛选、提供高层领导团队所需信息，起辅助作用。

任务团队是为实现某项任务，以动态的方式组成的团队。任务团队具有很强的开放性和独立性，直接面向任务，可以随时与其他团队和外界沟通以共同完成任务。

知识管理团队着眼于团队学习建设，包括计算机网络硬件基础设施的建设，数据库、信息库、知识库等软件基础的建立、更新、维护等。

技能型团队主要包括会计、财务、产品开发等，对于旅游饭店来说还包括采购、库存管理等。

（2）扁平式团队组织结构形式的特点和优势

第一，结构精练而灵活。组织通过各种培训，使管理人员熟悉了其他团队的业务特性和运作程序，基层人员掌握了多种技能。基层人员不再固定在某一团队或职能部门中，而是根据需要随时安排工作，中层管理人员不再简单地管理某一职能部门，而是扩大了管理范围。

第二，任务导向。一项任务不再是单个管理层之间的命令传递，也不再是各职能部门之间的逐一传递，而是把各种职能集中到该给定的任务上，由一个任务团队来负责，更多地采用任务导向而较少采用职能导向来完成该任务。任务团队组织、协调各部门完成任务，任务的完成意味着团队的解散，新的任务出现，则建立新的团队。

2. 网络式团队组织结构

网络式团队组织结构是指组织中的各个团队从整体看呈现网状分布的特点，是一种超横向一体化的组织，是扁平式团队组织结构的进一步深化。网络式团队组织结构把扁平式组织的上层弱化，取而代之的是虚拟总部、虚拟委员会。

网络式团队组织结构形式的特点和优势。

第一，信息化程度增强。旅游企业采用网络式团队组织结构是以计算机和网络技术为物质基础的。管理中心运用计算机能够便捷地汇总、分类、检索、修改旅游企业管理所需要的信息，同时，网络使信息的共享突破时间和地点的局限，使管理中心与团队有机地结合起来。一方面，各团队通过网络不仅可以利用管理中心所提供的信息，而且可以实现各团队之间的横向沟通；另一方面，管理中心通过网络可以有效掌握各团队的工作情况，并对信息进行集中处理，利用分析结果对团队提供支持。

第二，应变能力提高。网络式团队组织结构能迅速灵活地适应市场环境。团队是由技能互补人员组成，综合实力强，团队的所有成员都致力于共同的宗旨和绩效目标。团队的内部结构紧凑，直接与市场联系，大幅降低了沟通成本、协调成本和检查监督成本，具有反应灵敏、决策周期短、顾客满意度高和员工士气高等特点，能充分适应当今变幻莫测的动态环境。

三、组织变革的原因及策略

（一）组织变革的概念

组织变革是指运用行为科学和相关管理方法，对组织的权力结构、组织规模、沟通渠道、角色设定、组织与其他组织之间的关系，以及对组织成员的观念、态度和行为等进行有目的的、系统的调整和革新，以适应组织所处的内外环境、技术特征和组织任务等方面的变化，提高组织效能。

（二）组织变革的原因

一般来说，组织变革的原因有以下三点。

1. 企业经营环境的变化

诸如国民经济增长速度的变化、产业结构的调整、政府经济政策的调整、科学技术的发展引起产品和生产工艺的变革等都会引起企业经营环境的变化。企业组织结构是实现企业战略目标的手段之一，企业经营环境的变化必然要求企业组织结构做出适应性的调整。

2. 企业内部条件的变化

企业内部条件的变化主要包括以下方面。

（1）技术条件的变化，如企业实行技术改造，引进新的设备，这就要求技术服务部门，以及技术、生产、营销等部门进行调整。

（2）人员条件的变化，如人员结构变化和人员素质的提高等。

（3）管理条件的变化，如实行计算机辅助管理，实行优化组合等。

3. 企业本身成长的要求

企业处于不同的生命周期时对组织结构的要求也各不相同，如小企业成长为中型或大型企业，单一产品企业成长为多种产品企业等。

（三）组织变革的征兆

一般来说，企业中的组织变革是一项“软任务”，即有时候组织结构不变革，企业似乎也能运转下去，但如果要等到企业无法运转时再进行组织变革就为时已晚。因此，企业管理人员必须抓住组织变革的征兆，及时进行组织变革。组织需要变革的征兆有以下四点。

（1）企业经营业绩下降，如市场占有率下降、企业资金周转不灵等。

（2）企业生产经营缺乏创新，如企业缺乏新的战略和适应性措施，缺乏新的产品和技术，没有新的管理办法或新的管理办法推行困难等。

（3）组织机构本身病症的显露，如决策迟缓、指挥不灵、信息交流不畅、机构臃肿、职责重叠等。

（4）员工士气低落，如员工不满情绪增加，旷工率、病假率、事假率增加等。

当一个企业出现以上征兆时，应及时进行组织诊断，以判定企业组织是否有变革的必要。

（四）组织变革的阻力与消除

有变革就会有阻力。事实上，对组织变革的抵制是不可避免的。变革会使人们产生忧虑，因为人们害怕与之相联系的经济利益受到损失，害怕不方便性、不确定性和对通常社会模式的破除给自身带来不利影响。

1. 常见的组织变革阻力

常见的组织变革的阻力主要有个人阻力和组织阻力。

（1）个人阻力

任何一场变革都不可避免地涉及人。不同个体由于对组织变革结果的接纳性及风险意识不同，因此对变革的态度不同。人的因素是组织变革的核心问题，甚至直接关系到组织变革的成败。变革中个人阻力主要来自以下几个方面。

①变革带来的冲突。变革与个人以往的习惯、价值观发生冲突时，会引起员工对组织变革的抵制。个人的习惯、价值观是长期形成的、相对稳定的，改变起来相对困难。一旦组织变革冲击到个人以往的习惯和价值观，抵制变革的情绪和行为便会随之产生。

②变革导致个人对未来产生不安全感和恐惧感。组织变革是改变企业现状，以达到预期状态的过程，这就意味着组织变革本身充满不确定性。人们一旦从熟悉、稳定和具有安全感的工作状态，进入不确定性较高的变革之中，其职业认同感将受到影响，因此会对未来产生不安全感和恐惧感，自然产生抵制变革的情绪与行为。

③变革中个人的能力或资源不足。变革往往伴随着新业务流程、新工作方法的导入，当员工能力不足以完成工作任务时，阻力便随之产生。另外，在变革过程中，如果未给员工提供足够的资源支持，其后果也是不言而喻的。

（2）组织阻力

在组织层面上产生变革阻力的因素有很多，它既包括组织结构、规章制度等显性阻力，也包括组织文化、氛围、员工的工作关系和工作方式等隐性阻力。

①对原有资源分配的威胁。任何决策权力的重新分配都会威胁到组织长期以来已有的权力关系。组织中控制一定数量资源的群体，即原本在组织中权力较大、地位较高的部门和群体，必然会将变革视为一种威胁。他们对事情的原本状态感到满足。在变革中，部分曾经有特权和地位的人员处境将有变化，收入和个人利益也会相应减少，这部分人员就会反对变革。

②对长期工作习惯的威胁。相对组织内的显性阻力而言，组织内的隐性阻力更加隐蔽，而且一时间难以克服。在长期的工作中，员工与员工之间，员工与领导之间，员工与组织之间已经形成了某种默契或契约，一旦实行变革，就意味着改变已有的组织文化、氛围和员工已形成的工作关系和工作方式，这必然会引起员工的不满。

③对专业知识的威胁。组织中的变革可能会威胁到专业群体的专业技术知识。

2. 组织变革阻力的消除

常见的组织变革阻力消除方法有以下几种。

（1）企业的人力资源要为组织变革服务

员工的个性与其对待变革的态度有着密切的关系。首先，企业在招聘过程中，就应该引入心理测评，通过测评招聘一些有较强适应能力、敢于接受挑战的员工。其次，在组织变革的过程中，企业要加强对员工的培训，提高员工的知识水平和技能水平，同步推进企业员工素质和企业组织变革。最后，在企业的日常经营过程中，企业应该树立一种团体主义的文化，培养员工对组织的归属感，形成一种愿意与企业同甘共苦的企业文化。

（2）加强与员工的沟通，让员工明白组织变革的意义

在组织变革实施之前，企业决策者应该营造一种危机感，让员工认识到组织变革的紧迫性，让他们了解组织变革对企业、对个人的好处，并适时地提供有关组织变革的信息，澄清有关组织变革的各种谣言，为组织变革营造良好的氛围。在组织变革的过程中，要让员工理解组织变革的实施方案，并且要尽可能地听取员工的意见和建议，让员工参与到组织变革中来。与此同时，企业还应该时刻关注员工的心理变化，及时与员工交流，在适当的时候可以做出某种承诺，以消除员工的心理顾虑。

（3）适当地运用激励手段

在组织变革的过程中适当运用激励手段，将收到意想不到的效果。一方面，企业可以在组织变革实施的过程中，提高员工的工资和福利待遇，使员工感受到组织变革带来的好处和希望；另一方面，企业可以对一些关键员工予以重用，以稳住关键员工，消除他们的顾虑，使他们安心工作。

除此之外，还可以通过引入组织变革代言人，有效实施组织变革；可以运用力场分析法，准确找到组织变革的突破口；可以着力培植企业的精神领袖，使其卓越的人格魅力和优异的业绩打动追随者，以减小组织变革的阻力。

本章小结

本章主要阐述了群体的概念、特征和分类，介绍了群体心理；阐述了人际关系的概念、特性和类型，介绍了人际关系在企业中的作用及改善人际关系的方法；阐述了领导的概念、功能和理论，重点阐述了旅游企业领导风格和艺术；阐述了组织的概念、组织结构形式与新形态以及组织变革的原因及策略。

复习思考题

一、判断题

1. 群体是由若干个体组成的，是由某些共同的心理、共同的社会原因，以特定的方式进行活动的人组合起来的相互制约的人群。（　　）

2. 实在性群体是现实生活中实际存在的，其成员之间有着各种各样的联系。（　　）

3. 旅游企业组织结构重构就是通过重新整合组织要素形成新的组织以提高组织适应性的一种管理变革。 （ ）

4. 影响模仿的三个因素是：性别、年龄和类似特质。 （ ）

5. 感染是通过语言、表情、动作及其他方式，引起他人相同的或相似的情绪和行为。 （ ）

6. 人际关系是组织环境中人与人之间的联系，人际关系只是一种行为关系。 （ ）

7. 领导包括三个不可缺少的要素，即领导者、被领导者、领导情境。 （ ）

8. 激励是领导的主要功能之一。 （ ）

9. 现代领导理论认为领导是静态过程。 （ ）

二、单项选择题

1. 实际的旅游企业管理工作中，要提高领导者影响力，关键在于提高领导者的（ ）。

A. 领导方式　　B. 非权力性影响力

C. 领导艺术　　D. 权力性影响力

2. 领导的（ ）是对组织战略与规划的执行过程进行宏观把握，以保证组织相对的稳定和有序发展。

A. 教育功能　　B. 组织功能

C. 协调功能　　D. 控制功能

3. （ ）是指对员工物质上的激励。

A. 虚激励　　B. 实激励

C. 正激励　　D. 负激励

4. （ ）是在没有外界控制的条件下，个体受他人行为的影响，使自己的行为与他人行为相同或相似的现象。

A. 暗示　　B. 从众

C. 舆论　　D. 模仿

5. 按社会规定性，将群体分为（ ）。

A. 正式群体和非正式群体　　B. 直接接触群体和间接接触群体

C. 松散性群体和严密性群体　　D. 假设性群体和实在性群体

6. 人际关系的特性有（ ）。

A. 社会性　　B. 情感性

C. 复杂性　　D. 以上都是

7. 改善人际关系的方法主要有（ ）。

A. 感情投资法　　B. 心理吸引法

C. 深层了解法
D. 中和互补法
E. 求同存异法
F. 排难解忧法
G. 以上都是

8. 领导的功能细分表现有（　　）。

A. 引导功能
B. 组织功能
C. 指挥功能
D. 以上都是

三、简答题

1. 什么是群体？群体的特征有哪些？
2. 人际关系在旅游企业活动中的作用有哪些？
3. 领导的激励功能包括哪几个方面？
4. 怎样理解领导风格？
5. 企业组织结构的特征有哪些？
6. 组织结构形式中的事业部制的优缺点是什么？

四、论述题

试述领导风格的类型及其表现的特点？

五、案例分析题

杜邦公司的组织结构变革

在19世纪，杜邦公司是一个家族公司，基本上实行个人决策式经营，这一点在亨利这一代尤为明显。亨利在杜邦公司任职的40年中，挥动军人严厉粗暴的铁腕统治着公司。他实行的一套管理方式被称为“凯撒型经营管理”。杜邦公司的主要决策和许多细微决策都要由他亲自确定，所有支票都得由他亲自开，所有合同也都由他签订。他一人决定利润的分配，亲自监督杜邦公司的数百家经销商。在每次会议上，总是他发问，别人回答。他全力加速回收账款，严格支付条件，促进交货流畅，努力降低价格。亨利接任时，杜邦公司负债高达50多万美元，但亨利后来使杜邦公司成为火药制造业的“领头羊”。

在亨利时代，个人决策式的经营基本上是成功的。这主要是因为：第一，杜邦公司规模不大，直到1902年合资时资产才2400万美元；第二，产品比较单一，基本上是火药；第三，杜邦公司产品质量居于绝对领先地位，竞争者难以超越；第四，市场需求变化不甚复杂。个人决策式的经营之所以取得了较好效果，与亨利的非凡精力也是分不开的。直到72岁时，亨利仍不需要秘书的帮助；任职期间，他亲自写的信不下25万封。亨利的侄子尤金是公司的第三代继承人。尤金试图承袭其伯父的管理方式，也采取绝对的控制，亲自处理各种事务，亲自拆信复函，但他终于陷入公司错综复杂的事务之中。1902年，尤金去世，合伙者也都心力交瘁，两位副董事长和秘书兼财务长也相继去世。这不仅是由于他们的体力不胜负荷，还由于当时的管理方式已与时代不相适应。

正当公司濒临危机、无人敢接重任、家族拟将杜邦公司卖给别人的时候，三位堂兄弟买下了公司，并果断地抛弃了亨利的那种管理方式，精心地设计了一个集团式经营的管理体制。

集团式经营最主要的特点是建立了“执行委员会”，该委员会居于最高决策机构董事会之下，是公司的最高管理机构。在董事会闭会期间，大部分权力由执行委员会行使，董事长兼任执行委员会主席。1918年时，执行委员会有10位委员、6位部门主管、94位助理，高级经营者年龄大多在40岁上下。此外，杜邦公司抛弃了当时美国流行的体制，建立了预测、长期规划、预算编制和资源分配等管理方式。在管理职能分工的基础上，建立了制造、销售、采购、基本建设投资和运输等职能部门。在这些职能部门之上，是一个高度集中的总办事处，负责销售、采购、制造、人事等工作。

由于在集团式经营的管理体制下，权力高度集中，实行统一指挥、垂直领导和专业分工的原则，因此杜邦公司秩序井然，职责清楚，效率显著提高。这大大促进了杜邦公司的发展，到1918年，杜邦公司的资产增加到3亿美元。

可是，杜邦公司在第一次世界大战中大幅度扩张，以及逐步走向多元化经营，使其组织机构遇到了严重的困扰：每次收购其他公司后，杜邦公司都会严重亏损。这种困扰除了由于战后通货紧缩，还由于杜邦公司的原有组织机构没有弹性，对市场需求的变化缺乏适应性。

杜邦公司经过周密的分析，提出了一系列组织机构设置的原则，创造了一个多分部的组织结构。在执行委员会下，除了设立由副董事长领导的财力和咨询两个总部，还按各产品种类设立分部。在各分部之下，则有会计、供应、生产、销售、运输等职能部门。各分部是独立核算单位，分部的经理可以独立自主地统管所属部门的采购、生产和销售。新分权化的组织机构使杜邦公司很快成为一个高效能的集团。杜邦公司所有单位构成了一个有机的整体，其组织机构具有很大的弹性，能适应市场变化。

20世纪60年代初，杜邦公司接连地遇到困难，许多产品的专利权纷纷期满，且在市场上的竞争者日益增多。为了摆脱危机，杜邦公司除了实施新的经营方针，还不断完善和调整原有的组织机构，进行组织结构的创新。1967年年底，科普兰把总经理一职史无前例地让给了非杜邦家族的马可，财务委员会会长一职也让别人担任，自己专任董事长一职，从而形成了一个“三驾马车式”的体制。在新的体制下，最高领导层分别设立了办公室和委员会，作为管理大企业的“有效的富有伸缩性的管理工具”。科普兰说，“三驾马车式”的体制，是今后经营世界性大规模企业不得不采取的安全设施。

案例来源：《杜邦公司的组织机构变革》，有改动。

问题：

1. 杜邦公司的亨利时代所建立的“凯撒型经营管理”体制的特点是什么？这种管理体制使“杜邦公司成为火药制造业的‘领头羊’”，但后来“公司濒临危机、无人敢接重任”。这中间的主要原因是什么？

2. 运用管理学中的相关理论（或原理）解释本案例。

六、实训题

调查你所在城市五星级酒店的管理方式和员工对领导的心理满意度。

参考文献

杜布林，2007. 心理学与工作［M］. 王佳艺，译．北京：中国人民大学出版社．

丰塔纳，1996. 驾驭压力［M］. 邵蜀望，译．北京：生活·读书·新知三联书店．

弗罗姆，2001. 生命之爱［M］. 王大鹏，译．北京：国际文化出版公司．

戈尔曼，1997. 情感智商［M］. 耿文秀，查波，译．上海：上海科学技术出版社．

和湛，袁秀芸，2013. 旅游心理学［M］. 北京：机械工业出版社．

荷妮，2007. 我们时代的病态人格［M］. 陈收，译．北京：国际文化出版公司．

李刚，2013. 旅游心理学［M］. 北京：清华大学出版社．

李天元，2003. 旅游学概论［M］. 5 版．天津：南开大学出版社．

李一文，2006. 旅游心理学［M］. 大连：大连理工大学出版社．

李祝舜，2010. 旅游心理学［M］. 2 版．北京：高等教育出版社．

吕勤，沈苑，2019. 旅游心理学［M］. 3 版．北京：中国人民大学出版社．

麻益军，芦爱英，2015. 旅游心理原理与实务［M］. 4 版．北京：旅游教育出版社．

马继兴，时永春，陈玉峰，2010. 旅游心理学［M］. 北京：清华大学出版社．

马谋超，高云鹏，1997. 消费者心理学［M］. 北京：中国商业出版社．

秦明，2013. 实用旅游心理学［M］. 北京：北京大学出版社．

邱扶东，2003. 旅游心理学［M］. 上海：立信会计出版社．

舒伯阳，刘苏衡，2018. 旅游心理学［M］. 4 版．大连：东北财经大学出版社．

苏勇，何智美，2021. 现代组织行为学［M］. 3 版．北京：清华大学出版社．

孙惠君，王青，2016. 旅游心理学［M］. 2 版．北京：首都经济贸易大学出版社．

孙庆群，2013. 旅游心理学［M］. 2 版．北京：化学工业出版社．

汪红烨，王立新，杜红梅，2011. 旅游心理学［M］. 上海：上海交通大学出版社．

王伟红，2013. 旅游心理学［M］. 郑州：河南大学出版社．

辛金，2003. 酒店管理案例：典型案例研究［M］. 陈晓东，吴卫，译．大连：大连理工大学出版社．

徐桥猛，李丽，2007. 酒店管理经典案例分析［M］. 广州：广东经济出版社．

徐文燕，2015. 旅游心理学原理与应用［M］. 2 版 . 上海：格致出版社，上海人民出版社 .

徐子琳，严伟，2011. 旅游心理学［M］. 上海：复旦大学出版社 .

薛群慧，2011. 现代旅游心理学［M］. 2 版 . 北京：科学出版社 .

叶伯平，2019. 旅游心理学［M］. 3 版 . 北京：清华大学出版社 .

张国宪，2008. 旅游心理学［M］. 合肥：合肥工业大学出版社 .